公司诉讼解析与实战

公司法及司法解释规定的66种诉讼

张远堂 / 著

中国法制出版社
CHINA LEGAL PUBLISHING HOUSE

序

公司诉讼是指公司、股东、董事、监事、债权人、清算组成员及他人之间基于公司法律关系或者公司事务发生的诉讼。学习公司诉讼不仅对各方主体利用诉讼方法维护自身权益非常必要，而且对做好公司类型企业内部治理也大有裨益，特别是对做公司诉讼或者非诉业务的律师更是不可缺少。公司诉讼属于商事诉讼中的一种，它不同于一般的民事诉讼和行政诉讼，有其独特的运行规则。不学习公司诉讼，则无法代理前述主体之间因公司事务发生的纷争，对做好公司非诉业务也会有缺憾。本书将公司法关于公司诉讼的有关条款和公司法解释一、二、三、四、五的全部条款熔为一炉，从公司设立起到公司解散为止，共计归纳出66个诉由，设计出176个诉讼方案，提出了每种案件的审判依据，援引了64个判例，并结合《全国法院民商事审判工作会议纪要》讨论了105个相关前沿问题。希望本书能够对读者有所帮助。

张远堂

2019年12月16日于北京

凡　例

为使行文方便，本书对相关法律、法规和司法解释等规范性法律文件的名称做了缩略。

1.《公司法》:《中华人民共和国公司法》

2.《合同法》:《中华人民共和国合同法》

3.《物权法》:《中华人民共和国物权法》

4.《民事诉讼法》:《中华人民共和国民事诉讼法》

5.《证券法》:《中华人民共和国证券法》

6.《企业破产法》:《中华人民共和国企业破产法》

7.《涉外民事关系法律适用法》:《中华人民共和国涉外民事关系法律适用法》

8.《中外合资经营企业法》:《中华人民共和国中外合资经营企业法》

9.《民法通则》:《中华人民共和国民法通则》

10.《公司法解释（一)》:《最高人民法院关于适用〈中华人民共和国公司法〉若干问题的规定（一）》

11.《公司法解释（二)》:《最高人民法院关于适用〈中华人民共和国公司法〉若干问题的规定（二）》

12.《公司法解释（三)》:《最高人民法院关于适用〈中华人民共和国公司法〉若干问题的规定（三）》

13.《公司法解释（四)》:《最高人民法院关于适用〈中华人民共和国公司法〉若干问题的规定（四）》

14.《公司法解释（五)》:《最高人民法院关于适用〈中华人民共和国公司法〉若干问题的规定（五）》

15.《民事诉讼法解释》:《最高人民法院关于适用〈中华人民共和国民事诉讼法〉的解释》

16.《企业破产法解释（二)》:《最高人民法院关于适用〈中华人民共和国企业破产法〉若干问题的规定（二)》

目录 Contents

第一章　公司诉讼的基本概念

公司诉讼是一种商事诉讼，它不同于民事诉讼和行政诉讼，有其独特的法规依据和审判规则，为了学习公司诉讼我们有必要先讨论几个有关公司诉讼的基本概念。

一、什么是公司诉讼

公司诉讼是指股东、公司、董事、监事、高管、清算组成员、管理人成员、公司债权人以及其他人之间，因公司事务依据公司法及相关法规进行的诉讼。公司诉讼的主体主要是在公司事务中具有特定身份的人，公司诉讼中的债权人和其他人虽在公司中不担当什么角色，但与公司之间发生了身份以外的关系，并且基于公司法及相关法规发生了与公司有关的诉讼。公司诉讼在实体上主要适用公司法和证券法及相关司法解释，这也是做公司业务的法律工作者包括做诉讼业务的和做非诉讼业务的，应当学习公司诉讼的诉由。公司诉讼同时也适用民法、合同法、物权法等其他法律法规，并且在诉讼程序上除适用公司法及司法解释外主要适用民事诉讼法和有关司法解释。公司诉讼的案由与公司事务或者公司利益有关，比如股东关于知情权的诉讼，公司关于董事、高管赔偿责任的诉讼、债权人关于股东对公司负债承担补充赔偿责任的诉讼等等。

二、什么是股东代表诉讼

股东代表诉讼也叫股东派生诉讼，是指在公司利益受到损害时，公司应当提起诉讼而不提起诉讼的情况下，股东以自己的名义为维护公司的利益向法院提起的诉讼。股东代表诉讼制度的法理基础是股东为财产的委托人，公司为财产的受托人，公司应当尽职尽责地运营、维护公司的财产和权益，当公司的财产、权益受到损害时，如果公司因某种原因不提起诉讼，股东作为财产的委托人享有通过诉讼直接救济公司的财产和权益，间接救济自己的权益的权利。股东代表诉讼是公司诉讼的一种，是公司企业制度的一项重要内容，也是股东享有的一项权利。股东代表诉讼包括：（1）股东对董事、高管因其损害公司利益提起的股东代表诉讼；（2）股东对监事因其损害公司利益提起的股东代表诉讼；（3）股东对其他股东因其损害公司利益提起的股东代表诉讼；（4）股东对其他人因其损害公司利益提起的股东代表诉讼；（5）股东对董监高（董事、监事、高级管理人员）或其他股东利用关联交易损害公司利益提起的股东代表诉讼；（6）股东对董监高或其他股东利用担保关系损害公司利益提起的股东代表诉讼；（7）股东对其他股东行使知情权后损害公司商业秘密提起的股东代表诉讼；（8）股东对清算组成员损害清算财产或者违反法律、行政法规或者公司章程损害公司利益提起的股东代表诉讼；等等。股东代表诉讼的基本特征是：公司利益受到损害，股东为维护公司利益提起诉讼。

股东代表诉讼的构成要件如下：

1. 必须是公司的利益受到了损害

比如在股东滥用股东权利损害公司利益，股东利用关联交易损害公司利益，董监高违反法律、行政法规和公司章程损害公司利益以及其他民事主体损害公司利益等时，在公司不起诉的情况下，股东才有权提起股东代表诉讼。判断是否应为股东代表诉讼，关键看是不是公司利益受到了损害。如果是公司利益受到了损害，股东提起的就应当是股东代表诉讼；如果不是公司的利益受到了损害，股东就不能提起股东代表诉讼；如果是股东自己的利益受到了损害，股东提起的诉讼就是股东自益诉讼，比如股东为行使知情权提起的诉讼，股东为要求公司以合理价格收购其股权提起的诉讼，等等。这些都不是股东代表诉讼。

2. 股东为公司利益提起诉讼，胜诉利益归公司

既然是公司的利益遭受了损害，股东为公司利益提起的代表诉讼，胜诉利益就应当归公司享有。《公司法解释（四）》第二十五条规定：“股东依据公司法第一百五十一条第二款、第三款规定直接提起诉讼的案件，胜诉利益归属于公司。股东请求被告直接向其承担民事责任的，人民法院不予支持。”股东代表诉讼胜诉利益归属于公司的法理根据在于：第一，这是公司财产独立性对股东代表诉讼的要求。股东代表诉讼的诉由是公司的利益遭受了损害，如果股东代表诉讼的胜诉利益归提起诉讼的股东，势必击破公司财产独立于股东的原则，造成股东财产和公司财产的混同，因此，股东代表诉讼的胜诉利益只能归公司享有，而股东包括提起诉讼的股东不能直接享有。第二，这是平衡股东利益的要求。如果股东代表诉讼的胜诉利益归起诉的股东，起诉者得，不起诉者不得，不仅有架讼之嫌，而且也会冲击股东按照出资比例对公司享有权利的原则，使股东之间的利益关系失去平衡。第三，这是股东有限责任制度的要求。股东以出资对公司债务承担有限责任，这是公司企业制度的基石，而该制度的维持的前提是公司以全部财产对公司全部债务承担责任。在公司成立后股东只有三种情况可以从公司取得财产，即利润分配、减资和清算。如果股东代表诉讼的胜诉利益归起诉的股东，势必造成公司责任财产的减少，构成对债权人利益的损害。因此，股东代表诉讼是股东的一种共益行为，胜诉利益只能由公司享有，因此，所有股东代表诉讼案件必须列公司为第三人。《公司法解释（四）》第二十四条第一款规定：“符合公司法第一百五十一条第一款规定条件的股东，依据公司法第一百五十一条第二款、第三款规定，直接对董事、监事、高级管理人员或者他人提起诉讼的，应当列公司为第三人参加诉讼。”

3. **股东以自己的名义提起诉讼**

股东代表诉讼是在公司应当起诉而不起诉的前提下提起的诉讼，如果在制度设计上再要求股东以公司的名义提起诉讼，势必增加股东起诉的难度，甚至使股东代表诉讼制度名存实亡。股东以自己的名义提起诉讼，不仅降低了诉讼的难度，而且在胜诉利益归公司的制度下，不会出现公司遭受损失股东得利的结果，因此，在设计这一制度时就允许股东以自己的名义为公司的利益提起诉讼。

4. **股东代表诉讼应当履行前置程序**

关于股东代表诉讼的前置程序规定在《公司法》第一百五十一条，该条共分三款，第一款规定：“董事、高级管理人员有本法第一百四十九条规定的情形的，有限责任公司的股东、股份有限公司连续一百八十日以上单独或者合计持有公司百分之一以上股份的股东，可以书面请求监事会或者不设监事会的有限责任公司的监事向人民法院提起诉讼；监事有本法第一百四十九条规定的情形的，前述股东可以书面请求董事会或者不设董事会的有限责任公司的执行董事向人民法院提起诉讼。”第二款规定：“监事会、不设监事会的有限责任公司的监事，或者董事会、执行董事收到前款规定的股东书面请求后拒绝提起诉讼，或者自收到请求之日起三十日内未提起诉讼，或者情况紧急、不立即提起诉讼将会使公司利益受到难以弥补的损害的，前款规定的股东有权为了公司的利益以自己的名义直接向人民法院提起诉讼。”第三款规定：“他人侵犯公司合法权益，给公司造成损失的，本条第一款规定的股东可以依照前两款的规定向人民法院提起诉讼。”

前边已经说过股东代表诉讼的背景是公司利益受到损害，公司应当起诉而不起诉，而设置前置程序首先是为了验证公司（包括董事会或董事和监事会或监事）不起诉。公司的利益遭受损害，公司应当依法提起诉讼，尽受托者应尽的职责。设置股东代表诉讼前置程序其次是为了促使公司依法提起诉讼。公司自己提起诉讼的好处在于：一是可以减少诉讼，节约诉讼资源，防止出现一案多诉的现象；二是可以提高诉讼质量，尽量由与案件关系最直接的人提起诉讼。因此，股东在提起股东代表诉讼之前，应当首先请求公司董事会（执行董事）、监事会（监事）以公司名义提起诉讼，在其不提起诉讼的情况下，才可以用自己的名义提起诉讼。

三、什么是股东共益诉讼

股东共益诉讼是指股东为全体股东共同利益提起的或者法院判决对全体股东都有约束力的诉讼。股东共益诉讼是股东自益诉讼的对称，可以分为对未履行出资义务或者未完全履行出资义务或者抽逃出资提起的诉讼；对损害公司利益者提起的股东代表诉讼；对公司决议或者行为提起的诉讼三大类。具体而言股东共益诉讼包括：（1）股东对未履行出资义务股东提起的要求其向公司履行出资义务的诉讼；（2）股东对未全面履行出资义务股东提起的要求其补足出资义务的诉讼；（3）股东对抽逃出资股东提起的要求其返还出资的诉讼；（4）股东因董监高损害公司利益提起的股东代表诉讼；（5）股东对其他股东或者他人损害公司利益提起的股东代表诉讼；（6）股东为请求法院判令解散公司提起的诉讼；（7）股东为请求法院判令公司分配利益提起的诉讼；（8）股东为撤销公司决议或者请求认定公司决议不存在或者无效的诉讼；等等。股东共益诉讼的本质特征是：原告主观上为自己利益，客观上为股东共同利益，法院判决对全体股东有约束力。

股东共益诉讼的构成要件如下：

1. 由全体股东享有胜诉利益或者判决对全体股东有约束力

在公司企业制度下，股东与股东之间是一种共同投资关系，无论是一起设立公司的发起人股东之间，还是增资股东与公司原股东之间都是如此。在共同投资关系中股东之间既有利益冲突的一面，更有利益一致的一面；在公司企业制度下，股东与公司之间是委托关系，全体股东将自己的财产共同委托给公司经营管理。在这个共同委托关系中股东的身份和利益既有不同的一面，更有统一的一面；在公司企业制度下，公司利益是股东共同利益的来源，面对公司利益股东之间既有矛盾的一面，更有共同的一面。这种共同投资关系、共同委托关系和共同利益关系，正是股东共益诉讼的法理基础。由此而生的是股东共益诉讼的胜诉利益不能由原告股东独自享有，只能由全体股东共同享有，法院的判决不能只对原告股东有约束力，而是对全体股东均有约束力。比如股东对股东未履行出资义务提起的诉讼，法院只能判决被告向公司履行义务，由全体股东按照股份比例分享胜诉利益；再比如股东提起请求公司分配利润的诉讼，法院支持判决公司向全体股东分配利润，不能判决只向原告分配利润；又比如股东提起撤销公司决议的诉讼，法院支持的判决对全体股东均有效，不能只对原告有效而对其他股东无效。

2. 股东共益诉讼或者以公司为被告或者以公司为第三人

在公司企业制度下，公司是全体股东的受托者，公司的行为应当符合股东的共同意志和利益，如果股东认为公司的行为不符合其意志和利益，可以公司为被告提起股东共益诉讼，法院一旦作出判决，无论判决结果如何，其判决对全体股东和公司均有约束力。在公司企业制度下，公司也是全体股东共同利益的载体，不允许股东绕开公司另外获取共同利益。如此，既不允许原告独享股东共益诉讼的胜诉利益，也不允许股东绕开公司分配股东共益诉讼的胜诉利益，因此，凡是请求给付义务的股东共益诉讼都应当列公司为第三人参加诉讼，以便法院判决被告向公司履行给付义务。比如股东对未履行出资义务的股东提起的共益诉讼、对抽逃出资股东提起的共益诉讼等都应当列公司为第三人，法院判决被告向公司履行出资义务。

3. 其他股东可以申请作为共同原告加入诉讼

针对股东共益诉讼，既然法院判决无论是支持还是反对股东的诉讼请求，对全体股东均有约束力，故此就应当允许其他股东参加诉讼发表自己的意见。对此，《公司法解释（二）》第四条第一款规定：“股东提起解散公司诉讼应当以公司为被告。”第三款规定：“原告提起解散公司诉讼应当告知其他股东，或者由人民法院通知其参加诉讼。其他股东或者有关利害关系人申请以共同原告或者第三人身份参加诉讼的，人民法院应予准许。”《公司法解释（四）》第三条第一款规定：“原告请求确认股东会或者股东大会、董事会决议不成立、无效或者撤销决议的案件，应当列公司为被告。对决议涉及的其他利害关系人，可以依法列为第三人。”第二款规定：“一审法庭辩论终结前，其他有原告资格的人以相同的诉讼请求申请参加前款规定诉讼的，可以列为共同原告。”第十三条第一款规定：“股东请求公司分配利润案件，应当列公司为被告。”第二款规定：“一审法庭辩论终结前，其他股东基于同一分配方案请求分配利润并申请参加诉讼的，应当列为共同原告。”

4. 股东共益诉讼只能在公司成立之后

前边已经说过公司在股东共同委托关系和共同利益关系中的角色，它既是受托者又是共同利益的平台。因此，在公司未成立的情况下，这个股东共同的受托者和共同利益的平台并不存在，股东的个人利益还不能转化为共同利益。股东只能提起自益诉讼，不需要也不能提起共益诉讼。故此，只有在公司成立之后，股东之间的共同投资关系、共同委托关系和共同利益关系才生成，股东才能提起股东共益诉讼。

5. 股东共益诉讼以股东自己的名义提起

股东共益诉讼虽然由全体股东受益，虽然法院的判决对全体股东有效，但是股东只需要以自己的名义提起相关诉讼，不需要其他股东授权或者代表其他股东。

四、什么是股东自益诉讼

股东提起的公司诉讼除了股东共益诉讼外，还有股东自益诉讼，股东自益诉讼是股东共益诉讼的对称。股东为共同利益提起的公司诉讼为股东共益诉讼，股东为自己利益提起的诉讼就是股东自益诉讼。前边已经说过在股东之间的共同投资关系、共同委托关系及共同利益关系中，股东不仅有统一的一面也有矛盾的一面，统一的一面是股东共益诉讼的法理基础，矛盾的一面就是股东自益诉讼的法理基础。当股东自己的利益因公司、其他股东或者董事、高管履行公司事务而受损害时，股东为维护自己的合法权益而提起的诉讼就是股东自益诉讼。针对股东自益诉讼，法院无论是支持还是反对股东的诉讼请求，相关判决只对原告股东有约束力，对其他股东没有约束力。股东自益诉讼包括：（1）公司未成立股东为分担设立费用提起的诉讼；（2）股东为知情权提起的诉讼；（3）股东为请求公司以合理价格收购其股权提起的诉讼；（4）股东为主张股权优先购买权提起的诉讼；（5）股东因受让股权请求股权变更登记提起的诉讼；（6）发起人股东因承担连带责任向其他股东追偿提起的诉讼；等等。股东自益诉讼的本质特征是：股东为自己的利益提起诉讼，法院判决只对提起诉讼的股东有效，对其他股东无效。

股东自益诉讼案件的构成要件如下：

1. 必须是股东自己的利益直接受到了损害

如果不是股东自己的利益受到了损害，而是股东共同利益受到了损害，那就只能提起股东共益诉讼，不能提起股东自益诉讼。比如股东为知情权提起的诉讼，股东为公司以合理价格收购自己股权提起的诉讼等都是股东自益诉讼。对此《公司法》第一百五十二条规定，“董事、高级管理人员违反法律、行政法规或者公司章程的规定，损害股东利益的，股东可以向人民法院提起诉讼”。

2. 损害股东利益与公司事务或者与董事高管履行职务有关

股东利益受到损害之所以提起的是公司诉讼，而非一般民事诉讼，是因为损害的主体是公司或者是董事、高管，是公司在处理公司事务或者董事、高管在履行公司职务时对股东的利益造成了损害，因此需要依据《公司法》《证券法》及相关司法解释进行审理。如果是股东与公司之间、股东与董事高管之间因买卖合同，或者交通肇事赔偿责任发生了纠纷，就是一般的民事诉讼，而非公司诉讼中的股东自益诉讼。

3. 股东自益诉讼胜诉利益归股东，法院判决只对原告股东有约束力

股东自益诉讼的诉由是股东自己的利益受到了损害，诉讼的目的就是获得法律救济，因此胜诉利益只能由提起诉讼的股东享有，法院无论是支持还是反对原告股东的诉讼请求，其判决仅对提起诉讼的原告有效，对其他股东无约束力。股东自益诉讼是股东的一种自益行为，因此，股东自益诉讼不但不会像股东共益诉讼那样把公司列为受益的第三人，而且可能会把公司列为被告或者共同被告。

4. 股东自益诉讼由股东以自己的名义提起

根据“谁受害谁主张，谁主张谁受益”的原则，股东自益诉讼案件只能由股东自己提起诉讼。

五、什么是股东补充赔偿责任诉讼

这里说的股东补充赔偿责任诉讼并非我们日常见到的债权人基于借贷关系或者合同关系对债务人提起的诉讼，而是指公司债权人基于公司法、合同法对债务人的股东、实际控制人、董事、高管提起的要求其对公司债务承担补充清偿责任的诉讼。这种股东补充赔偿责任诉讼并非一般民事诉讼，而是公司诉讼的一种，因为一般民事诉讼只能要求债务人承担责任，这种公司诉讼可以要求对债务人没有尽到特定义务的人对公司债务履行补充赔偿责任。这种公司诉讼也不同于代位诉讼，代位诉讼是指由于债务人不向次债务人主张权利致使债权人的利益受到损害的情况下，债权人可以次债务人为被告提起的诉讼。债权人代位诉讼依据的是《合同法》并且以债务人不及时行使权利为条件，而股东补充赔偿责任诉讼依据的是《公司法》，以股东对公司负有应尽未尽责任为前提。股东补充赔偿责任诉讼包括：（1）请求未履行出资义务的股东对公司不能清偿的债务承担补充赔偿责任的诉讼；（2）请求未完全履行出资义务的股东对公司不能清偿债务承担补充赔偿责任的诉讼；（3）请求抽逃出资的股东对公司不能清偿债务承担补充赔偿责任的诉讼；（4）请求股东、董事、实际控制人因怠于清算使公司财产贬值对公司债务承担补充赔偿责任的诉讼；（5）请求股东、董事、实际控制人因怠于清算使公司不能清算对公司债务承担连带清偿责任的诉讼；（6）请求公司发起人在其他发起人未履行设立出资义务的本息范围内对公司不能清偿的负债承担补充赔偿责任的诉讼；等等。

股东补充赔偿责任诉讼的构成要件如下：

1. 以公司为有效债务人为第一前提

首先这类诉讼要审明债权人与公司之间的债权债务是否真实存在；其次要审明债权是否达到偿还的期限；最后要审明债权是否在诉讼时效期间之内；这些只能依据《民法总则》和《合同法》等相关法律法规进行审理，以确定公司是有效的债务人。如果公司不是有效的债务人，就谈不上一般民事诉讼，更谈不上公司诉讼中的股东补充赔偿责任诉讼。

2. 以股东、董事、高管等对公司有未尽义务为第二前提

如果股东、董事、高管等对公司没有应尽而未尽的义务，那么即使公司是有效的债务人，债权人也不能提起补充赔偿诉讼，只能提起一般民事诉讼，向公司主张权利。只有在股东和董事、高管等对公司有应尽未尽义务的前提下，债权人才可以提起公司诉讼，要求未尽义务的股东和董事、高管等对公司债务承担补充赔偿责任。因此，公司诉讼中的股东补充赔偿责任诉讼对股东而言实际上就是“戳穿公司面纱”的落实。在债权人提起补充赔偿诉讼时，不仅要证明自己对公司享有有效的债权，还要证明股东和董事高管等对公司有应尽而未尽的义务，比如股东未按公司章程规定缴付出资、抽逃出资未返还，董事高管损害公司利益未赔偿等。当然如果公司是一人公司，股东补充赔偿责任诉讼的举证责任倒置。

3. 以债权额和股东未尽义务额中的低者为判决的上限

股东补充赔偿责任诉讼制度的建立是为了维护公司债权人的利益，体现了公司财产先债权人后股东的原则，是股东有限责任制度的延伸。但是债权人对已经向公司履行了义务的股东没有请求权，对未向公司履行义务的股东或者董事高管享有请求权，从公平原则出发，提起诉讼的债权人对股东、董事、高管等的请求权能以公司对其的有效债务额和股东、董事、高管对公司未履行义务额中的低者为上限。比如，债权人的有效债权为100万元，股东对公司应尽未尽的义务为200万元，那么，法院判决股东的补充赔偿额就只能是100万元，股东对公司应尽未尽义务余下的100万元，可以由公司或者其他债权人主张。再比如，债权人对公司的有效债权额为200万元，股东对公司应尽未尽的义务额为100万元，那么，法院判决股东的补充赔偿额就只能是100万元，债权人余下的100万元债权可以向公司或者其他相同的股东主张。但是当公司已经被人民法院裁定进入破产程序，在管理人不提起诉讼的情况下，债权人提起的“补充赔偿诉讼”标的则不受上述限制，只以股东应尽未尽义务额为准，当然这种诉讼的胜诉利益也不归原告享有，而是归入破产财产。另外在特定情况下，补充赔偿责任也会转化成连带责任，比如公司清算事由出现后，在因股东怠于清算致使公司财产灭失、账册损毁无法清算的情况下，股东就要对公司债务承担连带清偿责任。

4. 以未尽义务的股东、董事、高管等为被告

股东补充赔偿责任诉讼可以直接以未尽义务的股东、董事、高管等为被告，也可以将其与公司列为共同被告，还可在执行过程中将其追加或者变更为被执行人。这种制度安排有利于简化诉讼程序、缩短诉讼时间、减控诉讼成本，也有利于提高诉讼质量。

5. 胜诉利益归提起诉讼的债权人

债权人之所以提起补充赔偿诉讼，就是因为其对公司享有债权，而相关股东或者董事、高管对公司又有应尽未尽的义务。股东补充赔偿责任诉讼的胜诉利益归原告，谁主张谁得利。当然，如果股东或者董事、高管依据股东补充赔偿责任诉讼的判决对公司债权人履行了赔偿义务，其对公司的义务以赔偿额为准视为已经履行，公司对债权人的债务以股东或者董事、高管的赔偿额为准视为已经偿还。当然正如上面所言，如果公司已经被法院裁定进入破产程序，债权人“补充赔偿诉讼”的胜诉利益则归入破产财产。

第二章　关于设立公司费用和股东资格的诉讼

公司因设立而诞生，但设立公司需要费用，这种费用在公司成立之前大多由发起人垫付或者暂时拖欠。因此本章首先讨论关于公司设立过程中的花费引发的诉讼。公司一经诞生所有发起人将转化为公司的股东，公司、股东、董事、监事、高管等将开始根据公司章程和《公司法》的规定履职行事，因此本章还要讨论关于股东资格的诉讼。

关于这类案件的管辖问题，《民事诉讼法》第二十六条规定："因公司设立、确认股东资格、分配利润、解散等纠纷提起的诉讼，由公司住所地人民法院管辖。"

《民事诉讼法解释》第二十二条明确作出"因股东名册记载、请求变更公司登记、股东知情权、公司决议、公司合并、公司分立、公司减资、公司增资等纠纷提起的诉讼，依照民事诉讼法第二十六条规定确定管辖"之规定。故此，在公司成立之后，本章讨论的公司诉讼应当由公司住所地人民法院管辖。但是如果公司没有成立，就只能适用原告就被告和侵权行为地管辖的原则了。

设立公司和股东资格诉讼的时效适用一般诉讼时效 3 年的规定，但如果涉及公司决议无效或者合同无效的则无诉讼时效限制，涉及撤销公司决议的诉讼时效为 60 天，涉及撤销合同的诉讼时效为 1 年，涉及公司决议不成立的诉讼时效为 3 年。

一、为设立公司发生费用引发的诉讼

发起人承担设立公司的职责，发起人设立公司的行为是一种共益行为，所产生的合理费用公司成立的应当由公司承担，公司未成立的应当由全体发起人分担。设立公司的费用一般情况下主要包括房屋租金、公关费用、中介费用等，在公司成立前这些费用或者是由某个发起人垫付或者是由某个发起人经手拖欠，如果公司成立了则由公司偿还这些费用，如果公司未成立，或者虽成立了但是不承担相关费用就有可能引发此类公司诉讼。

1. 诉讼方案

（1）设立费用的债权人可以提起诉讼，以一个或者数个发起人为被告，诉讼请求为偿还债务或者对债务承担连带偿还责任。公司没有成立，为设立公司的花费将转化成发起人的债务，比如发起人为设立公司租赁了房屋，签订了房屋租赁合同，但是没有支付租金，租金就转化成公司设立过程的债务。如果发起人不能及时偿还该债务，房屋出租人就可能提起诉讼，并以其知晓的一个或数个发起人为被告，主张其偿还租金或者对偿还租金承担连带责任。

（2）垫付设立费用的发起人可以提起诉讼，以其他发起人为被告，诉讼请求为分担公司设立过程中产生的费用和债务。在许多情况下，设立公司的费用是由某个发起人垫付的，如果公司成立了就由公司偿还发起人垫付的费用，如果公司未成立垫付的费用就应当由全体发起人分担。但是如果其他发起人不愿意分担或者对分担的比例产生了异议，垫付费用的发起人就有权提起诉讼，要求全体发起人分担自己垫付的公司设立过程中产生的费用。一人公司则不存在此种诉讼。

（3）承担责任的发起人可以提起诉讼，以其他发起人为被告，诉讼请求为分担公司设立过程中产生的费用和债务。这种诉讼是指公司设立过程中的债权人提起了诉讼，法院判决某个发起人承担了债务，如果其他发起人不愿意分担费用对该发起人进行补偿，该发起人有权提起追偿之诉，请求法院判令其他发起人依法分担部分费用。一人公司则不存在此种诉讼。

（4）其他发起人以有过错的发起人为被告提起诉讼，诉讼请求为承担公司设立过程中产生的费用和债务。如果公司未能设立是由某个发起人的过错所致，有过错的发起人就应当承担公司设立过程中产生的全部费用或者多承担该费用，如果发起人不能就分担问题达成一致，其他发起人可以有过错的发起人为被告提起诉讼，主张有过错的发起人承担公司设立过程产生的全部或者大部分费用。一人公司则不存在此种诉讼。

2. 审判依据

《公司法》没有对公司设立费用的责任问题作出规定，《公司法解释（三）》的第四条对公司设立费用的责任问题明确如下，该条第一款规定："公司因故未成立，债权人请求全体或者部分发起人对设立公司行为所产生的费用和债务承担连带清偿责任的，人民法院应予支持。"第二款规定："部分发起人依照前款规定承担责任后，请求其他发起人分担的，人民法院应当判令其他发起人按照约定的责任承担比例分担责任；没有约定责任承担比例的，按照约定的出资比例分担责任；没有约定出资比例的，按照均等份额分担责任。"第三款规定："因部分发起人的过错导致公司未成立，其他发起人主张其承担设立行为所产生的费用和债务的，人民法院应当根据过错情况，确定过错一方的责任范围。"

3. 相似判例

关于发起人分担设立费用的判例。

案号：河北省临城县人民法院（2017）冀0522民再4号

基本案情：两个发起人签订协议共同发起设立公司，公司未成立，其中一个发起人承担了全部设立费用，诉请另一个发起人按照约定的股份比例分担公司设立费用。

裁判要旨：关于本案借款的偿还主体及比例，依照《公司法解释（三）》第四条规定，公司因故未成立，债权人请求全体或者部分发起人对设立公司行为所产生的费用和债务承担连带清偿责任的，人民法院予以支持。部分发起人依照前款规定承担责任后，请求其他发起人分担的，人民法院应当判令其他发起人按照约定的责任承担比例分担责任；没有约定责任分担比例的，按照约定的出资比例分担责任；没有约定出资比例的，按照均等份额分担责任。××集团作为欲设立新公司的发起人，应当对拖欠债务承担连带清偿责任，因未对新设立公司期间的债务承担做出约定，对出资比例进行了约定，故对此期间的债务，应由发起人双方按照约定的出资比例承担。

二、发起人以自己的名义为设立公司订立合同引发的诉讼

在许多情况下，在公司取得营业执照之前就需要为建立民事法律关系而订立合同。这不仅可能是公司设立本身的需要，更有可能是保证公司成立后能够顺利开展经营活动的需要。在公司成立前，公司没有取得营业执照、没有公章、没有法定代表人、没有民事行为能力，以公司自己的名义对外订立合同往往不被相对方接受。因此，在许多情况下由发起人以自己的名义为设立中的公司订立合同。无论公司是否如期成立，此种合同都可能引起诉讼，审理此种合同引发的纠纷不仅要根据《合同法》，还要依据《公司法》及相关司法解释。因此这类诉讼也是一种公司诉讼。

1. 诉讼方案

（1）公司未成立时，合同相对人提起诉讼的，以签订合同的发起人为被告，以履行合同或者承担不履行合同的违约责任为诉讼请求。尽管发起人订立合同的目的是由即将成立的公司履行合同，但是在公司因故未成立的情况下，合同相对人的合同利益仍应当得到保护，他有权提起诉讼请求法院判令签订合同的发起人履行合同或者承担不履行合同的违约责任。当然如果的确

是发起人以自己的名义为即将成立的公司订立的合同，或者是受其他发起人股东委托为公司订立的合同，发起人在承担责任之后可以提起设立费用分担的诉讼，要求其他发起人分担。

（2）公司已经成立，合同相对人提起诉讼的，以订立合同的发起人和公司为共同被告（或者以订立合同的发起人为被告，以公司为第三人），诉讼请求为由两被告连带承担履行合同的责任或者连带承担不履行合同的违约责任。如果发起人是为公司订立的合同，公司不履行相关合同，合同相对人的利益将受到损害，合同相对人有权提起诉讼维护自己的利益。合同相对人追求的是合同的履行，而在合同上签字的人是发起人，而发起人是为公司订立的合同，所以合同相对人可以将发起人和公司作为共同被告，要求他们承担履行合同的连带责任，如果根据情势履行已经不可能或者没有必要了，也可以主张两被告连带承担不履行合同的责任。在此种案件中如果原告没有将公司列为被告或者第三人，被告可以向人民法院申请将公司列为第三人。

（3）在公司成立后，公司不履行相关合同或者明示不履行相关合同，订立合同的发起人也可以提起诉讼，该诉讼以公司为被告，以合同相对人为第三人，诉讼请求为由公司履行合同或者承担不履行合同导致的违约责任。发起人以自己的名义为即将成立的公司订立合同，面临的风险就是公司成立后不履行合同，关键在于如何促使公司履行合同或者承担不履行合同的责任。如果公司已经明示不履行相关合同，或者经过催告公司仍不履行相关合同，为公司订立合同的发起人为控制自己的风险，可以公司为被告，以合同相对人为第三人提起诉讼，请求法院判令公司履行合同或者承担不履行合同的责任。

2. 审判依据

最高人民法院在《公司法解释（三）》第二条第一款中明确规定：“发起人为设立公司以自己名义对外签订合同，合同相对人请求该发起人承担合同责任的，人民法院应予支持。”第二款中明确规定：“公司成立后对前款规定的合同予以确认，或者已经实际享有合同权利或者履行合同义务，合同相对人请求公司承担合同责任的，人民法院应予支持。”

3. 相似判例

关于发起人为公司订立合同的判例。

案号：江苏省淮安市清江区人民法院（2017）苏0812民初3010号

基本案情：2013年9月1日，原告连某与被告苏某签订仓库租赁合同一份，约定：连某自愿将6号仓库租赁权交给苏某经营使用，6号仓库3800平方米，由苏某统一管理经营，期限15年。2014年1月13日，被告××公司正式成立，被告苏某为该公司法定代表人。同年4月15日，第三人××物流公司与苏某签订关于仓储租赁使用权移交协议书一份，约定：根据××物流公司和连某（原告）签订的6号仓库租赁协议，2013年9月1日连某转租苏某，双方签订的租赁协议书现经由××物流公司将6号仓库的使用权自双方签字之日起交付给××公司。

裁判要旨：被告苏某作为被告××公司的发起人，以个人名义与原告签订租赁合同，被告××公司成立后实际接收了租赁物，表明其对苏某在公司成立之前与原告签订的仓库租赁合同予以确认，并实际履行了该份合同，故原告有权选择被告苏某或者××公司承担责任。本案原告在审理过程中表示被告××公司为合同相对方，故被告××公司应当承担租赁合同的责任。

4. 问题讨论

发起人如何在公司成立前为公司订立合同。的确在许多情况下，公司成立之前就需要为其订立合同，以便公司成立后能够尽早开展业务。在公司尚未成立的情况下，公司是不能作为民事主体以自己的名义对外订立合同的，这是因为：第一，合同相对人不接受；第二，合同的效力会受到质疑。因此，以发起人自己的名义为即将成立的公司订立合同是普遍存在的，这样做至少合同双方都是实实在在的民事主体，合同相对人更愿意接受。但是这样做最大的问题就是如果公司不能成立怎么办，公司成立了不承认相关合同怎么办。故此，建议在实务中有关发起人在以自己的名义为即将成立的公司订立合同前要取得其他发起人的书面授权，这样做的目的是在公司不能成立时由全体发起人分担合同责任，为公司成立后公司履行相关合同做出预先安排。当然如果即将成立的公司是发起人的全资子公司，这些问题就不会存在了。

笔者在操作以资产并购方式进行企业并购时，基本都是安排由即将设立项目公司的投资人与目标公司签订资产并购合同。并且在资产并购合同中设立一个特别约定条款，内容为“本合同生效后，并购方将在目标公司所在地设立项目公司，项目公司一旦成立，本合同项下并购方的全部权利和义务均由项目公司受领”。如果被并购方有疑虑，可以加上一句“并购方为项目公司履行本合同约定的义务承担连带保证责任”。如此操作的好处在于：第一，确保项目公司成立后能够及时取得经营资产和业务；第二，不取得资产和业务不设立项目公司；第三，目标公司知晓并购方的安排，并同意并购方的安排。如果项目公司是合资公司，笔者就安排各发起人一起作为并购方在合同上签字，或者取得其他发起人的书面授权。这种做法在实践中取得了良好的效果。

再有也可以考虑签订附条件生效的合同，即在合同中规定如果项目公司成立了，相关合同生效，如果项目公司没有成立，则相关合同不生效。如此，也能有效解决在公司成立前需要为公司订立合同，订立合同后公司能否如期成立不确定的矛盾。

三、发起人以设立中的公司的名义对外签订合同引发的诉讼

根据《公司法解释（三）》第三条的规定，发起人不仅可以自己的名义为设立中的公司订立合同，还可以设立中的公司之名义签订合同，而对这两种不同名义签订的合同引发的争议，人民法院的审判规则是不相同的。

1. 诉讼方案

（1）根据上述司法解释，在公司成立后，如果公司不履行合同，合同相对人可以公司为被告提起诉讼，以要求公司履行合同或者承担不履行合同的违约责任为诉讼请求。

（2）根据上述司法解释，在公司成立后，如果公司有证据证明发起人是利用设立公司的名义为自己的利益与相对人订立的合同，公司可以签订合同的发起人为被告，以合同相对人为第三人提起诉讼。公司也可以不提起诉讼而以此对发起人的诉讼进行抗辩。但无论是提起诉讼，还是对抗发起人的诉讼，都需要公司举证证明发起人是为了自己的利益以设立中公司的名义与相对人订立合同的。如果公司的主张得到了法院的支持，公司就不承担履行相关合同的义务，也不会承担不履行相关合同的责任。当然如果相对人为善意的，公司仍然需要履行相关合同或者承担不履行合同的责任。注意这里用的是“善意的”而非善意第三人，善意的和善意第三人是有严格区别的，根据《物权法》第一百零六条的规定，构成善意第三人的有三项条件，而“善意的”仅是其中一项条件。当然如果公司被迫履行了合同，可以依法向为自己私利而以公司名义对外签订合同的发起人主张赔偿。

2. 审判依据

《公司法解释（三）》第三条第一款规定：“发起人以设立中公司名义对外签订合同，公司成立后合同相对人请求公司承担合同责任的，人民法院应予支持。”第二款规定：“公司成立后有证据证明发起人利用设立中公司的名义为自己的利益与相对人签订合同，公司以此为由主张不承担合同责任的，人民法院应予支持，但相对人为善意的除外。”

3. 问题讨论

关于发起人以公司名义订立合同的两点思考。

第一，何谓“发起人以设立中公司名义对外签订合同”？笔者认为，以谁的名义签订合同，就是由谁在合同书上签字或者盖章，如果不错，一个尚未成立的公司，没有公章，没有法定代表人，又如何能以自己的名义签订合同呢？能够以自己名义签订合同者只能是已经存在的民事主体，公司没有成立就没有公章，也没有法定代表人，如何在合同书上签字盖章呢？即使有公司的发起人在，又如何能够使合同相对人信任这个只能在合同书上打上其名字，尚无公章和法定代表人的尚不存在的公司，愿意与之订立所谓的合同呢？如果不需要签字或者盖章只要在合同书上写上这个尚未成立的公司的名字，“公司成立后合同相对人请求公司承担合同责任的，人民法院应予支持”，这又如何保护这个尚未成立的公司的利益呢？

第二，如果把《公司法解释（三）》中的“发起人以设立中公司名义对外签订合同”理解为发起人在合同书上签字盖章，这又与其第二条规定的“发起人为设立公司以自己名义对外签订合同”有什么区别呢？如果说区别在于发起人以自己名义为设立中的公司订立的合同书上没有公司的名字，而发起人以设立中公司的名义签订的合同书上有公司的名字，那么，前者就首先判定由发起人自己承担合同责任，而后者就首先判定由公司承担合同责任，而且公司如不能举证证明签订合同的发起人是图私利，就不能摆脱这个强加给自己的合同是不是有些太简单了。

四、发起人设立公司行为致人损害引发的诉讼

发起人负责公司的设立工作，在公司设立过程如果致人损害需要对受害人进行赔偿，赔偿多少不归公司法管，但是赔偿所形成的费用在公司未成立的情况下由谁来负担，在公司成立后由谁来负担，就需要根据公司法和有关

司法解释来审理了。当然这里说的是发起人亲自设立公司，如果发起人不是亲自设立公司，而是委托中介机构代为设立公司，此问题则另当别论。

1. 诉讼方案

（1）在公司未成立的情况下，受害人提起诉讼的，以加害发起人为被告，也可以加害发起人和其他发起人为共同被告，诉讼请求为赔偿损失或者对损失承担连带赔偿责任。

（2）在公司成立后，受害人提起诉讼的，以公司为被告，以加害发起人为共同被告，诉讼请求为对损失承担连带赔偿责任。

（3）发起人承担赔偿责任后，如果公司成立了，可以要求公司补偿，如果公司不同意，可以提起诉讼请求法院判令公司补偿。如果公司没有成立，发起人可以要求其他发起人补偿，其他发起人不同意补偿的，可以根据《公司法解释（三）》第四条的规定提起诉讼，请求法院判令其他发起人补偿。

2. 审判依据

《公司法》没有关于发起人为设立公司致人损害赔偿责任的有关规定，《公司法解释（三）》第五条第一款规定："发起人因履行公司设立职责造成他人损害，公司成立后受害人请求公司承担侵权赔偿责任的，人民法院应予支持；公司未成立，受害人请求全体发起人承担连带赔偿责任的，人民法院应予支持。"第二款规定："公司或者无过错的发起人承担赔偿责任后，可以向有过错的发起人追偿。"

3. 相似判例

关于设立公司行为致人损害赔偿的判例。

案号：广西壮族自治区梧州市中级人民法院（2016）桂04民终649号

基本案情：××肥业公司在2013年12月18日经有关部门批复筹备设立后，何某作为××肥业公司的发起人，组织人员、工程机械填泥清场建设

××肥业公司厂房，造成被上诉人的生产场地被××肥业公司占用，造成被上诉人的厂房、地磅、晒场等设施遭到不同程度的损害。一审判决判令××肥业公司承担赔偿责任，××肥业公司不服提起上诉。

裁判要旨：《公司法解释（三）》第五条规定："发起人因履行公司设立职责造成他人损害，公司成立后受害人请求公司承担侵权赔偿责任的，人民法院应予支持……"，据此，××肥业公司应对何某履行公司职责行为承担侵权责任，被上诉人请求××肥业公司承担侵权赔偿责任，符合法律规定，一审判决予以支持正确。上诉人××肥业公司所提理据不足，法院不予支持。

五、发起人未被登记为公司股东引发的诉讼

公司成立后所有发起人都应当被登记为公司的股东，如果发起人认为公司应当将自己登记为股东而没有登记的，可以通过诉讼进行救济。登记为公司的股东包括内部登记和对外公示两项。根据《公司法》第二十五条、第三十一条和第三十二条的规定，内部登记包括将股东名称记载于公司章程、向股东签发出资证书和将股东登记于股东名册，记载于股东名册的股东可以主张行使股东权利。根据《公司法》第三十二条第三款的规定，外部登记是将股东的姓名或者名称向公司登记机关登记，外部登记起到公示的效果，未经登记的不能对抗第三人。

1. 诉讼方案

原告为未被登记为公司股东的发起人，被告为公司，根据情形也可以列其他发起人为第三人，诉讼请求为承认原告的股东资格，将原告登记为公司的股东。

2. 审判依据

《公司法解释（三）》第二十一条规定："当事人向人民法院起诉请求确

认其股东资格的，应当以公司为被告，与案件争议股权有利害关系的人作为第三人参加诉讼。”《公司法解释（三）》第一条规定：“为设立公司而签署公司章程、向公司认购出资或者股份并履行公司设立职责的人，应当认定为公司的发起人，包括有限责任公司设立时的股东。”

根据《公司法》第二十五条的规定，有限责任公司章程载明股东的姓名或者名称，股东在公司章程上签名、盖章。《公司法》第七十九条还规定，股份有限公司发起人签订发起人协议。《公司法》第八十一条则规定了股份有限公司章程载明发起人的姓名或者名称、认购的股份数、出资方式和出资时间。

3. 相似判例

虚假增资不能成为公司股东的判例。

来源：《最高人民法院公报》（2015 年第 5 期）上海市第二中级人民法院关于黄某忠诉陈某庆等股东资格确认案

基本案情：法院查明：黄某忠、陈某庆、陈某、张某、顾某平、王某英作为宏冠公司的前股东未就宏冠公司增资 1100 万元事宜召开过股东会。在未召开股东会的情况下，所谓宏冠公司增资 1100 万元的行为，违反了宏冠公司的章程及法律的规定，是无效的行为。此外，从结果上来看，宏冠公司用于所谓增资的 1100 万元，在完成验资后，就以“借款”的形式归还给新宝公司，此种情形不能认定新宝公司已经履行了出资的义务。

裁判要旨：未经公司有效的股东会决议通过，他人虚假向公司增资以“稀释”公司原有股东股份，该行为损害了原有股东的合法权益，即使该出资行为已经工商行政机关备案登记，仍应认定为无效，他人不能取得股东资格，公司原有股东股权比例应保持不变。

4. 问题讨论

什么是认定公司发起股东的核心证据。认定有限责任公司的发起股东的核心证据如下：

①是否签署公司章程及章程中是否记载其姓名或名称；

②是否认缴出资或者实缴出资；

③是否签署设立公司的有关协议；

④是否参与公司设立活动。

认定股份公司发起股东的核心证据如下：

①是否签署发起人协议并且发起人协议记载其姓名或名称；

②是否认缴股份或实缴出资；

③是否签署公司章程并且章程记载其姓名或者名称。

上述证据综合判断，核心是是否签署公司章程并认缴出资或履行出资义务。

六、股权归属争议引发的诉讼

股东之间如果就股权的归属产生了争议，或者他人对股权主张权利，可以通过诉讼请求法院裁决。股权归属争议与前边讨论的请求登记为公司股东的诉讼，有交叉和相同的地方更有区别之处，交叉和相同的地方在于当某一发起人未被登记为公司的股东时，其本应当享有的股权一定已经被登记在其他发起人股东的名下，说到底都是股权归属的争议。不同点在于发生股权归属的争议时可能股权尚未进行登记，另外这种纠纷不仅可能发生在公司设立时，也可能发生在公司成立后的重组过程和并购过程中。

1. 诉讼方案

这类案件由对争议股权主张权利的股东或者他人为原告提起诉讼，以利害关系人（被登记为股东的人或者主张股权归其所有的人）为被告，以公司为第三人（协助执行审判结果），诉讼请求为确认系争股权的归属。在这种案件中往往并不是公司不予登记或者怠于变更登记，而是因为需要登记的股权有他人主张权利，公司无法进行登记，在公司登记之前必须确认股权的归属。因此以对争议股权主张权利的人为原告，公司作为第三人。

2. 审判依据

《公司法解释（三）》第二十二条规定："当事人之间对股权归属发生争议，一方请求人民法院确认其享有股权的，应当证明以下事实之一：

"（一）已经依法向公司出资或者认缴出资，且不违反法律法规强制性规定；

"（二）已经受让或者以其他形式继受公司股权，且不违反法律法规强制性规定。"

3. 相似判例

（1）国企改制员工退股后不再具有股东身份判例

来源：最高人民法院指导案例96号——宋某军诉西安市大华餐饮有限责任公司股东资格确认纠纷案①

关键词：民事　股东资格确认　初始章程　股权转让限制　回购

裁判要旨：国有企业改制为有限责任公司，其初始章程对股权转让进行限制，明确约定公司回购条款，只要不违反《公司法》等法律强制性规定，可认定为有效。有限责任公司按照初始章程约定，支付合理对价回购股东股权，且通过转让给其他股东等方式进行合理处置的，人民法院应予支持。

基本案情：西安市大华餐饮有限责任公司（以下简称大华公司）成立于1990年4月5日。2004年5月，大华公司由国有企业改制为有限责任公司，宋某军系大华公司员工，出资2万元成为大华公司的自然人股东。大华公司章程第三章"注册资本和股份"第十四条规定"公司股权不向公司以外的任何团体和个人出售、转让。公司改制一年后，经董事会批准后可在公司内部赠与、转让和继承。持股人死亡或退休经董事会批准后方可继承、转让或由企业收购，持股人若辞职、调离或被辞退、解除劳动合同的，人走股留，所

① 最高人民法院审判委员会讨论通过2018年6月20日发布。

持股份由企业收购……”第十三章“股东认为需要规定的其他事项”下第六十六条规定“本章程由全体股东共同认可，自公司设立之日起生效”。该公司章程经大华公司全体股东签名通过。2006年6月3日，宋某军向公司提出解除劳动合同，并申请退出其所持有的公司的2万元股份。2006年8月28日，经大华公司法定代表人赵某锁同意，宋某军领到退出股金款2万元整。2007年1月8日，大华公司召开2006年度股东大会，大会应到股东107人，实到股东104人，代表股权占公司股份总数的93%，会议审议通过了宋某军、王某青、杭某国三位股东退股的申请并决议“其股金暂由公司收购保管，不得参与红利分配”。后宋某军以大华公司的回购行为违反法律规定，未履行法定程序且《公司法》规定股东不得抽逃出资等，请求依法确认其具有大华公司的股东资格。

裁判结果：西安市碑林区人民法院于2014年6月10日作出（2014）碑民初字第01339号民事判决，判令：驳回原告宋某军要求确认其具有被告西安市大华餐饮有限责任公司股东资格之诉讼请求。一审宣判后，宋某军提出上诉。西安市中级人民法院于2014年10月10日作出了（2014）西中民四终字第00277号民事判决书，驳回上诉，维持原判。终审宣判后，宋某军仍不服，向陕西省高级人民法院申请再审。陕西省高级人民法院于2015年3月25日作出（2014）陕民二申字第00215号民事裁定，驳回宋某军的再审申请。

裁判理由：法院生效裁判认为：通过听取再审申请人宋某军的再审申请理由及被申请人大华公司的答辩意见，本案的焦点问题如下：①大华公司的公司章程中关于“人走股留”的规定，是否违反了《公司法》的禁止性规定，该章程是否有效；②大华公司回购宋某军股权是否违反《公司法》的相关规定，大华公司是否构成抽逃出资。

针对第一个焦点问题，首先，大华公司章程第十四条规定，“公司股权不向公司以外的任何团体和个人出售、转让。公司改制一年后，经董事会批准后可以公司内部赠与、转让和继承。持股人死亡或退休经董事会批准后方可继承、转让或由企业收购，持股人若辞职、调离或被辞退、解除劳动合同的，人走股留，所持股份由企业收购。”依照《公司法》第二十五条第二款“股东应当在公司章程上签名、盖章”的规定，有限责任公司章程系公司设立时全体股东一致同意并对公司及全体股东产生约束力的规则性文件，宋某军在公司章程上签名的行为，应视为其对前述规定的认可和同意，该章程对大华公司及宋某军均产生约束力。其次，基于有限责任公司封闭性和人合性的特点，由公司章程对公司股东转让股权作出某些限制性规定，系公司自治的体现。在本案中，大华公司进行企业改制时，宋某军之所以成为大华公司的股东，其原因在于宋某军与大华公司具有劳动合同关系，如果宋某军与大华公司没有建立劳动关系，宋某军则没有成为大华公司股东的可能性。同理，大华公司章程将是否与公司具有劳动合同关系作为取得股东身份的依据继而作出“人走股留”的规定，符合有限责任公司封闭性和人合性的特点，亦系公司自治原则的体现，不违反《公司法》的禁止性规定。最后，大华公司章程第十四条关于股权转让的规定，属于对股东转让股权的限制性规定而非禁止性规定，宋某军依法转让股权的权利没有被公司章程所禁止，大华公司章程不存在侵害宋某军股权转让权利的情形。综上，本案一、二审法院均认定大华公司章程不违反《公司法》的禁止性规定，应为有效的结论正确，宋某军的这一再审申请理由不能成立。

针对第二个焦点问题，《公司法》第七十四条所规定的异议股东回购请求权具有法定的行使条件，即只有在“公司连续五年不向股东分配利润，而公司该五年连续盈利，并且符合本法规定的分配利润条件的”“公司合并、分立、转让主要财产的”“公司章程规定的营业期限届满或者章程规定的其他解散事由出现，股东会会议通过决议修改章程使公司存续的”三种情形下，异议股东有权要求公司回购其股权，对应的是公司是否应当履行回购异议股东股权的法定义务。而本案属于大华公司是否有权基于公司章程的约定及与宋某军的合意而回购宋某军股权，对应的是大华公司是否具有回购宋某军股权的权利，二者性质不同，《公司法》第七十四条不能适用于本案。在本案中，宋某军于2006年6月3日向大华公司提出解除劳动合同申请并于同日手书

《退股申请》，提出“本人要求全额退股，年终盈利与亏损与我无关”，该《退股申请》应视为其真实意思表示。大华公司于2006年8月28日退还其全额股金款2万元，并于2007年1月8日召开股东大会审议通过了宋某军等三位股东的退股申请，大华公司基于宋某军的退股申请，依照公司章程的规定回购宋某军的股权，程序并无不当。另外，《公司法》所规定的抽逃出资专指公司股东抽逃其对于公司出资的行为，公司不能构成抽逃出资的主体，宋某军的这一再审申请理由不能成立。综上，裁定驳回再审申请人宋某军的再审申请。

（2）法定程序修改章程并认缴出资是增资股东身份的核心证据判例

案号：最高人民法院民事判决书（2014）民提字第00054号

裁判要旨：股东身份的确认，应根据当事人的出资情况以及股东身份是否以一定的形式为公众所认知等因素进行综合判断。

裁判意见：第一，万某裕已经向宏瑞公司实缴出资，万某裕打入宏瑞公司账户的510万元为出资款而非借款。第二，万某裕的股东身份已经记载于《宏瑞公司章程》，万某裕也以股东身份实际参与了宏瑞公司的经营管理。法院认为，经法定程序修改的章程，自股东达成修改章程的合意后即发生法律效力，工商登记并非章程的生效要件。本案中，宏瑞公司的股东在2008年8月10日即按法定程序修改了原章程，修订后的《宏瑞公司章程》合法有效，因此应于2008年8月10日开始生效。宏瑞公司关于《宏瑞公司章程》未备案并未生效的主张，法院不予支持。宏瑞公司章程的修改，涉及公司股东的变更，宏瑞公司应依法向工商机关办理变更登记，宏瑞公司未办理变更登记，应承担由此产生的民事及行政责任，但根据《公司法》（2005年）第三十三条的规定，公司股东变更未办理变更登记的，变更事项并非无效，而仅是不具有对抗第三人的法律效力。

综上，宏瑞公司关于《宏瑞公司章程》未生效、无效的主张，无法律及事实依据，法院不予采信。

4. 问题讨论

(1) 当事人取得股权的途径有哪些

在公司实务中，当事人取得股权的途径大致有如下十种，当事人符合其中一种情形就可以取得相应的股权：

①原始取得也称设立取得（参见本章“五、发起人未被登记为公司股东引发的诉讼”）；

②增资取得（上市公司定向增发、有限公司个别股东增资和股东以外的人向公司增资）；

③转增资取得（在公司派红股或转增资的情况下原股东会取得相应的股权）；

④受让取得；

⑤因认购上市公司公开发行的股份取得；

⑥因公司合并取得（参加合并的各公司股东应当取得合并后公司的股权）；

⑦因公司分立取得（被分立公司的股东应当取得分立后公司的股权）；

⑧因其他股东从公司减资取得（未减资股东的股权比例应当相应地增加）；

⑨因继承和受赠取得；

⑩因国有企业之间划转或者企业改制取得。

(2) 当事人证明争议股权归属的证据有哪些

当事人证明自己对争议股权享有权利的核心证据如下：

①当事人签署的公司章程并在章程中认缴了出资或者已经实际缴付了出资的证据——证明当事人原始取得股权；

②当事人签署的增资协议、公司章程修改案、认缴出资或者实际缴付出资的证据——证明当事人增资取得股权；

③当事人认购公开发行股份签署的认股书和缴款书——证明当事人在股份公司公开发行中取得股票；

④当事人签署的股权转让协议和公司章程修正案——证明当事人以受让

方式取得股权；

⑤关于公司合并的股东会决议、合并协议及当事人持有参加合并公司股权的证据——证明当事人取得合并后公司的股权；

⑥关于公司分立的股东会决议、分立协议及当事人持有被分立公司股权的证据——证明当事人应当取得分立后公司的股权；

⑦关于公司减少注册资本的股东会决议、减资协议及公司章程修正案——证明有股东减资退出公司后当事人的持股比例应当增加；

⑧公司转增资或者派红股的股东会决议及当事人持有公司股权的证据——证明当事人应当获得新增的股权或者股份；

⑨国有资产管理部门关于划转国有产权的红头文件及有关手续——证明当事人获得划转的股权；

⑩当事人与股权赠与人签订的赠与协议或者被继承人持有股权的证据及继承人的身份证明——证明当事人拥有受赠股权或者继承股权。

七、请求公司登记或者变更登记为股东的诉讼

公司登记事项的登记义务人是公司，当事人认缴了出资或者对公司履行了出资义务或者以其他途径获得了公司的股权，公司有义务及时进行股东登记或者变更股东登记。如果公司怠于履行登记或者变更登记义务，就会使公司的股东及股权归属处于不确定的状态，甚至使股东遭受不应有的损失。对此，股东有权利要求公司及时进行登记或者变更登记，对怠于登记的行为或者因怠于登记致股东损失的，股东有权利提起诉讼，以促使公司尽快完成登记或者变更登记，因公司怠于登记给股东造成损失的，股东有权要求赔偿损失。

1. 诉讼方案

（1）针对公司怠于登记的行为，原告为请求公司进行登记或者变更登记的股东，被告为公司，诉讼请求为判令被告尽快完成公司登记事项或者变更

登记事项。

（2）因公司怠于登记已经致原告损失的，原告为请求公司进行登记或者变更登记的股东，被告为公司，诉讼请求为赔偿原告因公司怠于登记导致的损失。

2. **审判依据**

《公司法》第三十二条规定："有限责任公司应当置备股东名册，记载下列事项：

"（一）股东的姓名或者名称及住所；

"（二）股东的出资额；

"（三）出资证明书编号。

"记载于股东名册的股东，可以依股东名册主张行使股东权利。

"公司应当将股东的姓名或者名称向公司登记机关登记；登记事项发生变更的，应当办理变更登记。未经登记或者变更登记的，不得对抗第三人。"

《公司法解释（三）》第二十三条规定："当事人依法履行出资义务或者依法继受取得股权后，公司未根据公司法第三十一条、第三十二条的规定签发出资证明书、记载于股东名册并办理公司登记机关登记，当事人请求公司履行上述义务的，人民法院应予支持。"

《公司登记管理条例》第三十条规定："公司变更法定代表人的，应当自变更决议或者决定作出之日起30日内申请变更登记。"第三十四条第一款和第二款规定："有限责任公司变更股东的，应当自变更之日起30日内申请变更登记，并应当提交新股东的主体资格证明或者自然人身份证明。有限责任公司的自然人股东死亡后，其合法继承人继承股东资格的，公司应当依照前款规定申请变更登记。"第三十七条规定："公司董事、监事、经理发生变动的，应当向原公司登记机关备案。"

3. 相似判例

股权转让不构成股权代持的判例。

案号：上海市高级人民法院（2008）沪高民二（商）终字第106号

基本案情：银国公司（原审原告）原系某上市公司的第二大股东。2000年上半年，某上市公司决定配股，想请银国公司作承销商。但中国证监会规定，上市公司前五位股东不得成为该上市公司配股的承销商。2000年10月，银国公司和与其有关联关系的红国公司（原审被告）签订法人股转让协议，将持有的上市公司法人股中的400万股作价640万元，转让给红国公司，约定转让后的法人股及其所有股东权益归红国公司所有。签约后，双方对转让协议办理了公证，并在上海证券登记结算公司办理了股权变更登记手续。2001年上半年，上市公司实施配股，上银公司（原审第三人）担任承销商。

2002年1月、2005年7月，上银公司与红国公司两次签订质押还款协议，言明因红国公司未支付转股价款，故将登记在红国公司名下的系争400万股法人股设定质押，为债务提供担保。双方并办理了股权质押登记手续。其间，上市公司历次股东大会，红国公司名下股份均由上银公司派员签到出席并行使表决权。2002年4月15日，红国公司的上级控股公司××公司致函上银公司提出："为配合上银公司承销工作，2000年10月红国公司受让上市公司法人股。现配股工作已经结束，还是及时转回为妥。"自2002年起，红国公司因对外欠债超过2亿元，一直被法院强制执行。

2007年8月，上银公司向上海市第二中级人民法院提起诉讼，以红国公司为名义上的代持股东为由，要求确认系争法人股转让行为无效，系争法人股归上银公司所有。红国公司对此不持异议。审理中，红国公司的债权人之一××银行以第三人身份参加诉讼，认为上银公司与红国公司存在串通侵害债权人利益之嫌，请求法院驳回上银公司的诉讼请求。

上海市第二中级人民法院一审审理认为，上银公司与红国公司签订法人股转让协议，并办理了过户登记。之后，又将系争法人股为红国公司支付转让款设定质押担保，证明双方已就系争法人股的转让达成合意，并办理了变更登记手续，具有公示效力。即使红国公司没有支付任何对价，上银公司业已丧失了系争法人股所有权，只享有对红国公司的债权。另外，上银公司在转让系争法人股之后，仍持有上市公司部分股份，仍是上市公司股东，加之上银公司与红国公司之间存在关联关系，故上银公司职员代表红国公司在上市公司股东大会上签到，不能排除其受红国公司委托参加股东大会的可能，故代为签到的行为不能否定系争法人股的所有权转移关系。综上，一审判决驳回上银公司的诉讼请求。

裁判要旨：上海市高级人民法院二审审理认为，上银公司与红国公司之间系股权转让关系，而非股权代持关系。理由如下：第一，系争法人股转让协议中转让的意思表示明确，且协议经过公证，之后双方又办理了股权转让的登记手续，因此，股权转让关系真实有效。红国公司未支付转让款，仅说明其对上银公司负有债务，并不能证明实际存在代持关系。第二，2002 年和 2005 年的两份还款质押协议，明确红国公司对上银公司负有债务，且将已登记在红国公司名下的系争法人股设定质押，说明双方签订股权转让协议时的真实意思应是股权转让，而不是股权代持。第三，根据上市公司 1999 年的年报显示，上银公司若要退出前五大股东之列，减持股数只需 160 万股左右即可，减持 400 万股不合常理。第四，按照证监会关于前五大股东不能获得配股承销权的规定，上银公司选择获取配股承销权，就必须放弃继续持有相应股权。因此，从上银公司的选择结果推断，上银公司的意愿应是股权转让，而不应是股权代持。至于上银公司派员出席股东大会，正如一审法院所认为，也不能证明上银公司隐名持股的事实。故二审法院判决驳回上诉，维持原判。

4. 问题讨论

如何应对公司怠于工商登记和备案。

第一，公司的登记备案事项不只是股东和股东的出资额，还有法定代表人、董事、监事等。在某些公司存在公司的法定代表人或者董事、监事等特殊人员变更了，只履行内部程序不及时进行外部变更登记的情况。这种情况的存在不仅对公司来说隐藏着风险，而且对已经卸任的法定代表人、董事、监事也有风险。面对这种情况已经卸任的法定代表人、董事、监事应当首先向公司发出变更登记的书面通知，如果公司仍然不予变更登记或者备案，可以参考此项司法解释和有关公司登记管理办法提起诉讼，要求法院判令公司立即完成变更登记。

第二，境内有限责任公司向股东发放出资证书的比较少，单独制作股东名册的也比较少。主要是在公司章程中列明股东的姓名或者名称，及出资额或者持股比例。

八、被他人冒名登记为股东引发的诉讼

被他人冒名登记为公司股东是指本人没有进行投资，也没有委托别人进行投资，也没有接受别人的委托代其进行投资，但却发现自己被登记为某公司的股东。在被他人冒名登记为股东的情况下，被冒名者不仅得不到任何利益，而且还需担负风险。因为被冒名登记的股权往往都是认缴没有实缴，或者实缴后又抽逃了，因此在特定情况下被冒名登记为股东者，可能面临对公司债权人承担补充赔偿责任的风险。因此，如果发现自己被他人冒名登记为某个公司的股东，应当及早要求公司进行变更登记或者提起诉讼请求法院判令公司进行变更登记。

1. 诉讼方案

（1）此种案件的原告为被冒名登记为股东的人，如果知道具体行为人，则以行为人为被告，以公司为第三人；如果不知道具体行为人，则以公司为被告，诉讼请求为变更有关公司股东的登记，不承担股东责任。

（2）如果因为被冒名登记为公司股东被要求履行出资义务或者对公司债务不能清偿部分承担补充赔偿责任，被冒名登记者可以自己对投资并不知

情，是被冒名登记为公司股东的进行抗辩。如果法院查明的确是被冒名登记为公司股东的，法院就会支持被告的抗辩，判令由冒名登记行为人承担相关责任。

2. 审判依据

《公司法解释（三）》第二十八条规定："冒用他人名义出资并将该他人作为股东在公司登记机关登记的，冒名登记行为人应当承担相应责任；公司、其他股东或者公司债权人以未履行出资义务为由，请求被冒名登记为股东的承担补足出资责任或者对公司债务不能清偿部分的赔偿责任的，人民法院不予支持。"

3. 相似判例

被他人冒名登记为股东不承担股东责任的判例。

案号：（2017）最高法民申2602号

基本案情：王某冒名王某某在××公司设立的有关文件上签名，并将王某某登记为××公司的股东。因××公司欠张某某工程款逾期不能偿还，张某某向法院起诉主张王某某对××公司不能清偿的债务承担补充赔偿责任。

裁判要旨：《公司法解释（三）》第二十八条规定："冒用他人名义出资并将该他人作为股东在公司登记机关登记的，冒名登记行为人应当承担相应责任；公司、其他股东或者公司债权人以未履行出资义务为由，请求被冒名登记为股东的承担补足出资责任或者对公司债务不能清偿部分的赔偿责任的，人民法院不予支持。"根据一、二审查明的事实，在最终形成的《出资协议》《公司章程》《公司名称预先核准申请书》《股东会选举执行董事、监事的决定》等公司设立的重要文件中出现的"王某某"签名均非王某某本人所签，王某冒用王某某的名义出资并将王某某作为股东在公司登记机关进行登记，张某某并无充分证据证明王某某授权王某签名或事后予以追认。故张某某请求王某某承担补充赔偿责任的主张不应予以支持。

参考判例

1. 公司设立纠纷判例

案号：陕西省高级人民法院（2012）陕民再字第00010号（2010年12月12日）

基本案情：李某军、郑某文、张某自2005年4月开始在内蒙古自治区乌拉特前旗明安镇共同出资经营铁粉加工销售业务，并以李某军个人名义办理了个体工商户营业执照，字号为“乌拉特前旗秦安磁选厂”（以下简称秦安磁选厂），其中李某军名下出资的90万元由其本人的47.67万元、丁某的33.33万元、尤某军的9万元组成；郑某文名下出资的90万元由其本人的25万元、陈某志的22.5万元、熊某友的22.5万元、李某波的20万元构成；张某名下出资的90万元由其本人的20万元、欧某祥的20万元、欧某清的10万元、陈某的20万元、甘某华的20万元构成。

2007年4月10日，乌拉特前旗矿业秩序整顿规范工作领导小组发出《铁选企业限期整改通知书》，要求秦安磁选厂必须在2007年7月30日前整改，整改不达标，将强行关闭。2007年8月20日，李某军、郑某文、张某、陈某志、李某波、欧某祥、尤某军、丁某、熊某友、欧某清召开会议，形成会议决议：全体合伙人同意成立“秦安矿业有限责任公司”（以下简称秦安公司），在设立公司时引进新资金。全体合伙人明确了设立公司的相关事项及各股东所占的股份，并推选出公司董事会成员、监事、经理、会计、出纳人选。

2007年8月25日，王某与12名被告推选出的董事会成员就设立秦安公司的问题进行谈判。次日，王某、李某军、丁某、李某波、郑某文、张某六位董事会成员召开董事会会议，形成决议：（1）由李某军执行办理企业名称预先核准通知书工作。（2）王某董事长授权李某军董事办理公司注册登记相关手续。（3）王某董事长安排张某董事协助李某军办理此项工作。在当晚召开的股东会上，讨论、修订了公司章程，形成秦安公司第一次股东会议决议，内容为：（1）同意将秦安磁选厂变更为秦安公司，将秦安磁选厂合伙人投入的资金转为公司内的股金。在公司注册登记后，以公司名义给各股东以本次会议核定的出资额出具股金凭证。(2) 现已核定公司股东12人，股金270万元。(3) 按照本次会议通过的公司章程，选举王某为董事长、李某军为副董事长、郑某文为监事、尤某军为经理。确定董某胜为会计、杨某莲为出纳。(4) 公司自2007年8月21日起运行。由董事会尽快将设立公司的办事机构及负责人的事宜予以明确完善等。

2007年9月6日，乌拉特前旗工商行政管理局下达企业名称预先核准通知书，预先核准上述13个投资人出资，企业名称为“乌拉特前旗秦安矿业有限责任公司”，预先核准的企业名称保留至2008年3月6日，保留期内不得用于生产经营，不得转让。

2007年9月7日，秦安公司出纳杨某莲给王某出具了加盖有秦安公司印章的收条一张，载明“收到王某现金1396324元整”。秦安磁选厂在2007年9月至12月期间实际生产经营73天，盈利687902元。2007年9月、10月、11月三个月期间秦安磁选厂购买设备、建筑材料等物品以及支付人员工资等支出花费总计金额为233409.7元。

2007年12月10日，王某向安康市中级人民法院提出诉前财产保全申请，该院于同年12月11日作出（2007）安中民诉前保字第1号民事裁定，对被申请人的存款1706275元予以冻结。2007年12月25日，王某以被告不办理资产过户手续，出资未到位等为由诉至原审法院，请求判令：(1) 退还投资款1396324元。(2) 按出资比例分配秦安公司名称预留登记期间的经营利润或者赔偿投资款项的利息损失（按银行同期贷款利率的4倍计算）。(3) 按投资比例分割库存商品、新增固定资产。(4) 承担本案诉讼费。同时，李某军等12人答辩并反诉称：王某与李某军等12人是合伙关系，在合伙账务既未清算，也未通知其他合伙人要退伙的情况下，王某申请法院冻结企业财产并要求撤资，导致被告不能收购矿石，造成损失。请求判令王某赔偿其因法院冻结资金造成的直接损失119万元和税款及滞纳金98655.2元。

一审法院委托陕西高德会计事务所有限责任公司对双方当事人申请的事

项进行鉴定，该事务所于2008年8月25日以秦安磁选厂未按财务会计制度规定建立账目，原始票据大部分为自制白条，原材料购进、产成品入库、销售管理混乱等为由，表示无法提供鉴定结论。但同时根据秦安磁选厂的财务会计资料汇总了双方申请的不同阶段的资产负债及损益情况。

2010年9月1日，双方当事人对秦安公司设立期间的账务进行了清算，双方均认可仅有少部分花费，数额不大，与秦安磁选厂的账目无法区分，均表示可以忽略不计。双方均认可王某加入前秦安磁选厂账内无流动资金，处于亏损状态。

裁判结果：安康市中级人民法院于2009年12月21日作出（2009）安民初字第12号民事判决：(1) 李某军、尤某军、郑某文、张某、陈某志、李某波、欧某祥、陈某、甘某华、丁某、熊某友、欧某清在本判决生效后15日内，退还王某出资款1396324元；支付王某在共同经营期间的盈利款、新增固定资产价值313245.97元，共计1709569.97元。(2) 驳回王某的其他诉讼请求。(3) 驳回李某军、尤某军的反诉请求。

一审宣判后，王某、李某军、尤某军不服，提出上诉。陕西省高级人民法院于2010年9月17日作出（2010）陕民二终字第00019号民事判决：(1) 维持原审判决第二、三项，撤销第一项。(2) 由李某军、尤某军、郑某文、张某、陈某志、李某波、欧某祥、陈某、甘某华、丁某、熊某友、欧某清在本判决生效后7日内，退还王某出资款1396324元。(3) 由李某军、尤某军、郑某文、张某、陈某志、李某波、欧某祥、陈某、甘某华、丁某、熊某友、欧某清在本判决生效后7日内补偿王某上述款项自2007年8月31日起至2007年12月15日期间按中国人民银行同期同类贷款利率计算的利息。

二审宣判后，王某申请再审，最高人民法院指令再审。2012年12月12日陕西省高级人民法院作出（2012）陕民再字第00010号民事判决：(1) 维持本院（2010）陕民二终字第00019号民事判决第二项；(2) 撤销本院（2010）陕民二终字第00019号民事判决第一、三项；(3) 由李某军、尤某军、郑某文、张某、陈某志、李某波、欧某祥、陈某、甘某华、丁某、熊某友、欧某清在本判决生效后7日内支付王某在共同经营期间的盈利款和库存商品中铁精粉的利润共计268546.09元；（4）驳回王某的其他诉讼请求；（5）驳回李某军、尤某军等人的反诉请求。

裁判理由： 法院生效判决认为，本案争议的焦点问题是：（1）王某对其参与经营73天的利润及资产是否有权请求分配。（2）如果有权分配，经营期间产生的利润及资产有多少，如何给王某进行分配。关于王某对其参与经营73天的利润及资产是否有权请求分配的问题。依据2007年8月25日至26日董事会记录、股东会记录的约定，王某与李某军等12人商定成立秦安公司，王某以现金出资，李某军等12人以其在秦安磁选厂的合伙财产出资。并对秦安公司机构设置、人员配备、原秦安磁选厂债务的处理以及秦安公司的工商登记办理事宜等作了约定，选举王某为秦安公司的法定代表人，确定了秦安公司的董事会成员、监事、经理，以及出纳和会计人员。上述约定作出后，到2007年11月23日秦安磁选厂停产前，王某以秦安公司董事长的身份负责秦安磁选厂的生产经营，重大事项由秦安公司董事会或者股东会开会决定。秦安公司设立过程中秦安磁选厂并未解散，但无论是从其机构设置及人员组成情况，还是从运营资金来源以及经营行为等情况看，秦安磁选厂实际是以设立中的秦安公司从事生产经营。《公司法解释（三）》第四条规定了公司设立不能时，发起人按出资比例承担该设立阶段产生的债务的情形，但并未规定设立中公司在公司设立阶段从事经营活动产生的盈利如何分配。根据权利义务相一致的法理以及民法的公平原则，对公司设立阶段的债权分配，应比照适用债务承担的规定，发起人有权按照出资比例分配公司设立阶段从事经营行为所产生的盈利。故王某有按照出资比例参与分配其参与经营的73天中产生的利润及资产。

关于经营期间产生的利润及资产有多少，该如何给王某进行分配的问题。

（1）关于利润和库存商品。李某军等人认可董某胜统计的利润数额687902元，故应以双方均认可的687902元为据。关于库存商品522258元，双方当事人均认可库存商品包括矿石和铁精粉，并且已经变现，但对于矿石是否为王某投资入股后购买，王某并无相关证据予以证实，对此矿石部分不予认定；对于铁精粉部分，根据杨某莲的证明和董某胜的说明都证明其不包含在利润之中，故对该部分未出售成品的利润，应参照已销售的产品利润计算办法计算。因杨某莲2007年12月14日的明细账记载数额比较粗略，董某胜于2008年4月10日出具的证明记载数额较为详细，故依董某胜记载数额计算该部分利润，即（7739.38－7248.98）×（648－440.13）＝101939.45元。（2）关于新增固定资产。其实际为王某入股后用投入的资金购买的机器及其他费用支出，属于王某所投资金进入企业营运后资产重新流转的一种形式，王某所投资金部分已经物化，部分作为支出已经消耗，计入生产成本，其既然要求返还投资款，再要求分配投资款转换成的资产就属于重复分配，故陕西省高级人民法院对该项请求不予支持。按照双方的协议约定及双方的实际投资数额，王某实际投资1396324元，李某军等12人在秦安磁选厂的原投资额共计270万元，故王某的实际投资比例为34%，其有权按照该比例进行分配。王某投资后秦安公司实际经营73天，其有权分配部分为（687902＋101939.45）×34%＝268546.09元。王某要求李某军等人返还其投资款被冻结期间利息的请求，没有依据，不予支持。

2. 公司设立及冒名登记股东判例

案号：上海市第二中级人民法院（2004）沪二中民三（商）终字第89号

基本案情：上诉人（原审被告）李某因与被上诉人（原审原告）高某琳对设立公司出资义务纠纷一案，不服上海市青浦区人民法院（2003）青民二（商）初字第488号民事判决，向法院提起上诉。

原审法院经审理查明：为成立公司，高某琳、李某达成共同出资意向后，由高某琳经手于1998年2月在青浦县青浦科技园办理公司注册登记手续，成立了上海天宏计算机网络有限公司（以下简称天宏公司，本案被上诉人，原审第三人）。天宏公司章程明确公司的股东为高某琳、唐某强、李某，其中高某琳认缴出资人民币5万元，占注册资本金的10%；唐某强认缴出资人民币2.5万元，占注册资本金的5%；李某认缴出资人民币42.5万元，占注册资本金的85%，同时规定股东须在1998年2月9日之前足额认缴。

但是股东中的唐某强实际与高某琳、李某并不相识，系由高某琳自行在办理公司登记手续时将唐某强列入股东身份的。高某琳和李某在没有任何实际出资的情况下成立了天宏公司，由高某琳担任法定代表人。天宏公司于2000年2月10日成立后，即开始进行经营活动。2000年9月21日，天宏公司收到孙某贞代高某琳支付的人民币12万元，其中人民币5万元是代高某琳缴纳的出资款，其余款项是代高某琳支付的利息和流动资金。但李某没有向天宏公司支付过任何出资款。唐某强则根本不知道自己被登记为天宏公司的股东身份。原审法院认为本案存在以下主要争议焦点：

一、天宏公司股东人员以及相应的出资股金和比例、出资责任的承担问题

高某琳和李某均确认并不认识被告唐某强，高某琳和天宏公司表示当时成立公司时是由青浦科技园招商办公室代为验资、代为年检，唐某强也是由该办公室介绍进来的。但因为工商登记中记载唐某强也是天宏公司的股东之一，所以仍然要求唐某强承担相应的责任。唐某强表示自己于1997年底在青浦科技园办过公司，所以是青浦科技园在自己毫不知情的情况下拿了自己的身份证和照片给了天宏公司，自己对这些情况一无所知，也根本不认识高某琳和李某。

二、李某是否以货款人民币42.5万元补足投资款的问题

李某认为在1998年4月30日和5月28日由深圳市路明电脑有限公司发给天宏公司两批计算机网络配件，是李某委托高某琳用货款代缴注册资本。高某琳和天宏公司均认为虽然李某是深圳市路明电脑有限公司的法定代表人，但是天宏公司结欠深圳市路明电脑有限公司的货款并不能作为李某个人的投资款，而且李某也从未提出过用货款抵缴投资款的要求。原审法院认为：第一，高某琳、李某和天宏公司均已确认李某没有直接向天宏公司投入出资款，高某琳提供的两份审计报告的结论也均确定李某没有向天宏公司投入出资款。第二，工商登记中天宏公司的股东是高某琳和李某、唐某强三人，深圳市路明电脑有限公司并不是天宏公司的股东。第三，虽然李某是深圳市路明电脑有限公司的法定代表人，但李某的财产与深圳市路明电脑有限公司的财产并不能混同。第四，李某用以证明以深圳市路明电脑有限公司的货款抵缴了应支付天宏公司出资款人民币42.5万元的证据材料，只是一份电子邮件形式的打印件，其并没有提供证据证明该电子邮件确已发送给高某琳。而另一份证据材料系复印件，李某表示原件没有找到。因此，上述两份证据材料法院都难以确认。第五，在没有深圳市路明电脑有限公司的确认和深圳市路明电脑有限公司股东大会决议同意的前提下，如果将深圳市路明电脑有限公司的货款转为李某投资天宏公司的出资款，必将损害深圳市路明电脑有限公司的合法利益，也必将损害深圳市路明电脑有限公司其他股东的合法利益。第六，李某虽然在原审审理中始终认为已经足额缴纳出资款人民币42.5万元，但对缴纳出资款的方式在两次庭审中存在截然不同的陈述。李某的委托代理人在第一次庭审中表示于1998年2月份期间分几次将现金交给高某琳用于缴纳出资款，在第二次庭审中又承认没有直接支付现金，而是在1998年4月和5月以深圳市路明电脑有限公司的货款抵缴出资款。对如此重大事项的陈述出现如此大的偏差，是不符合常理的。这些相互矛盾的陈述意见，反映出李某一方没有真实地反映客观事实。根据以上情况的分析，原审法院对李某提出以深圳市路明电脑有限公司的货款人民币42.5万元补缴李某在天宏公司处投资款的抗辩意见不予采信。

三、高某琳的出资款以及相应利息是否已经补缴给天宏公司的问题

高某琳表示，在2000年9月21日，高某琳的母亲孙某贞代高某琳向天宏公司支付了现金人民币12万元，用于代高某琳缴纳出资款人民币5万元以及相应利息。天宏公司对此予以确认。李某则认为该款既没有验资证明，也没有出资证明书和公司登记机关的审查核准资料，仅根据一张便条和孙某贞的证言，不足以证明高某琳已缴纳了该出资款。

原审法院认为，孙某贞在支付天宏公司现金人民币12万元后，在天宏公司的财务账册中已经记载为高某琳缴纳出资款人民币5万元及相应利息。孙某贞在证词中也对此予以确认。根据上海公信中南会计师事务所有限公司的审计结论，该出资款人民币5万元高某琳没有抽回。而由于在天宏公司成立时已经履行了验资手续，股东在实际补足出资款时不再进行验资并不影响股东履行出资义务的性质。因此，应确认高某琳已经补足出资款人民币5万元及支付了相应的利息。

四、未履行出资义务是否应承担利息损失的问题

李某认为，公司法规定未缴纳注册资本的股东应向已足额缴纳出资的股东承担违约责任，因高某琳也没有按期足额缴纳出资额，所以高某琳没有资格要求李某向高某琳承担违约责任，法律也没有规定应向公司承担违约责任。

原审法院认为，我国《公司法》第二十五条第二款所规定的股东不按照规定缴纳所认缴的出资，应当向已足额缴纳出资的股东承担违约责任，是指在办理公司注册手续过程中，股东应当根据出资协议将出资款足额存入准备设立的有限责任公司在银行开设的临时账户，目的是使各股东按约定足额缴纳出资，然后由法定的验资机构进行验资确认出资情况。如果因为某股东未按期足额缴纳出资的行为影响了公司的正常设立，该股东应当对其他已足额缴纳出资的股东承担违约责任。但本案的情况并不适用《公司法》第二十五条第二款的规定。本案高某琳、李某在设立公司时均没有投入出资款，公司的注册资金从一开始就是虚假的。因为天宏公司已经成立，在这种情况下，股东未足额出资的行为损害的是公司利益，公司有权要求股东补足出资，并承担逾期出资的利息损失。现高某琳作为公司的股东提起派生诉讼，要求李某向公司承担补足出资并偿付逾期出资利息损失的请求并无不当。

五、对高某琳提出的要求李某赔偿天宏公司被深圳市路明电脑有限公司追索的利息损失人民币23.3万元是否应予支持的问题

高某琳和天宏公司均认为由于李某不缴纳出资款的行为，导致天宏公司无力支付欠款，被追索利息损失人民币23.3万元，故要求李某予以赔偿。李某则认为该损失与本案无关。原审法院认为，股东没有向公司按期足额出资，必将影响公司经营活动的正常开展。本案天宏公司的注册资金没有到位，是导致天宏公司在经营过程中无力支付货款的原因之一。但是，由于高某琳和李某、天宏公司均确认应当支付深圳市路明电脑有限公司的利息损失人民币23.3万元目前并没有实际履行，因此天宏公司的该损失还没有实际存在。故在本案中对此不作处理。根据庭审确认的事实，原审法院认为：股东应当足额缴纳公司章程中规定的各自所认缴的出资额，对在公司成立时没有足额缴纳出资的，应当由该股东向公司补足出资，并承担偿付逾期付款利息损失的责任。因此，李某应向天宏公司缴纳出资款人民币42.5万元，并偿付天宏公司相应的利息损失。由于高某琳在办理公司注册登记手续时将并不知情的唐某强登记为股东身份，而李某对此并不知情，故李某的真实意思是出资人民币42.5万元，对其余出资款理应由高某琳承担。现高某琳只向公司缴纳出资款人民币5万元及相应利息，因此高某琳还应承担缴纳出资款人民币2.5万元以及偿付逾期支付利息损失的责任。

据此，原审法院依照《民事诉讼法》第一百三十条，《公司法》第二十五条第一款、第二百零八条的规定，判决如下：（1）李某应于本判决生效后10日内向天宏公司履行出资人民币42.5万元的义务；（2）李某应于本判决生效后10日内向天宏公司偿付逾期付款的利息损失（以本金人民币42.5万元自1998年2月10日起至实际支付日止按银行同期流动资金贷款利率计算）；（3）高某琳应于本判决生效后10日内向天宏公司履行出资人民币2.5万元的义务；（4）高某琳应于本判决生效后10日内向天宏公司偿付逾期付款的利息损失（以本金人民币2.5万元自1998年2月10日起至实际支付日止按银行同期流动资金贷款利率计算）。

判决后，李某不服，向法院提起上诉称，一审判决对事实的认定和程序的适用存在严重错误。具体表现在：

一、李某并非天宏公司股东，因此根本不存在出资义务

理由如下：（1）李某并未在天宏公司设立的文件上签名，相关工商登记资料的签名（包括公司章程的签名）均为高某琳所签。实际上，天宏公司是高某琳的一人公司。（2）李某从未得到过任何有关股权证明文件。（3）依据

《公司法》相关规定，股东会的首次会议应当由出资最多的股东召集和主持。但天宏公司设立后，依据公司章程出资最多的李某并不知悉任何会议召开。首次股东会应该决定的董事长的任命也与李某毫无关系。(4) 公司存续期间，天宏公司从未向李某分红派息，也未要求李某召开股东会。

二、在假定上诉人具有股东身份的前提下，天宏公司任命法定代表人，违反相关法律程序，导致天宏公司实际代表的是高某琳的利益

本案中，李某占有公司股份的85%，因此，从程序上，天宏公司参加诉讼行为应该由李某履行，而不是由高某琳履行。

三、本案诉讼主体有误，高某琳无权提起股东派生诉讼，应该是天宏公司主张权利

基于上述理由，请求二审法院依法撤销原判，驳回高某琳的诉讼请求。

被上诉人高某琳辩称：李某是天宏公司的股东。因为其一，李某在一审法院陈述中自己确认是天宏公司股东。其二，天宏公司注册时，所有手续均是李某授权高某琳代办的。这可以从一审法院卷宗，李某提供的陈述笔录中有明确授权来印证。其三，分红派息属于股东自益权，而本案是股东派生诉讼，所以并无关联。也不能用分红派息来证明不是股东的身份。其四，天宏公司不是一人公司。一审法院查明的事实清楚，适用法律正确，请求二审法院驳回上诉，维持原判。

被上诉人天宏公司辩称：天宏公司是由李某与高某琳共同创建的，因为公司项目的来源为李某所在的深圳市路明电脑有限公司提供的。天宏公司注册时的手续由李某授权高某琳代办。在所有相关案件中，李某从未否定过其在天宏公司的股东身份。高某琳担任天宏公司法定代表人也是李某的授意。原审被告唐某强未答辩。

法院经审理查明：原审查明的事实属实，法院予以确认。认为：

1.《最高人民法院关于民事诉讼证据的若干规定》规定“诉讼过程中，当事人在起诉状、答辩状、陈述及其委托代理人的代理词中承认的对己方不利的事实和认可的证据，人民法院应当予以确认，但当事人反悔并有相反证据足以推翻的除外”。李某上诉称其不是天宏公司股东，但李某在原审法院庭审中已自认了是天宏公司股东的事实，并且对天宏公司章程的真实性也未提出异议。李某上诉要推翻在原审法院自认的事实及证据，必须有足以推翻自认是股东的证据。综观李某在二审中提出其不是天宏公司股东的理由，主要是认为设立公司的文件不是其亲笔签名以及股东会的召集、股权证明文件等的瑕疵。第一，对于确认公司股东主要身份的文件——章程，李某已经在原审中自认了其真实性，李某现在无证据推翻该章程的真实性。第二，股东会的召集、股权证明文件的瑕疵，只是天宏公司对股东权利的不当对待，而并不能据此否定李某的股东身份。所以，李某上诉所称其不是天宏公司股东，是对原先自认事实的反悔，又无足够证据证明，法院不予采信。

2. 我国《公司法》明确规定，股东未缴纳所认缴的出资额，应当向已足额缴纳出资的股东承担违约责任。本案的诉因是高某琳认为自身是足额缴纳出资的股东，故要求未足额缴纳出资的股东履行法定出资义务。所以高某琳提起的诉讼符合民事诉讼法律的规定，原审法院据此审理本案程序正当。

综上，上诉人的上诉理由缺乏事实和法律依据，法院不予采信。原审判决查明事实清楚，适用法律正确，程序合法，应予维持。据此，依照《民事诉讼法》（编者注：2003 年《民事诉讼法》）第一百五十三条第一款第（一）项的规定，判决如下：

驳回上诉，维持原判。

第三章 关于股东出资义务和抽逃出资的诉讼

出资义务是股东的基本义务，不按照约定向公司履行出资义务的股东，不仅其股东权利可能被解除或者受到限制，而且还可能被公司、其他股东、公司债权人依法提起诉讼。公司成立后股东不得抽逃出资，如果股东抽逃出资，就会损害公司、其他股东和公司债权人的利益，其股东权利也可能被解除或者受到限制，也可能引发诉讼。本章我们讨论关于股东出资义务和抽逃出资可能引发的各种公司诉讼。

《公司法解释（三）》第十九条第一款规定："公司股东未履行或者未全面履行出资义务或者抽逃出资，公司或者其他股东请求其向公司全面履行出资义务或者返还出资，被告股东以诉讼时效为由进行抗辩的，人民法院不予支持"。第二款规定："公司债权人的债权未过诉讼时效期间，其依照本规定第十三条第二款、第十四条第二款的规定请求未履行或者未全面履行出资义务或者抽逃出资的股东承担赔偿责任，被告股东以出资义务或者返还出资义务超过诉讼时效期间为由进行抗辩的，人民法院不予支持。"据此，请求未履行出资义务或者未全面履行出资义务的股东向公司履行出资义务，以及对公司债权人承担补充赔偿责任的诉讼不受诉讼时效期间的限制；请求抽逃出资的股东向公司返还出资以及对公司债权人承担补充赔偿责任的诉讼不受诉讼时效期间的限制。

根据《公司法解释（三）》第二十条关于"当事人之间对是否已履行出资义务发生争议，原告提供对股东履行出资义务产生合理怀疑证据的，被告股东应当就其已履行出资义务承担举证责任"的规定，关于股东未履行出资义务或者抽逃出资的诉讼由被告承担主要举证责任，举证责任基本倒置。

关于这类案件的管辖问题，《民事诉讼法》第二十六条规定："因公司设立、确认股东资格、分配利润、解散等纠纷提起的诉讼，由公司住所地人民法院管辖。"

《民事诉讼法解释》第二十二条明确"因股东名册记载、请求变更公司登记、股东知情权、公司决议、公司合并、公司分立、公司减资、公司增资等纠纷提起的诉讼，依照民事诉讼法第二十六条规定确定管辖。"故此，本章讨论的公司诉讼应当由公司住所地人民法院管辖，但是如果在公司既不是原告，也不是被告的情况下，可能要适用原告就被告的原则。

一、股东未履行设立出资义务引发的诉讼

公司经发起人设立而诞生。发起人设立公司必须对公司认缴或者实缴出资，否则不能设立公司。股东一旦对公司认缴了出资，就有义务按照约定的时间、方式、数量向公司履行出资义务。股东的设立出资是指在公司成立时股东认缴和实缴的出资，包括在公司设立时公司章程规定的一定期间届满时才需要缴付的出资，如果股东不按照公司章程规定履行出资义务就有可能引发诉讼。相对于股东设立出资义务的是股东的增资出资义务，两者的基本规则是相同的，但是两者的责任人和责任的形式是不同的，因此我们把这两种出资义务分别进行讨论。从公司诉讼的实务看，关于股东未履行设立出资义务的诉讼占比比较高。

1. 诉讼方案

（1）面对股东没有履行设立出资义务，公司有权提起诉讼，以未按照公司章程规定履行出资义务的股东为被告，或者以未按照公司章程规定履行出资义务的股东和其他发起人股东为共同被告，诉讼请求为判令未按照公司章程规定履行出资义务的股东缴付欠缴的出资，公司设立时的其他股东承担连

带责任。

（2）面对股东没有履行出资义务，其他股东可以提起诉讼，以未按照公司章程规定履行出资义务的股东为被告，或者以未按照公司章程规定履行出资义务的股东和其他发起人股东为共同被告，诉讼请求为判令未按照公司章程规定履行出资义务的股东缴付欠缴的出资，公司设立时的其他股东承担连带责任。股东对未履行出资义务的股东提起的诉讼，没有履行前置程序的规定的，可以径行提起诉讼。股东对未履行设立出资义务的股东提起诉讼的胜诉利益归公司，所以应当列公司为第三人参加诉讼。

（3）在公司不能清偿负债的情况下，如果债权人尚未取得对公司债权的有效判决，债权人有权提起股东补充赔偿责任诉讼，被告为公司和未按照公司章程规定履行出资义务的股东及其他发起人股东，诉讼请求为由公司偿还债务，由未按照公司章程规定履行出资义务的股东在欠缴出资本息的范围内对公司未能清偿的债务承担补充赔偿责任，公司设立时的其他股东对未履行出资义务股东的补充赔偿责任承担连带责任。债权人对股东补充赔偿责任的诉讼请求应当以债权人的有效债权额和股东未履行出资义务的本息额中的低者为准。该诉讼的胜诉利益归债权人享有，当债权人得到股东的补充赔偿后，以补充赔偿额为准公司对债权人的债务消灭，股东对公司的出资义务视为履行。

（4）在公司不能清偿债务的情况下，如果债权人已经取得法院对债权的生效判决，可以未按照公司章程规定履行出资义务的股东及其他发起人股东为被告，以公司为第三人提起诉讼，诉讼请求为由未按照公司章程规定履行出资义务的股东在欠缴出资本息的范围内对生效判决确定的公司债务承担补充赔偿责任，公司设立时的其他股东对未履行出资义务股东的补充赔偿责任承担连带责任。同样，债权人对股东补充赔偿责任的诉讼请求应当以生效判决确定的有效债权额和股东未履行出资义务的本息额中的低者为准。同样该诉讼的胜诉利益归债权人享有，当债权人得到股东的补充赔偿后，以补充赔偿额为准公司对债权人的债务消灭，股东对公司的出资义务视为履行。

2. 审判依据

《公司法》第二十八条第一款规定："股东应当按期足额缴纳公司章程中规定的各自所认缴的出资额。股东以货币出资的，应当将货币出资足额存入有限责任公司在银行开设的账户；以非货币财产出资的，应当依法办理其财产权的转移手续。"第二款规定："股东不按照前款规定缴纳出资的，除应当向公司足额缴纳外，还应当向已按期足额缴纳出资的股东承担违约责任。"

《公司法》第八十三条第一款规定："以发起设立方式设立股份有限公司的，发起人应当书面认足公司章程规定其认购的股份，并按照公司章程规定缴纳出资。以非货币财产出资的，应当依法办理其财产权的转移手续。"第二款规定："发起人不依照前款规定缴纳出资的，应当按照发起人协议承担违约责任。"

《公司法解释（三）》第十三条第一款规定："股东未履行或者未全面履行出资义务，公司或者其他股东请求其向公司依法全面履行出资义务的，人民法院应予支持。"第二款规定："公司债权人请求未履行或者未全面履行出资义务的股东在未出资本息范围内对公司债务不能清偿的部分承担补充赔偿责任的，人民法院应予支持；未履行或者未全面履行出资义务的股东已经承担上述责任，其他债权人提出相同请求的，人民法院不予支持。"第三款规定："股东在公司设立时未履行或者未全面履行出资义务，依照本条第一款或者第二款提起诉讼的原告，请求公司的发起人与被告股东承担连带责任的，人民法院应予支持；公司的发起人承担责任后，可以向被告股东追偿。"

3. 相似判例

（1）公司是股东不履行出资义务的适格原告判例

基本案情：2003 年 3 月 10 日，大连华仁调元五味精生物制品有限公司（以下简称华仁公司）与大家工美企业有限责任公司（以下简称工美公司）签订了一份《合资合同书》，约定双方共同投资成立新公司开发调元五味精生物制品项目，华仁公司以高科技作为投资，工美公司以厂房、土地投资，注册资本1.25亿元，合资期限20年。

2003年7月1日，华仁公司、工美公司、刘某忠签订了《组建集团入股协议书》，约定华仁公司以注册资本出资3000万元，工美公司以评估后价值2638万元的固定资产出资，华仁公司更名为华仁集团公司（以下简称华仁集团），刘某忠以评估后价值2460万元的专利入股。协议签订后工美公司没有依照合同履行出资义务，没将约定的出资财产变更到华仁集团名下，给华仁集团造成损失10282.05万元。

华仁集团向一审法院请求：①判令工美公司按照公司章程及合同约定向公司履行出资义务，将土地使用权和地上建筑物过户到公司名下并交付公司使用；②判令工美公司赔偿华仁集团损失10282.05万元；③判令工美公司承担本案的一切费用。后因工美公司将诉争土地使用权和建筑物转让给案外人大连大世界物流有限公司，并办理了过户手续。华仁集团变更诉讼请求为：①判令工美公司向华仁集团履行出资义务，以货币形式出资2638万元；②判令工美公司赔偿华仁集团公司案涉土地使用权及地上建筑物的现值差价损失和其他损失共计7644.05万元。两项合计10282.05万元。

工美公司一审反诉称：华仁集团从2003年3月起，占用工美公司所有的位于大连甘井子区华北路×××号的楼房，拒不交纳租金。从2007年又将该楼房的一层和三层租赁给他人，收取年租金14.4万元。请求：(1）判令华仁集团公司支付房屋租赁费72.2万元；(2）反诉费用由华仁集团承担。

争议焦点：华仁集团是否与本案有直接利害关系，是不是本案的适格原告。

一审法院认为，华仁集团是以合同约定成立的新公司即以华仁集团名义起诉“股东”工美公司的，而实际上华仁集团是华仁公司更名而来，股东和注册资本均没有变化，工美公司没有依合同约定出资入股，不是华仁公司的股东，所以，华仁集团以公司对股东的名义起诉工美公司和由此工美公司提出的反诉均不符合法定的诉讼条件，均应予驳回。经该院审判委员会讨论决定，依照《民事诉讼法》第一百一十九条的规定，裁定：一、驳回华仁公司的起诉；二、驳回工美公司的反诉。

最高人民法院认为，本案纠纷系华仁公司与工美公司因履行《组建集团入股协议》引发，华仁集团起诉请求工美公司赔偿不履行协议给其造成的损失，符合《民事诉讼法》规定的起诉受理条件，一审法院以工美公司不是华仁集团股东为由，裁定驳回华仁集团的起诉属适用法律错误。

（2）股东补充赔偿责任判例

案号：湖北省高级人民法院（2017）鄂民终34号

基本案情：中联控股公司、中联资本公司、中联智汇中心系华工科技公司债务人团结高新公司的登记股东，认缴出资额分别为484848489元、4545454.54元、48484848.49元，应缴日为2015年6月，而其亦自认至今未缴纳上述增资款。

裁判要旨：根据《公司法解释（三）》第十三条第二款，一审法院判决中联控股公司、中联资本公司、中联智汇中心以各自认缴增资额为限对团结高新公司债务不能清偿部分承担补充赔偿责任，具有事实和法律依据。无论另案所涉其增资入股的协议效力如何及解除与否，相应股份是否回转及回转给谁，均仅在团结高新公司及其股东内部产生义务履行的对抗效力或其他相应法律后果，但不影响中联控股公司、中联资本公司、中联智汇中心以现工商登记为准向团结高新公司的外部债权人承担公司不能清偿的补充赔偿责任。此外，《公司法解释（三）》第十三条第二款规定的不能清偿部分，系指瑕疵出资股东赔偿责任的债务对象，并非赋予其对公司债权人享有先诉抗辩权。中联控股公司、中联资本公司、中联智汇中心关于本案应中止审理，其具有先诉抗辩权以及其并非适格被告的上诉理由均不能成立。

4. 问题讨论

（1）何为“对公司债务不能清偿的部分承担补充赔偿责任”

根据《公司法解释（三）》第十三条第二款的规定，债权人对未履行或者未全面履行出资义务的股东提起补充赔偿责任之诉，只能主张被告对公司债务不能清偿的部分承担补充赔偿责任。

笔者从如下几个方面理解这项规定：第一，是赔偿责任不是清偿责任，因为公司是债务人，公司给付的是清偿，股东不是债务人，股东是对债务人有应尽未尽义务的人，股东给付的只能是赔偿。第二，是补充赔偿责任，这是因为尽管股东对公司负有应尽未尽的义务，但是债务仍然是公司的债务，对债权人来说主张其债权的实现有“近路的不走远路”，能由公司偿还的不向股东主张。只有在公司不能偿还的情况下才向股东主张，所以股东承担的只是一种补充责任。另外从实现债权的数量上来说，不管公司有多少不能偿还的债，股东承担的只限于其对公司应尽而未尽义务的部分，这也有补充之意。第三，公司债务不能清偿的部分，在实体上不应当要求公司资不抵债，在程序上也不应当要求案件达到执行不能的阶段，应当给予债权人相对宽松的条件，即只要公司在债务期限届满时未能全额偿还债务就可以，因为股东未履行出资义务在先是因，公司不能清偿债务在后是果，如果股东如期履行出资义务，公司的偿债能力就会提高。

（2）债权人提起补充赔偿责任诉讼可否将公司和股东一并起诉

从最高人民法院有关判例看，对这个问题的态度最初不确定，现在基本持肯定态度，认为可以把债务人公司和未履行出资义务的股东及设立公司的其他股东作为共同被告一并起诉。笔者认为虽然公司与债权人之间的法律关系不同于股东与债权人之间的法律关系，但是这不应当影响一并审理，也不应当影响一并作出判决。在判决的执行过程中，股东应尽而未尽的出资义务与公司的财产应当一视同仁，都视为公司的责任财产执行。如果坚持立案、分别审理、分别执行，不仅浪费诉讼资源，而且不易查明事实，也不利于执行。

（3）对尚未到期的出资能否提起股东补充赔偿责任诉讼

当前我国《公司法》实行公司资本完全认缴制，即对股东成立公司认缴多少资本，什么时候实缴资本法律不做限制，由股东在公司章程中自由规定。如此，各种公司特别是民营公司股东认缴未缴的资本非常多，进而债权人提起补充赔偿诉讼对应的股东出资额是已过缴付期限的出资额，还是尚未届满出资期限的出资额？对尚未届满出资期限的出资额可否提起股东补充赔偿责任诉讼？在什么条件下可以对尚未届满期限的出资额提起股东补充赔偿责任诉讼？这个问题既实际又尖锐。我们结合最高人民法院的三个相关文件讨论如下：

①《公司法解释（二）》的相关规定

《公司法解释（二）》第二十二条第一款规定："公司解散时，股东尚未缴纳的出资均应作为清算财产。股东尚未缴纳的出资，包括到期应缴未缴的出资，以及依照公司法第二十六条和第八十条的规定分期缴纳尚未届满缴纳期限的出资。"第二款规定："公司财产不足以清偿债务时，债权人主张未缴出资股东，以及公司设立时的其他股东或者发起人在未缴出资范围内对公司债务承担连带清偿责任的，人民法院应依法予以支持。"从《公司法解释（二）》第二十二条两款的行文顺序及该司法解释开宗明义所言，"为正确适用《中华人民共和国公司法》，结合审判实践，就人民法院审理公司解散和清算案件适用法律问题作出如下规定"。可见这里规定的债权人提起补充赔偿诉讼所对应的股东出资义务不分已过缴付期限还是尚未届满缴付期限，只要是股东尚未实缴的出资即可，但有两个前提条件：一是公司解散；二是公司财产不足以清偿债务。这就是说在公司解散的情况下，只要公司财产不足以清偿债务，即使股东认缴的出资尚未到达出资期限，债权人也可以对此提起股东补充赔偿诉讼，要求股东在未缴出资范围内对公司债务承担补充清偿责任，要求公司设立时的其他股东对此承担连带责任。

②《公司法解释（三）》的相关规定

《公司法解释（三）》第十三条第二款规定："公司债权人请求未履行或者未全面履行出资义务的股东在未出资本息范围内对公司债务不能清偿的部分承担补充赔偿责任的，人民法院应予支持；未履行或者未全面履行出资义务的股东已经承担上述责任，其他债权人提出相同请求的，人民法院不予支持。"这里既没有明确能够提起股东补充赔偿诉讼所对应的是届满出资期限的出资，还是尚未届满出资期限的出资，也没有提到什么条件，但是明确债权人提起股东补充赔偿诉讼的标的额为股东“未出资本息范围内”。其中的“本”应当是股东认缴的出资额，“息”应当是本的利息，而利息由三要素构成：一是本；二是期间；三是利率。其中的期间只能是欠缴的期间，即从缴付期限届满到实际缴付时构成的期间。如此我们可以判定《公司法解释（三）》第十三条第二款规定的股东补充赔偿诉讼所对应的股东未履行的出资义务只能是已经届满缴付期限尚未缴付的出资，不包括尚未届满缴付期限的出资。而前边讨论过的《公司法解释（二）》第二十二条第二款关于不分是否届满缴付期限的股东出资，债权人只能在“未缴出资范围内”提起股东补充赔偿诉讼的规定，也佐证了这一分析。因此，结论是在不具备债务人公司解散的前提条件下，债权人只能对应缴未缴出资的股东提起补充赔偿诉讼。

③《最高人民法院关于民事执行中变更、追加当事人若干问题的规定》的相关规定

该规定第十七条规定：“作为被执行人的企业法人，财产不足以清偿生效法律文书确定的债务，申请执行人申请变更、追加未缴纳或未足额缴纳出资的股东、出资人或依公司法规定对该出资承担连带责任的发起人为被执行人，在尚未缴纳出资的范围内依法承担责任的，人民法院应予支持。”显然这里规定的债权人可以提起补充赔偿诉讼对应的股东出资义务未分是届满出资期限还是尚未届满出资期限，但是有一个前提条件，就是公司“财产不足以清偿生效法律文书确定的债务”，这个条件要比《公司法解释（三）》第十三条第二款规定的“公司债务不能清偿的部分”严格得多，不能清偿是一种偿债状态，主要受制于公司的流动性，财产不足以清偿债务是一种偿债能力，是资不抵债，按照企业破产法的规定是已经具备企业破产的条件。故此，虽然该规定没有区分股东出资义务是否到期，却规定了债权人提起补充赔偿诉讼的严格条件。

另外，《最高人民法院关于民事执行中变更、追加当事人若干问题的规定》第二十八条第一款规定：“申请人申请变更、追加执行当事人，应当向执行法院提交书面申请及相关证据材料。”第二款规定：“除事实清楚、权利义务关系明确、争议不大的案件外，执行法院应当组成合议庭审查并公开听证。经审查，理由成立的，裁定变更、追加；理由不成立的，裁定驳回。”第三十条规定：“被申请人、申请人或其他执行当事人对执行法院作出的变更、追加裁定或驳回申请裁定不服的，可以自裁定书送达之日起十日内向上一级人民法院申请复议，但依据本规定第三十二条的规定应当提起诉讼的除外。”第三十二条第一款规定：“被申请人或申请人对执行法院依据本规定第十四条第二款、第十七条至第二十一条规定作出的变更、追加裁定或驳回申请裁定不服的，可以自裁定书送达之日起十五日内，向执行法院提起执行异议之诉。”可见，在执行过程追加未履行出资义务的股东为被执行人，不仅实体条件严格，程序条件也比较严谨。

《全国法院民商事审判工作会议纪要》对此的意见是，在注册资本认缴制下，股东依法享有期限利益。债权人以公司不能清偿到期债务为由，请求未届满出资期限的股东在未出资范围内对公司不能清偿的债务承担补充赔偿责任的，人民法院不予支持。但是，下列情形除外：

第一，公司作为被执行人的案件，人民法院穷尽执行措施无财产可供执行，已具备破产原因，但不申请破产的；

第二，在公司债务产生后，公司股东（大）会决议或以其他方式延长股东出资期限的。

与上述三份文件的精神基本一脉相承，但更加具有可操作性。另外比较有新意的是明确了股东恶意延长出资期限的概念，即在公司债务产生后，公司股东（大）会决议或以其他方式延长股东的出资期限。

（4）为什么股东出资违约或者抽逃出资其他股东可以径行提起诉讼

股东对股东出资违约或者抽逃出资提起的诉讼为共益诉讼，胜诉利益由公司享有，这与下一章我们要讨论的损害公司利益的诉讼很相似。但是股东对股东出资违约或者抽逃出资提起的诉讼，没有前置程序可以径行起诉，而股东对他人损害公司利益的诉讼却有法定的前置程序，必须在履行前置程序后才可提起诉讼。这是为什么呢？在公司事务中，股东与股东之间是共同投资关系，股东与公司之间是委托与受委托关系。出资违约或者抽逃出资损害的是股东之间的共同投资关系，所以股东可以径行提起诉讼。而他人损害公司利益损害的是股东委托公司运营的资产，所以应当由公司这个受托人首先提起诉讼，如果公司因某种原因不起诉，委托人股东才可以提起诉讼，故股东对损害公司利益的诉讼应当在公司不起诉显明后。

当然在公司成立之后，基于股东共同委托公司运营资产的关系，如果有股东出资违约或者抽逃出资，公司可以提起诉讼，股东也可以请求公司或者董事高管提起诉讼。这是股东的一项实体权利，不同于《公司法》第一百五十一条规定的股东程序权利。法院也不应当以股东提起了代表诉讼的前置程序而裁定原告败诉。笔者认为有法定前置程序的，不履行前置程序不能胜诉，没有法定前置程序的，履行了前置程序，不能因此而败诉。

（5）发起人将股权转让后连带责任怎么办

《公司法解释（三）》第十三条第三款规定："股东在公司设立时未履行或者未全面履行出资义务，依照本条第一款或者第二款提起诉讼的原告，请求公司的发起人与被告股东承担连带责任的，人民法院应予支持；……"那么，如果公司的发起人将股权出让了，退出了公司，不再是公司的股东了，由谁来承担这个连带责任呢？继续由出让方承担连带责任，由受让方承担连带责任？还是连带责任消灭？笔者没有找到相关的法律根据，但是从有关判决书上看到此种情况由股权的受让方代位承担连带责任。

（6）何为资本显著不足

《全国法院民商事审判工作会议纪要》明确了资本显著不足的概念。资本显著不足指的是，公司设立后在经营过程中，股东实际投入公司的资本数额与公司经营所隐含的风险相比明显不匹配。股东利用较少资本从事力所不及的经营，表明其没有从事公司经营的诚意，实质是恶意利用公司独立人格和股东有限责任把投资风险转嫁给债权人。由于资本显著不足的判断标准有很大的模糊性，特别是要与公司采取"以小博大"的正常经营方式相区分，因此在适用时要十分谨慎，应当与其他因素结合起来综合判断。

二、股东未履行增资出资义务引发的诉讼

增资是指在公司成立之后，通过一定的法律程序增加公司注册资本的行为。有些增资不用股东履行增资出资义务，因为出资标的已经存在于公司，比如资本公积金、盈余公积金、未分配利润转增注册资本；有些增资则需要股东按照约定履行增资出资义务，比如有限责任公司股东以外的人向公司增资，个别股东向公司增资，全体股东按照原持股比例向公司增资，上市公司公开发行或者定向发行新股等都需要股东向公司履行增资出资义务。股东未按照约定向公司履行增资出资义务，就可能引发股东未履行增资出资义务的诉讼。根据《公司法解释（三)》第十九条的规定，该类诉讼不受股东未履行增资出资义务已经过诉讼时效的限制。根据《公司法解释（三)》第二十条的规定，此类诉讼只要原告有合理怀疑的证据，由被告举证证明其已经履行增资出资义务，举证责任基本倒置。

1. 诉讼方案

（1）股东未按照约定履行增资出资义务，公司可以提起诉讼，被告为未按照约定履行增资出资义务的股东，或者以未按照约定履行增资出资义务的股东和对股东未履行增资出资义务负有责任的董事、高管为共同被告，诉讼请求为判令未向公司履行增资出资义务的股东向公司履行出资义务，对股东未履行增资出资义务负有责任的董事、高管承担相应责任。

（2）股东未按照约定履行增资出资义务，其他股东可以提起诉讼，被告为未按照约定履行增资出资义务的股东，或者以未按照约定履行增资出资义务的股东和对股东未履行增资出资义务负有责任的董事、高管为共同被告，诉讼请求为未向公司履行增资出资义务的股东向公司履行出资义务，对股东未履行增资出资义务负有责任的董事、高管承担相应责任。股东对未履行增资出资义务的股东提起的诉讼，没有履行前置程序的规定，可以径行提起诉

讼。股东对未履行增资出资义务的股东提起的诉讼，胜诉利益归公司享有，应当列公司为第三人。

（3）股东未按照约定履行增资出资义务，如果公司有到期不能清偿的债务，相关债权人可以提起股东补充赔偿责任诉讼，被告为未按照约定履行增资出资义务的股东和对股东未履行增资出资义务负有责任的董事、高管，诉讼请求为判令未向公司履行增资出资义务的股东在未出资本息范围内对公司债务不能清偿部分承担补偿赔偿责任，对股东未履行增资出资义务负有责任的董事、高管承担相应责任。债权人提起此种诉讼，必须是其对公司的债权未过诉讼时效。债权人对股东补充赔偿责任的诉讼请求应当以债权人的有效债权额和股东未履行增资出资义务的本息额的低者为准。该诉讼的胜诉利益归债权人享有，当债权人得到股东的补充赔偿后，以补充赔偿额为准公司对债权人的债务消灭，股东对公司的出资义务视为履行。

（4）股东未按照约定履行增资出资义务，公司不能清偿到期债务，如果债权人持有法院关于公司债务的生效判决，债权人可以未按照约定履行增资出资义务的股东和对股东未履行增资出资义务负有责任的董事、高管为被告，以公司为第三人提起诉讼，诉讼请求为判令未向公司履行增资出资义务的股东在未出资本息范围内对公司债务不能清偿部分承担补偿赔偿责任，对股东未履行增资出资义务负有责任的董事、高管承担相应责任。

2. 审判依据

《公司法》第二十八条第一款规定："股东应当按期足额缴纳公司章程中规定的各自所认缴的出资额。股东以货币出资的，应当将货币出资足额存入有限责任公司在银行开设的账户；以非货币财产出资的，应当依法办理其财产权的转移手续。"第二款规定："股东不按照前款规定缴纳出资的，除应当向公司足额缴纳外，还应当向已按期足额缴纳出资的股东承担违约责任。"

《公司法》第八十三条第一款规定："以发起设立方式设立股份有限公司的，发起人应当书面认足公司章程规定其认购的股份，并按照公司章程规定缴纳出资。以非货币财产出资的，应当依法办理其财产权的转移手续。”第二款规定：“发起人不依照前款规定缴纳出资的，应当按照发起人协议承担违约责任。”

《公司法解释（三）》第十三条第一款规定：“股东未履行或者未全面履行出资义务，公司或者其他股东请求其向公司依法全面履行出资义务的，人民法院应予支持。”第二款规定：“公司债权人请求未履行或者未全面履行出资义务的股东在未出资本息范围内对公司债务不能清偿的部分承担补充赔偿责任的，人民法院应予支持；未履行或者未全面履行出资义务的股东已经承担上述责任，其他债权人提出相同请求的，人民法院不予支持。”第四款规定：“股东在公司增资时未履行或者未全面履行出资义务，依照本条第一款或者第二款提起诉讼的原告，请求未尽公司法第一百四十七条第一款规定的义务而使出资未缴足的董事、高级管理人员承担相应责任的，人民法院应予支持；董事、高级管理人员承担责任后，可以向被告股东追偿。”

3. 相似判例

增资股东不对发起出资义务承担连带责任判例。

案号：山东省高级人民法院（2014）鲁民四终字第155号

争议焦点：浪潮集团对于福海公司在增资过程中未履行的出资义务是否承担连带责任。

裁判要旨：《公司法解释（三）》第十三条对于股东未履行或未全面履行出资义务，各权利主体可以请求履行义务的主体、条件等作了明确规定，并且各款之间具有相对独立性。该条第三款对于股东在公司设立时未履行或未全面履行出资义务的情形予以规定，在这种情形下，公司的发起人与被告股东应当承担连带责任。该条第四款对于股东在公司增资时未履行或者未全面履行出资义务的情形予以规定。从该条第三款、第四款的文义看，第三款限于公司设立时，对这一款的解释不能扩张适用于公司增资时；第四款是关于增资瑕疵的规定，对这一款的解释不能扩张适用于其他股东。因此，卓信成公司关于依据该条第三款判令浪潮集团承担连带责任的主张不能成立，法院不予支持。股东未履行或者未全面履行增资义务的其他股东不承担连带责任。

4. 问题讨论

（1）如何应对股东不履行出资义务

股东未履行出资义务包括未履行设立出资义务和增资出资义务。面对股东未履行出资义务，公司和其他股东可以选择诉讼救济，也可以选择内部救济。《公司法解释（三）》第十六条规定："股东未履行或者未全面履行出资义务或者抽逃出资，公司根据公司章程或者股东会决议对其利润分配请求权、新股优先认购权、剩余财产分配请求权等股东权利作出相应的合理限制，该股东请求认定该限制无效的，人民法院不予支持。"第十七条第一款规定："有限责任公司的股东未履行出资义务或者抽逃全部出资，经公司催告缴纳或者返还，其在合理期间内仍未缴纳或者返还出资，公司以股东会决议解除该股东的股东资格，该股东请求确认该解除行为无效的，人民法院不予支持。"选择内部救济就是依据公司章程或通过股东会决议对未履行出资义务的股东进行股东权利的限制，或者通过股东会决议解除未履行出资义务股东的股东资格，进而消灭其出资权。当然公司要想通过股东会决议解除未履行出资义务股东的股东资格，应当先行催告程序。内部救济程序简单、时间短、费用低、效果好，只有在内部救济无法施行的情况下，才考虑通过诉讼进行救济。

（2）为什么设立出资和增资出资的责任人不完全相同

根据《公司法解释（三）》第十三条的规定，股东在设立公司时未履行或者未全面履行出资义务，设立公司的其他股东要承担连带责任；股东在公司增资时未履行或者未全面履行出资义务，股东不再承担连带责任，而是由负有责任的董事、高管承担相应的责任。为什么设立出资和增资出资的责任人不完全相同，笔者认为主要在于：

第一，在公司设立时董事、高管尚未就职，公司设立事务完全由股东执行，股东之间对各自的出资义务负有监督的责任和权力，如果有股东没有履行或者没有全面履行出资义务，股东难避失责或串通之嫌，所以要求其他股东承担连带责任，可谓之理所当然。

第二，在公司增资时，董事、高管已经就位履职，公司增资事务在许多情况下由董事、高管操作，如果股东在增资时没有履行或者没有全面履行增资义务，难避失职或者串通之嫌，所以要求负有责任的董事、高管承担相应的责任，也可谓之理所当然。

（3）增资股东出资违约能否要求其他股东承担连带责任

对这个问题从收集到的判例看，观点各不相同。笔者本人的观点是不能要求承担连带责任，原因就在于上面说的两点。在公司没有成立之前，发起人负责公司设立事务，因此股东设立出资违约其他股东承担连带责任，这不仅是对发起人过错的惩罚，同时也有利于防止股东恶意串通损害债权人的利益。在公司成立之后，董事、高管已经开始履职，公司增资事务的执行者不是股东，而是董事、高管，股东只是增资事务的决策者，这时再要求股东承担连带责任未免有些太牵强。另外从《公司法解释（三）》第十三条的规定看，第三款规定："股东在公司设立时未履行或者未全面履行出资义务，依照本条第一款或者第二款提起诉讼的原告，请求公司的发起人与被告股东承担连带责任的，人民法院应予支持；公司的发起人承担责任后，可以向被告股东追偿。"第四款规定："股东在公司增资时未履行或者未全面履行出资义务，依照本条第一款或者第二款提起诉讼的原告，请求未尽公司法第一百四十七条第一款规定的义务而使出资未缴足的董事、高级管理人员承担相应责任的，人民法院应予支持；董事、高级管理人员承担责任后，可以向被告股东追偿。"两款的规定是独立的，是并列的，并非可以选择适用或者递进适用。因此，对股东增资出资违约不适用其他股东连带责任于事实于法律有根据。

（4）董事高管承担的是什么责任

《公司法解释（三）》第十三条第四款规定："股东在公司增资时未履行或者未全面履行出资义务，依照本条第一款或者第二款提起诉讼的原告，请求未尽公司法第一百四十七条第一款规定的义务而使出资未缴足的董事、高级管理人员承担相应责任的，人民法院应予支持；董事、高级管理人员承担责任后，可以向被告股东追偿。”这里董事高管承担的是什么责任？是分担股东出资义务的责任，还是因工作不妥公司对其的处罚。笔者认为这里规定的是董事高管对股东出资义务的垫付责任，不是公司对董事高管处罚产生的经济责任。因为该规定明确董事、高管承担责任后可以向被告股东追偿，如果是处罚被处罚者就不能享有追偿权。如此，负有责任的董事高管承担的是股东的出资义务的垫付责任，垫付之后可以向未履行增资出资义务的股东追偿。

（5）如何厘定董事、高管应当承担的相应责任

对股东没有履行增资出资义务或者没有完全履行增资出资义务负有责任的董事、高管承担相应的责任，如何确定董事、高管承担责任的金额呢？笔者认为没有直接的客观标准和根据。能够参考的间接根据包括：第一，股东未履行或者未全面履行增资出资义务的金额；第二，董事高管的过错程度及与股东未履行或者未全面履行增资出资义务因果关系的强度。再就是由法官根据这两个因素自由裁量确定。不过这里需要注意的是，《公司法解释（三）》第十三条第四款在规定董事高管对股东未履行或者未全面履行增资出资义务承担相应责任时援引了《公司法》第一百四十七条第一款，该款规定了“董事、监事、高级管理人员应当遵守法律、行政法规和公司章程，对公司负有忠实义务和勤勉义务”。笔者认为能否认定董事、高管是否负有责任，应当根据董事、高管在从事相关工作中是否有违反法律、行政法规和公司章程的情况，是否有不忠实不勤勉的情况，包括故意和过失。负有责任的董事、高管应当是负责增资工作董事、高管，不能根据董事在相关会议表决时是投赞成票还是投反对票来确定。

（6）限制股东权利和解除股东资格的区别

被限制股东权利的股东仍然是公司的股东，只是其某些权利被剥夺或者减少，讲究的是股东的过错和被剥夺权利的度要相匹配，在股东弥补过错之后其权利可以得到恢复。剥夺权利的依据可以是公司章程，也可以是公司股东会的决议。解除股东资格是将股东从公司章程及股东名册中除名，公司再无该股东，当然该股东的出资义务也随之消灭，只能对完全没有履行出资义务的股东施之，不能对没有全面履行出资义务的股东施之，且只能由公司股东会做出。对没有全面履行出资义务的股东只能限制其股东权利，不能解除其股东资格；对没有履行出资义务的股东既可以选择限制其股东权利，也可以选择解除其股东资格。

（7）对没有出资的股东是解除资格好还是限制权利好

前边已经说到对没有履行出资义务的股东，可以选择限制其股东权利，也可以选择解除其股东资格。那么，面对一个未履行出资义务的股东，选择哪个更好呢？这要依公司的情况而论，如果公司的成长性好，以选择解除股东资格为好，如果公司的成长性不好，以选择限制股东权利为好。这是因为如果公司的成长性好，选择施以限制股东权利的，没有履行出资义务的股东的某些权利只是在其履行出资义务之前受到了限制，股东资格仍然存在，只要他补充履行出资义务，他的各项股东权利将得以恢复，实际上是允许他与其他股东分享公司创业或成长的成果，这对如约履行出资义务的股东不公平；如果公司的成长性不好，选择解除股东资格的，没有履行出资义务的股东不再负有向公司出资的义务，实际上是允许他摆脱公司创业的风险和业绩下滑的风险，这对如约履行出资义务的股东也不公平。这两种情况都会使守法、履约者吃亏，违法、毁约者占便宜。在实务中面对不履行出资义务的股东，如果公司的成长性好，应当选择解除其股东资格，如果公司的成长性不好，应当选择限制其权利，让其永远不能摆脱对公司的出资义务。

（8）解除股东资格如何进行善后处理

《公司法解释（三）》第十七条第二款对此作出了指引："在前款规定的情形下，人民法院在判决时应当释明，公司应当及时办理法定减资程序或者由其他股东或者第三人缴纳相应的出资。在办理法定减资程序或者其他股东或者第三人缴纳相应的出资之前，公司债权人依照本规定第十三条或者第十四条请求相关当事人承担相应责任的，人民法院应予支持。"根据该指引解除股东资格后，余出的“空股”（指股东应缴未缴出资项下的股权）有三种处理方法：一通过减资消灭；二由其他股东履行出资义务并获得股权；三由股东以外的人履行出资义务并获得股权。对这三种方法笔者分析和理解如下：

第一，通过减资消灭“空股”，就是减少公司的注册资本，使公司的届满缴付期限的注册资本和公司的实收资本相等。这种减资只能是未如期履行出资义务的股东从公司减资，使该股东出局。这种减资只能是“名义减资”，即减资股东不能从公司获得任何减资的对价，因为股东没有对公司履行出资义务，公司财产中没有他的权益。这种减资也要履行《公司法》第一百七十七条规定的通知债权人的程序，并且债权人有权要求公司清偿债务或者提供相应的担保。如果公司债权不能满足债权人反制权的要求，公司就不能采取减资的方法消灭“空股”，只能通过第二种或者第三种方法消灭“空股”。

第二，由其他股东履行出资义务并获得股权。会有两种情况：一种是公司章程中有“如果某股东未按照公司章程规定的期限缴付出资，该股东的出资额将被如约履行出资义务的股东按照其股份比例分配并履行，该股东的股东资格及各项权利将被取消”；另一种是公司章程没有相关规定。对前一种可以通过股东会决议修改公司章程，然后由各股东履行新的出资义务完成。后一种就比较复杂，笔者认为可能只能走“空股”转让的程序，即由未履行出资义务的股东与其他股东签订股权转让协议，将“空股”转让给其他股东，然后由其他股东履行出资义务。这需要未如约履行出资义务的股东配合，否则可能不好实行。

第三，由股东以外的人履行出资义务并获得股权。这只能走前述股权转让的程序，即由未如约履行出资义务的股东将股权转让给股东以外的人，这也会涉及有限责任公司股东对外转让股权其他股东优先购买权的问题，实施起来难度更大。

另外，根据《公司法解释（三）》“在办理法定减资程序或者其他股东或者第三人缴纳相应的出资之前，公司债权人依照本规定第十三条或者第十四条请求相关当事人承担相应责任的，人民法院应予支持”。只有减资完成工商变更登记和新股东出资到位后，公司债权人才丧失对未缴出资股东提起补充赔偿诉讼的权利。

（9）增资可否只认缴不实缴

从实务中看，除特种行业的公司外设立出资认缴的多，而增资出资实缴的多。那么，为什么增资出资实缴的多，增资出资可不可以只认缴不实缴呢？从理论上说增资出资也可以只认缴不实缴，由认缴出资者按照公司章程的规定在未来实缴。不过增资出资只认缴不实缴主要发生在公司原有股东按照原持股比例向公司增资的情况下，这种增资往往不是为了满足公司对资金的需求，而是为投标或者获得政府行政许可的需要，是不得已而为之。如果公司增资是为了满足公司对资金的需求，特别是对股东以外的投资者融资，如果投资者只认缴出资不实缴出资，对公司来说就会得不偿失，因为此类增资不仅不会解决公司对资金的需求，还会打破公司股东原来的人合关系。再有，如果公司的原股东是实缴出资，无论是股东以外的人向公司增资，还是个别股东向公司增资，只认缴不实缴还会打破股东之间的利益平衡。当然，如果公司的原股东对公司的出资既有实缴也有认缴，那么，增资者对公司的出资也应当是既有实缴也有认缴，实现新老股东之间“实股”对“实股”，“空股”对“空股”，建立平衡的股东利益关系。综上，除特殊目的外，公司增资应当是实缴或者实缴和认缴相结合。

三、出资违约股东承担违约责任的诉讼

在公司没有成立的情况下，如约履行出资义务的股东可以根据公司章程、发起人协议或者其他关于共同出资设立公司协议的约定，要求没有如约履行出资义务的股东向自己承担违约责任。在公司成立的情况下，守约股东还能不能要求违约股东向自己承担违约责任，违约责任产生的利益由作为原告的守约股东自己享有，还是由公司享有值得商榷。笔者主张在公司成立的情况下，可以由公司或者守约股东对违约股东提起诉讼，胜诉利益归公司享有。

1. 诉讼方案

（1）在公司没有成立的情况下，守约发起人可以提起诉讼，被告为没有如约履行出资义务的发起人，诉讼请求为向原告承担违约责任。

（2）在公司成立后，守约股东不可以提起违约股东向自己承担违约责任的诉讼，面对出资违约的股东守约股东可以提起前述第九个诉讼或者第十个诉讼，要求被告向公司履行出资义务并向公司承担出资违约责任。

2. 审判依据

《公司法》第二十八条第一款规定：“股东应当按期足额缴纳公司章程中规定的各自所认缴的出资额。……”第二款规定：“股东不按照前款规定缴纳出资的，除应当向公司足额缴纳外，还应当向已按期足额缴纳出资的股东承担违约责任。”

《公司法》第八十三条第一款规定：“以发起设立方式设立股份有限公司的，发起人应当书面认足公司章程规定其认购的股份，并按照公司章程规定缴纳出资。……”第二款规定：“发起人不依照前款规定缴纳出资的，应当按照发起人协议承担违约责任。”

3. 问题讨论

在公司成立后股东还能否对出资违约股东提起自益诉讼。

所谓股东自益诉讼就是股东为实现自己的直接利益提起的诉讼。所谓股东对出资违约股东提起的自益诉讼就是股东对出资违约股东提起的要求其给付违约金的诉讼。如果公司因某种原因未成立，股东向出资违约的股东主张违约责任，没有任何问题。但是在公司成立之后，如有某个股东没有按照约定履行出资义务，其他股东能否对该股东提起要求其向自己支付违约金的诉讼呢？

当前我国实行公司注册资本完全认缴制度，即发起人可以先认缴出资订立公司章程，然后注册成立有限责任公司和发起设立的股份公司，在公司成立后再履行出资义务，如此，在实务中在公司成立之前发起人实缴出资的除特别公司外已经很少见，因发起人未实缴出资致公司不能成立的就更是少见了。因此，在公司未成立的情况下发起人之间发生此种诉讼的很少，相关规定的实践意义已经不大了。当然，从理论上说，如果公司未成立守约发起人可以对出资违约的发起人提起追究违约责任的诉讼，要求违约发起人按照约定向自己承担违约责任。这种诉讼属于股东自益诉讼，胜诉利益归原告享有。

那么，在公司成立后是否还要支持这种股东自益诉讼呢？笔者的观点是不应当支持，理由如下：第一，未按约定履行出资义务的股东是对全体守约股东的违约，追究出资违约股东的违约责任是全体守约股东的共同利益，不能再由某一个提起诉讼的原告股东享有，也不能是起诉者享有，不起诉者不享有；第二，在公司成立后，股东出资违约责任不仅涉及守约股东的利益，更关乎公司债权人的利益，因为出资违约责任的主体是欠缴出资的孳息，如果股东如约履行出资义务，该孳息将构成公司的责任财产，故如果由提起诉讼的各个守约股东分别享有有悖公司企业制度，损害公司债权人的利益；第三，在公司成立后，全体股东的共同投资关系已经确立，全体股东的共同利益平台已经成立，由公司享有违约股东的违约责任，有利于平衡股东之间的利益关系；第四，在公司成立后全体股东与公司之间的共同委托关系已经建立，股东出资及未出资的违约责任财产都应当是委托财产，再由股东享有出资违约责任财产有悖公司企业制度；第五，在公司成立后由未按照约定向公司履行出资义务的股东向公司履行出资义务，向守约股东履行未如约出资的违约责任，不仅会出现一案多诉的情形，也会增加诉讼难度，浪费诉讼资源；第六，最高人民法院《公司法解释（三）》第十三条第一款规定：“股东未履行或者未全面履行出资义务，公司或者其他股东请求其向公司依法全面履行出资义务的，人民法院应予支持。”第二款规定：“公司债权人请求未履行或者未全面履行出资义务的股东在未出资本息范围内对公司债务不能清偿的部分承担补充赔偿责任的，人民法院应予支持”，这里“向公司依法全面履行出资义务”并不排斥承担未如约履行出资义务的违约责任，“在未出资本息范围内对公司债务不能清偿的部分承担补充赔偿责任”的“息”，就应当理解为未如约履行出资义务的违约金。另最高人民法院在《公司法解释（三）》第六条规定：“股份有限公司的认股人未按期缴纳所认股份的股款，经公司发起人催缴后在合理期间内仍未缴纳，公司发起人对该股份另行募集的，人民法院应当认定该募集行为有效。认股人延期缴纳股款给公司造成损失，公司请求该认股人承担赔偿责任的，人民法院应予支持。”可见最高人民法院也应当是倾向于在公司成立之后，由公司享有股东未如约履行出资义务违约责任的利益。总之，在公司成立后个别股东未按照约定履行出资义务的违约责任之诉，应当由公司提起或者由守约股东提起，由违约股东向公司承担出资违约责任。公司一旦成立，股东的许多自益行为将转化为股东的共益行为。

四、认股人出资违约引发的诉讼

这里说的认股人是指股份有限公司公开发行股份时，签署认股书认购公司股份的投资人，包括个人和机构投资者。认股人签署认股书后就应当按照认股书的约定及时缴纳认股款，履行自己的出资义务。如果认股人没有按照约定履行自己的出资义务，就构成出资违约，可能给股份公司造成损失，对此股份公司享有提起诉讼的权利。

1. 诉讼方案

（1）公司可以提起诉讼，以认股人为被告，如果认股人没有履行认股书，诉讼请求为要求认股人履行认股书缴纳认股款，或者承担不履行认股书的违约责任，如果认股人逾期缴纳认股款，诉讼请求为要求认股人赔偿延期缴纳认股款给公司造成的损失或者按照认股书所载承担出资违约责任。

（2）发起人股东可以提起诉讼，以认股人为被告，诉讼请求为要求认股人向公司缴纳认股款，或者对公司承担不履行认股书的违约责任，如果认股人逾期缴纳认股款，诉讼请求为要求认股人向公司赔偿延期缴纳认股款给公司造成的损失。发起人提起此种诉讼的，为股东共益诉讼，应当列公司为第三人，胜诉利益归公司享有。

2. **审判依据**

《公司法》第八十五条规定："发起人向社会公开募集股份，必须公告招股说明书，并制作认股书。认股书应当载明本法第八十六条所列事项，由认股人填写认购股数、金额、住所，并签名、盖章。认股人按照所认购股数缴纳股款。"

《公司法解释（三）》第六条规定："股份有限公司的认股人未按期缴纳所认股份的股款，经公司发起人催缴后在合理期间内仍未缴纳，公司发起人对该股份另行募集的，人民法院应当认定该募集行为有效。认股人延期缴纳股款给公司造成损失，公司请求该认股人承担赔偿责任的，人民法院应予支持。"

五、非货币财产出资虚高作价引发的诉讼

股东可以用货币向公司出资，也可以用非货币财产作价向公司出资，股东以非货币财产向公司出资的，应当公允作价，使公司像从市场上购买该财产一样付出成本。如果股东非货币财产出资虚高作价，公司取得财产的成本就会高于市场价格，这不仅会损害公司的利益，也会损害其他股东的利益，还会损害公司债权人的利益。非货币出资虚高作价可以是设立出资，也可以是增资出资。面对个别股东非货币财产出资虚高作价，公司可以提起诉讼，股东可以提起共益诉讼，债权人也可以提起补充赔偿责任的诉讼。股东非货币财产出资虚高作价属于股东未全面履行出资义务。

1. **诉讼方案**

（1）公司提起诉讼的，以非货币出资虚高作价的股东为被告，诉讼请求

为填补虚高作价所形成的出资差额。如果是设立出资，可以要求设立公司时的发起人股东对虚高作价所形成的出资差额的填补责任承担连带责任，把设立公司时的发起人股东作为共同被告。如果是增资出资，可以要求对虚高作价负有责任的董事、高管对填补责任承担相应的责任，把相关董事、高管列为共同被告。

（2）其他股东提起诉讼的，以非货币出资虚高作价的股东为被告，诉讼请求为向公司填补虚高作价所形成的出资差额。同样，如果是设立出资虚高作价，可以要求设立公司时的发起人股东对虚高作价所形成的出资差额承担连带填补责任，把设立公司时的发起人股东作为共同被告。如果是增资出资，可以要求对虚高作价负有责任的董事、高管对填补责任承担相应的责任，把相关董事、高管列为共同被告。这也是一种股东共益诉讼，股东在提起诉讼时应当列公司为第三人，胜诉利益由公司享有。

（3）如果公司不能清偿到期债务，公司债权人可以对非货币出资虚高作价的股东提起补充赔偿责任的诉讼，要求被告在虚高作价的本息范围内对公司不能偿还的负债承担补充赔偿责任。同样，如果是设立出资虚高作价，可以要求设立公司时的发起人股东对虚高作价所形成的出资差额承担连带责任，把设立公司时的发起人股东作为共同被告。如果是增资出资可以要求对虚高作价负有责任的董事、高管对填补责任承担相应的责任，把相关董事、高管列为共同被告。债权人提起这种诉讼要求其对公司的债权未过诉讼时效期间，并且诉讼标的以股东虚高出资差额和公司欠债权人债务额两者中较低者为准。当然如果股东履行了补充赔偿责任，以履行赔偿责任额为准，公司对债权人的债务归于消灭，股东对公司非货币财产出资虚高作价的填补责任视为履行。

2. 审判依据

《公司法》第三十条规定："有限责任公司成立后，发现作为设立公司出资的非货币财产的实际价额显著低于公司章程所定价额的，应当由交付该出资的股东补足其差额；公司设立时的其他股东承担连带责任。”

《公司法》第九十三条第二款规定：“股份有限公司成立后，发现作为设立公司出资的非货币财产的实际价额显著低于公司章程所定价额的，应当由交付该出资的发起人补足其差额；其他发起人承担连带责任。”

《公司法解释（三）》第十三条规定：“股东未履行或者未全面履行出资义务，公司或者其他股东请求其向公司依法全面履行出资义务的，人民法院应予支持。

“公司债权人请求未履行或者未全面履行出资义务的股东在未出资本息范围内对公司债务不能清偿的部分承担补充赔偿责任的，人民法院应予支持；未履行或者未全面履行出资义务的股东已经承担上述责任，其他债权人提出相同请求的，人民法院不予支持。

“股东在公司设立时未履行或者未全面履行出资义务，依照本条第一款或者第二款提起诉讼的原告，请求公司的发起人与被告股东承担连带责任的，人民法院应予支持；公司的发起人承担责任后，可以向被告股东追偿。

“股东在公司增资时未履行或者未全面履行出资义务，依照本条第一款或者第二款提起诉讼的原告，请求未尽公司法第一百四十七条第一款规定的义务而使出资未缴足的董事、高级管理人员承担相应责任的，人民法院应予支持；董事、高级管理人员承担责任后，可以向被告股东追偿。”

《公司法》第二百零七条规定：“承担资产评估、验资或者验证的机构提供虚假材料的，由公司登记机关没收违法所得，处以违法所得一倍以上五倍以下的罚款，并可以由有关主管部门依法责令该机构停业、吊销直接责任人员的资格证书，吊销营业执照。

“承担资产评估、验资或者验证的机构因过失提供有重大遗漏的报告的，由公司登记机关责令改正，情节较重的，处以所得收入一倍以上五倍以下的罚款，并可以由有关主管部门依法责令该机构停业、吊销直接责任人员的资格证书，吊销营业执照。

“承担资产评估、验资或者验证的机构因其出具的评估结果、验资或者验证证明不实，给公司债权人造成损失的，除能够证明自己没有过错的外，在其评估或者证明不实的金额范围内承担赔偿责任。”

3. 相似判例

主张非货币增资作价过高败诉判例。

案号：浙江省嘉兴市中级人民法院（2015）浙嘉商外初字第10号

基本案情：本案原告是机构投资者，以增资方式进入公司，提起诉讼主张被告出资的多项技术与公司研发产品无关、多项技术未经使用或者从他人处购买，被告出资存在不实。

裁判要旨：股东认为其他股东的非货币财产出资不实的，有权请求其向公司依法全面履行出资义务。但本案中，被告出资技术的来源及是否实际使用与是否构成出资不实并无必然联系。被告的专有技术为“LED照明产业商用MOCVD系统研制及相关外延片制造工艺技术”，已经经过了资产评估及全体股东的确认，并办妥了财产权转移交接手续，当时的评估价为人民币7513.88万元，高于全体股东确认的价值人民币6734.3752万元；即使按照当时全体股东确认的价值折算1064万美元，也远高于被告的出资额760万美元。作为一家专业的投资机构，原告系通过增资成为公司股东，其在投资之前理应了解被告的出资具体情况，但未见原告曾提出异议或者放弃投资。现原告无充分证据证明被告存在出资不实，其要求被告补足出资，缺乏事实依据，不予支持。

4. 问题讨论

（1）对评估作价的出资能否提起虚高作价的诉讼

笔者认为可以，理由如下：

第一，评估只是公允作价的手段，不等于公允作价，实质大于形式，法律追求的不是评估，而是出资作价是否公允。只要不公允就构成对公司、其他股东和公司债权人的损害，受害者就应当有寻求法律救济的机会。

第二，《公司法》规定非货币出资要评估作价，不得高估，不得低估，目的是防止非货币出资虚高作价。但是实务中通过评估虚高作价的个别事实客观存在，对这种违法高估价，应当允许当事人依法进行救济。

第三，通过诉讼解决非货币财产出资是公允作价还是虚高作价，解决的是股东实体权利的公平，通过诉讼解决非货币财产出资没有评估的问题，解决的是股东程序权利的公平，两者不能混淆和代替。

（2）法院如何认定非货币出资虚高作价

要认定股东非货币出资是否构成虚高作价并不是一件容易的事情，而且相同资产的市场价格也处于不断的波动之中，故此《公司法》规定“作为设立公司出资的非货币财产的实际价额显著低于公司章程所定价额的”，“显著”二字足见其用意。价格高低法官本人无法认定，只能委托中介机构评估，然后经原被告双方质证后由法庭决定采信，从而认定是否构成虚高作价。

六、出资的非货币财产权属争议引发的诉讼

这也是一种关于股东是否履行出资义务的诉讼。股东以非货币财产向公司出资，不仅应当将财产交付给公司使用，而且凡是有证照的还应当及时过户，使公司对财产享有完整的物权，进而使公司对出资财产享有所有、占有、使用、收益、处分的权利。如果有他人对股东出资的财产主张权利，就关乎股东是否履行出资义务或者是否全面履行出资义务。因此，关于股东出资的非货币财产权属争议的诉讼是一项关乎股东是否履行了出资义务的诉讼。

1. 诉讼方案

（1）出资股东可以提起诉讼，被告为对出资财产主张权利的人，可以列公司为第三人，诉讼请求为确认股东对出资财产享有完整的所有权和处分权，出资行为有效，出资财产归公司所有。如果出资股东胜诉，为股东履行出资义务，出资财产归公司所有。如果出资股东败诉，除非公司构成《物权法》

第一百零六条规定的善意第三人，否则出资财产不归公司所有，确认股东未履行出资义务。

（2）公司可以提起诉讼，被告为对争议财产主张权利的人，列出资人为第三人，诉讼请求为确认股东出资行为有效，出资财产归公司所有。如果公司胜诉，出资财产为公司所有，确认股东履行了出资义务。如果公司败诉，出资财产不能归公司所有，确认股东没有履行出资义务。如果公司被认定为善意第三人，出资财产归公司所有，确认股东出资义务完成。财产所有权人和利益人对出资股东享有损失追偿权。

（3）对争议财产主张权利的人可以提起诉讼，被告为出资人，列公司为第三人，诉讼请求为确认股东对出资财产不享有所有权或者处分权，出资行为无效，公司返还出资财产。如果原告胜诉，出资财产归原告，确认股东没有履行出资义务，如果原告败诉，出资财产归公司，出资股东对公司履行了出资义务。

（4）如果虽然出资人对出资财产没有处分权，但是法院根据《公司法解释（三）》第七条判决出资行为有效，财产所有人就只能变更诉讼请求或者另行提起追偿之诉，该诉讼以出资行为人为被告，诉讼请求为赔偿原告的损失或者出资产生的股权归原告所有。

2. 审判依据

《公司法解释（三）》第七条第一款规定："出资人以不享有处分权的财产出资，当事人之间对于出资行为效力产生争议的，人民法院可以参照物权法第一百零六条的规定予以认定。"

《物权法》第一百零六条规定："无处分权人将不动产或者动产转让给受让人的，所有权人有权追回；除法律另有规定外，符合下列情形的，受让人取得该不动产或者动产的所有权：

"（一）受让人受让该不动产或者动产时是善意的；

"（二）以合理的价格转让；

“（三）转让的不动产或者动产依照法律规定应当登记的已经登记，不需要登记的已经交付给受让人。

“受让人依照前款规定取得不动产或者动产的所有权的，原所有权人有权向无处分权人请求赔偿损失。

“当事人善意取得其他物权的，参照前两款规定。”

3. 相似判例

无处分权财产出资行为有效的判例。

案号：河南省新乡市中级人民法院（2013）新中民四终字第425号

裁判要旨：恒源公司的股东苏某林以涉案摊铺机出资成立恒源公司，但苏某林获得涉案摊铺机的依据是其与路桥公司于2005年1月18日签订的《协议书》。经鉴定，该协议书上的路桥公司的印章与印文样本不是同一枚印章所盖印形成，故不能认定路桥公司在该协议书加盖印章。《协议书》所附收款凭单上的“河南省新乡公路桥梁建设有限责任公司财务专用章”印章，该章下方标有“41070000077××”字样，而路桥公司提供的财务专用章并无编码。因此，不能认定苏某林在向恒源公司出资时合法取得了本案涉案摊铺机的所有权。本案中，虽然苏某林在恒源公司出资时不享有摊铺机的所有权，但对于苏某林的出资行为，可以认为其与恒源公司具有无处分权人与受让人的关系，作为受让人的恒源公司，其受让是善意的；其获得摊铺机所有权时，苏某林获得了恒源公司的股权；摊铺机属于不需要登记的财产，在出资时完成了交付，完全符合《物权法》第一百零六条的规定，应认定恒源公司善意取得了摊铺机的所有权。至于工程处的损失，可以依照《物权法》的规定向无权处分人苏某林主张赔偿损失。

七、非货币财产出资未评估引发的诉讼

股东非货币出资应当履行评估作价的程序，评估是保障非货币财产出资

作价公允的程序性安排。如果股东非货币出资没有履行评估作价的程序，公司、股东或者债权人可以该股东没有全面履行出资义务为由提起诉讼。

1. 诉讼方案

（1）公司提起诉讼的，以非货币出资未经评估作价的股东为被告，如果是设立出资未履行评估程序，可以将其他发起人股东列为共同被告，如果是增资未履行评估程序，可以将负有责任的董事、高管列为共同被告，诉讼请求为对填补虚高作价形成的出资额，发起设立股东承担连带责任，负有责任的董事、高管承担相应责任。

（2）股东提起诉讼的，以非货币出资未经评估作价的股东为被告，同样视情形也可以将发起股东或者负有责任的董事、高管列为共同被告，并要求其承担连带责任或者相应责任。

（3）债权人也可以提起股东补充赔偿责任的诉讼，债权人提起这种诉讼的以非货币出资未履行评估作价程序的股东为被告，视情形也可以将发起股东或者负有责任的董事、高管列为共同被告，并要求其对公司不能清偿的债务承担连带补充赔偿责任或者相应责任。

2. 审判依据

《公司法》第二十七条第二款规定："对作为出资的非货币财产应当评估作价，核实财产，不得高估或者低估作价。法律、行政法规对评估作价有规定的，从其规定。"

《公司法》第三十条规定："有限责任公司成立后，发现作为设立公司出资的非货币财产的实际价额显著低于公司章程所定价额的，应当由交付该出资的股东补足其差额；公司设立时的其他股东承担连带责任。"

《公司法解释（三）》第九条规定："出资人以非货币财产出资，未依法评估作价，公司、其他股东或者公司债权人请求认定出资人未履行出资义务的，人民法院应当委托具有合法资格的评估机构对该财产评估作价。评估确定的价额显著低于公司章程所定价额的，人民法院应当认定出资人未依法全面履行出资义务。”

《公司法》第一百九十八条规定：“违反本法规定，虚报注册资本、提交虚假材料或者采取其他欺诈手段隐瞒重要事实取得公司登记的，由公司登记机关责令改正，对虚报注册资本的公司，处以虚报注册资本金额百分之五以上百分之十五以下的罚款；对提交虚假材料或者采取其他欺诈手段隐瞒重要事实的公司，处以五万元以上五十万元以下的罚款；情节严重的，撤销公司登记或者吊销营业执照。”

3. 相似判例

虚假出资对公司债务承担补充赔偿责任判例。

案号：江苏省镇江市京口区人民法院（2016）苏1102民初1588号

基本案情：原告百崮公司与被告中瑞公司签订《贝雷租赁合同》，原告依据约定履行了合同义务陆续提供了租赁物，被告中瑞公司未履行合同义务，拖欠原告租金338184元。经查，被告中瑞公司曾增资200万元，由其被告钱某连（法定代表人）以非专利技术方式出资98万元、被告范某军以非专利技术方式出资102万元。已办理工商变更登记，但均未进行评估。

争议焦点：股东钱某连、范某军是否应对该笔债务承担补充赔偿责任。

裁判要旨：股东可以用知识产权等可以用货币估价并能够依法转让的非货币财产作价出资，对作为出资的非货币财产应当评估作价，核实财产，不得高估或者低估作价。以非货币财产出资的，应当依法办理其财产权的转移手续。根据《公司法解释（三）》第九条，被告钱某连、范某军分别以非专利技术方式出资98万元、102万元，但未依法评估作价，且未向工商登记部门提供任何相关资料，经法院要求限期提供相关非专利技术资料进行委托评估，亦未提供相关资料，致无法委托评估。可以认定被告钱某连、范某军对被告中瑞公司增资200万元未依法履行出资义务。对原告请求被告钱某连、范某军在未出资本息范围内对被告中瑞公司债务不能清偿的部分承担补充赔偿责任的诉讼请求，法院予以支持。

4. 问题讨论

如何处理评估额和出资作价额的关系。

股东非货币出资要经过评估作价，那么，评估和股东意志之间是什么样的关系呢？或者说当评估结果与股东意志之间发生矛盾时，应当怎样处理呢？

首先，股东之间是一种共同投资关系，是一种特殊的交易关系。在这种共同投资交易关系中，出资的非货币财产如果作价虚高，就会损害其他股东的利益，反之如果作价低就会损害出资股东的利益。严格说这种利益是当事人的私事，只有当事股东有权利处分，其他人无权干涉，从这个角度说出资作价是当事人的私事，由其意志决定，高于评估作价的效力。

其次，股东出资作价不仅涉及股东之间的利益关系，也涉及公司与债权人，股东与公司债权人，特别是股份公司可能还涉及发起人和认股人之间的利益关系。如果公司股东出资不实就可能危害社会公共利益，因此世界各国大多对公司资本有监管制度。评估就是对公司资本监管的手段之一。在股东非货币出资方面，评估的职能有二：其一是技术职能，即在没有市场价或者只有市场价供参考的情况下，通过技术手段和方法找到最接近市场价格的价格，以使交易尽量公允地进行；其二是监督职能，即评估机构代表社会公权利和公共利益，监管非货币出资的作价，以保障其他股东特别是公众投资者的利益。

最后，结合上述两点：第一，出资作价额可以低于评估作价额，但不能高于评估作价额；第二，非货币财产出资股东认为评估作价额低的，可以不交易；第三，其他股东认为评估作价额高的可以不交易。

八、划拨或者质押土地使用权出资引发的诉讼

划拨土地是指未以出让方式取得国有土地使用权的土地，抵押或者质押

的土地是指在土地使用权上设立他项权利，这两种情况下土地使用权的处分权都会受到限制。以这两种土地使用权出资直接的问题就是无法过户，公司不能取得相关国有土地使用权证，使公司的资产处于不确定的状态，其次是公司不能用该土地使用权设立质押或者抵押。在这种情况下，公司、股东、债权人可以相关股东没有履行出资义务为由提起公司诉讼。

1. 诉讼方案

（1）公司提起诉讼的，以相关股东为被告，如果是设立出资可以将设立公司的其他股东列为共同被告，如果是增资出资，可以将负有责任的董事、高管列为共同被告。诉讼请求为确认相关股东没有履行出资义务，限期完成出资土地使用权的过户，设立公司的其他股东承担连带责任，负有责任的董事、高管承担相应责任。

（2）其他股东可以提起股东代表诉讼，被告和诉讼请求与上项相同，但要列公司为第三人，由公司享有胜诉利益。

（3）如果公司有未清偿的债务，公司债权人也可以提起诉讼，以相关股东为被告，如果是设立出资可以列设立公司的其他股东为共同被告，如果是增资出资可以列负有责任的董事、高管承担相应的责任。诉讼请求为在未过户土地使用权的价值范围内对公司不能清偿的债务承担补充赔偿责任，设立公司的其他股东承担连带责任，负有责任的董事、高管承担相应的责任。

2. 审判依据

《公司法》第二十八条第一款规定："股东应当按期足额缴纳公司章程中规定的各自所认缴的出资额。股东以货币出资的，应当将货币出资足额存入有限责任公司在银行开设的账户；以非货币财产出资的，应当依法办理其财产权的转移手续。"第二款规定："股东不按照前款规定缴纳出资的，除应当向公司足额缴纳外，还应当向已按期足额缴纳出资的股东承担违约责任。"

《公司法》第八十三条第一款规定："以发起设立方式设立股份有限公司

的，发起人应当书面认足公司章程规定其认购的股份，并按照公司章程规定缴纳出资。以非货币财产出资的，应当依法办理其财产权的转移手续。”第二款：“发起人不依照前款规定缴纳出资的，应当按照发起人协议承担违约责任。”

《公司法解释（三）》第八条：“出资人以划拨土地使用权出资，或者以设定权利负担的土地使用权出资，公司、其他股东或者公司债权人主张认定出资人未履行出资义务的，人民法院应当责令当事人在指定的合理期间内办理土地变更手续或者解除权利负担；逾期未办理或者未解除的，人民法院应当认定出资人未依法全面履行出资义务。”

3. 相似判例

划拨土地出资无效判例。

案号：（2016）最高法民再87号

基本案情：原审被告珊瑚礁管理处与原审原告周某梅共同出资设立原审原告中海公司。公司章程约定珊瑚礁管理处以945平方米土地作价150万元出资，后珊瑚礁管理处将案涉土地移交中海公司使用，但未将该土地使用权移转登记至中海公司名下。

争议焦点：关于珊瑚礁管理处是否应将案涉土地使用权转移登记至中海公司名下的问题。

裁判要旨：案涉出资土地系国有划拨用地，依据《土地管理法》等相关法律法规，划拨土地使用权只能用于划拨用途，不能直接用于出资。出资人欲以划拨土地使用权作为出资，应由国家收回直接作价出资或者将划拨土地使用权变更为出让土地使用权。《公司法解释（三）》第八条规定的本意就是考虑到在司法实践中如果划拨土地使用权存在的权利瑕疵可以补正，且在法院指定的合理期限内实际补正的，可以认定当事人以划拨土地使用权出资的效力。但能否补正瑕疵的决定权在于土地所属地方政府及其土地管理部门，人民法院判断出资行为的效力应以瑕疵补正的结果作为前提。故《公司法解释（三）》第八条规定，人民法院应当在诉讼过程中给当事人指定合理的期间，由其办理相关的土地变更手续，并视变更手续完成的结果再行作出判决。本案中，最高人民法院在再审审查期间已给予当事人相应的时间办理土地变更手续，再审审理过程中又为当事人指定了2个月的合理期限办理土地变更登记手续，但当事人未能在法院指定的期间内完成土地变更登记行为，即其无法自行补正划拨土地使用权出资的瑕疵。故珊瑚礁管理处虽将案涉土地交付给中海公司使用，但未将案涉土地过户登记至中海公司名下，因而其以案涉土地使用权出资的承诺并未履行到位。周某梅、中海公司请求确认珊瑚礁管理处未履行作为中海公司股东的出资义务，有事实和法律依据，法院予以支持。但因案涉出资土地系划拨用地，当事人未能在法院指定的合理期间内办理土地变更登记手续，故周某梅、中海公司请求将案涉土地办理过户登记至中海公司名下，没有法律依据，最高人民法院不予支持。一、二审法院直接判决珊瑚礁管理处将案涉划拨土地使用权变更登记到中海公司名下，适用法律错误，应予撤销。

4. 问题讨论

(1) 划拨或者设有权利负担的土地使用权出资对公司有什么损害

以这类土地使用权作价出资，即使是股东已经将土地交给公司使用，但由于不能将土地过户到公司名下，对公司也会构成如下损害：

第一，使公司的资产处于不确定的状态。股东对公司出资的资产将构成公司资产的最初来源，在股东以需要登记的资产出资的情况下，股东不仅有义务将出资资产交给公司使用，还有义务将资产的证照办到公司的名下，只有这样公司的财产才能处于确定的状态。否则这些财产可能随时被他人主张权利，公司有丧失这些财产的风险。

第二，公司不能全面享有出资资产的物权。财产不仅可以直接使用，还可以用来抵押、质押以取得其他权益。如果股东用来出资的土地使用权和房屋建筑物只是交给公司使用了，没有将证照过户到公司名下，公司就不能用这些资产进行抵押或者质押贷款，可谓公司财产不具完整性。

第三，公司对土地的使用也会受到限制。如果公司没有取得股东出资的国有土地使用权证，即使能在相关土地上进行基本建设，对土地的使用权也不完整。

（2）股东以划拨或者设有权利负担的土地使用权出资为什么要对公司负债承担补充赔偿责任

股东对公司的出资不仅构成公司经营的物质基础，而且也构成公司责任财产的重要组成部分。股东只将附证照的资产交给公司使用，而不将证照过户到公司的名下，这些资产就不能构成公司的责任财产，不仅公司的融资能力会因此而降低，而且公司的偿债能力会被违法降低，债权人的利益就会受到损害。所以当公司有债务不能偿还时，公司债权人有在股东给其造成损害的范围内主张赔偿的权利。

九、股东以附证照资产出资只交付未过户引起的诉讼

附证照的资产是指需要进行产权登记的资产，大致包括土地使用权、房屋、部分知识产权、船舶、车辆等。股东以这类资产向公司出资，根据合同法、物权法和公司法的有关规定，不仅需要交付，还需要完成产权登记。如果股东将相关资产交付给了公司，但没有完成产权过户登记，势必对公司利益造成损害，就有可能引发诉讼。

1. 诉讼方案

（1）面对股东的出资瑕疵公司可以提起诉讼，被告为没有完成出资资产产权变更登记的股东，诉讼请求为确认被告未履行出资义务，判令限期完成出资资产的产权变更登记。如果是设立出资，可以将设立公司的其他股东列为共同被告，要求其对出资违约股东给公司造成的损失承担连带责任；如果是增资出资，也可以将负有责任的董事、高管列为共同被告，要求其对出资

违约股东给公司造成的损失承担相应的赔偿责任。

（2）其他股东提起诉讼，被告和诉讼请求同上，区别只是股东以自己的名义提起诉讼，列公司为第三人，由公司享有胜诉利益。

（3）在公司不能清偿到期债务的情况下，公司债权人可以提起股东补偿赔偿诉讼，以出资瑕疵的股东为被告，诉讼请求为在未办理产权变更登记的出资资产的估值范围内对公司不能清偿的债务承担补充赔偿责任。如果是公司设立出资，可以列设立公司的其他发起人为共同被告，要求其对补充赔偿责任承担连带责任，如果是增资出资，可以列负有责任的董事、高管为共同被告，要求分担部分补充赔偿责任。

2. **审判依据**

《公司法》第二十八条第一款规定："股东应当按期足额缴纳公司章程中规定的各自所认缴的出资额。股东以货币出资的，应当将货币出资足额存入有限责任公司在银行开设的账户；以非货币财产出资的，应当依法办理其财产权的转移手续。"第二款规定："股东不按照前款规定缴纳出资的，除应当向公司足额缴纳外，还应当向已按期足额缴纳出资的股东承担违约责任。"

《公司法》第八十三条第一款规定："以发起设立方式设立股份有限公司的，发起人应当书面认足公司章程规定其认购的股份，并按照公司章程规定缴纳出资。以非货币财产出资的，应当依法办理其财产权的转移手续。"第二款规定："发起人不依照前款规定缴纳出资的，应当按照发起人协议承担违约责任。"

《公司法解释（三）》第十条第一款规定："出资人以房屋、土地使用权或者需要办理权属登记的知识产权等财产出资，已经交付公司使用但未办理权属变更手续，公司、其他股东或者公司债权人主张认定出资人未履行出资义务的，人民法院应当责令当事人在指定的合理期间内办理权属变更手续；在前述期间内办理了权属变更手续的，人民法院应当认定其已经履行了出资义务；出资人主张自其实际交付财产给公司使用时享有相应股东权利的，人民法院应予支持。”

3. 相似判例

股东部分履行出资义务不能解除其股东资格判例。

案号：北京市高级人民法院（2016）京03民终5363号

基本案情：原审原告陆某、张某、陈某与被告韩某娟共同出资设立了红桑公司，其中韩某娟认缴出资1530万元，以其名下知识产权（专利一项、商标两项）出资，但未变更至公司名下。

争议焦点：①韩某娟是否履行了出资义务；②陆某、张某、陈某是否有权解除韩某娟的股东资格。

裁判要旨：①红桑公司的主营业务即是研究、生产、加工、销售桑叶茶以及与桑树有关的产品，如果公司不使用韩某娟的专利技术及注册商标，无法开展正常的经营活动，故法院对韩某娟主张的红桑公司使用韩某娟的专利技术和商标的意见予以采纳。在一审诉讼过程中，一审法院依法责令韩某娟办理变更登记后，韩某娟在法院指定的期间内将专利申请变更登记至红桑公司名下，应当认定为韩某娟已经部分履行了出资义务，但并未全面履行出资义务。②公司有权以股东会决议解除该股东的股东资格是在股东拒不履行出资义务的情况下赋予公司其他股东的救济权利，股东资格的解除是对股东权利的全面否认，其适用需要符合严格的法定条件，只有在股东未履行出资义务或全部抽逃出资的情况下，其他股东才有权行使这一权利。本案中，韩某娟虽未全面履行出资义务，亦存在抽逃出资的行为，但其在一审法院指定的期间内已经部分履行了出资义务，故陆某、张某、陈某无权解除韩某娟的股东资格。

4. 问题讨论

(1) 如何应对股东附证照资产出资只交付不过户

面对个别股东未全面履行出资义务，可以选择提起诉讼寻求外部救济，也可以不选择诉讼通过内部程序进行救济。《公司法解释（三）》第十六条规定："股东未履行或者未全面履行出资义务或者抽逃出资，公司根据公司章程或者股东会决议对其利润分配请求权、新股优先认购权、剩余财产分配请求权等股东权利作出相应的合理限制，该股东请求认定该限制无效的，人民法院不予支持。"限制股东的权利可以扩大至表决权、人事权等非财产权利。公司可以根据公司章程限制未全面履行出资义务的股东的权利，只要未履行的出资义务与限制的权利相适应即可。如果公司章程中没有相关内容的规定，公司可以通过股东会决议的方式，限制相关股东的权利。内部救济程序简单、时间短、费用低、效果好，只有在内部程序无法进行的情况下，比如未全面履行出资义务的股东控制公司，无法召开股东会或者无法通过相关决议时，股东可以寻求诉讼救济。

（2）为什么股东可以主张自交付之日起享有股东权利

根据《公司法解释（三）》第十条的规定，只要被告股东在法院规定的期间内完成了出资资产的产权变更登记，就支持其关于自交付之日享有股东权利的主张。这是因为虽然股东履行出资义务不够完整，但自股东将出资资产交付给公司之日起，公司就对股东出资的资产享受了使用权和收益权，公司的经营活动和经营结果已经有股东出资财产的作用。故此，法院支持股东的主张是有道理的，当然要取得法院的支持是有前提条件的，就是被告股东必须在法院规定的期限内完成出资资产的产权变更登记。

十、股东以附证照资产出资只过户未交付引起的诉讼

对于附证照的资产，股东用其向公司出资，不仅需要转移占有，而且需要变更产权登记，只交付了没有变更产权登记是没有全面履行出资义务，只变更产权登记没有交付也是没有全面履行出资义务。在只交付未过户的情况下，损害的是公司的他项物权，公司尚可使用出资财产，在仅过户未交付的情况下，不仅损害公司的使用权、收益权，而且也可能损害公司的他项物权。

在这种情况下，公司、其他股东、债权人均可以提起诉讼。

1. 诉讼方案

（1）面对股东没有全面履行出资义务，公司可以相关股东为被告提起诉讼，诉讼请求为限期向公司履行交付出资资产的义务，在完成出资资产交付前不享有股东权利。如果是设立出资可以列设立公司的其他股东为共同被告，对交付出资义务承担连带责任，如果是增资出资可以列负有责任的董事、高管为共同被告，对交付出资义务承担相应责任。

（2）其他股东可以提起诉讼，被告和诉讼请求同上。但股东提起诉讼要列公司为第三人，请求法院判令被告向公司履行交付出资资产的义务。

（3）如果公司不能清偿到期债务，公司的债权人可以提起股东补充赔偿责任的诉讼，以相关股东为被告或者以相关股东和公司为共同被告，诉讼请求为在未交付资产的价值范围内对公司不能清偿的债务承担补充赔偿责任。如果是设立出资还可以将其他发起人列为共同被告，要求其对相关股东的补充赔偿责任承担连带责任，如果是增资出资可以将负有责任的董事、高管列为共同被告，要求其对相关股东的补充赔偿责任承担相应的责任。

2. 审判依据

《公司法解释（三）》第十条第一款："出资人以房屋、土地使用权或者需要办理权属登记的知识产权等财产出资，已经交付公司使用但未办理权属变更手续，公司、其他股东或者公司债权人主张认定出资人未履行出资义务的，人民法院应当责令当事人在指定的合理期间内办理权属变更手续；在前述期间内办理了权属变更手续的，人民法院应当认定其已经履行了出资义务；出资人主张自其实际交付财产给公司使用时享有相应股东权利的，人民法院应予支持。"第二款规定："出资人以前款规定的财产出资，已经办理权属变更手续但未交付给公司使用，公司或者其他股东主张其向公司交付、并在实际交付之前不享有相应股东权利的，人民法院应予支持。”

3. 相似判例

房产出资过户未交付判例。

案号：吉林省长春市中级人民法院（2018）吉01民终1846号

基本案情：原审被告徐某华（被上诉人）同其他12人发起成立了长春市华洋装饰装潢厂，后公司增资时徐某华以其自有的住宅出资，虽将房屋产权变更至公司名下，但未交付给公司使用。

裁判要旨：根据《公司法》第二十八条、《公司法解释（三）》第十条的规定，被上诉人作为长春市华洋装饰装潢厂的股东，将原自有房屋产权变更至长春市华洋装饰装潢厂名下，人民法院应认定被上诉人履行了出资义务。对于被上诉人以居住方式占有长春市华洋装饰装潢厂房屋，如果认定为未将出资房屋实际交付给公司使用，其导致的法律后果是影响被上诉人享有相应股东权利，并不能因此否定被上诉人的股东身份或者减损被上诉人的股份份额。故此上诉人根据被上诉人居住在长春市华洋装饰装潢厂房屋的事实，援引《公司法解释（三）》第十条第二款规定，请求减损被上诉人出资金额及股份份额，不能获得法院支持。

4. 问题讨论

为什么股东附证照资产出资只过户未交付不能享有相应的权利。

如果股东以附证照资产出资只交付没有过户，为股东未全面履行出资义务，公司可以限制股东的某些权利，如果股东在法院规定期限或者合理期限内完成了过户，可以主张自将出资资产交付公司之日享有股东权利。如果股东以附证照的资产出资只过户没有交付，也为股东未全面履行出资义务，公司可以主张该股东不享有股东权利，其对股东权利的否定大于只交付未过户的情形。如果股东以附证照的资产出资，只有既交付又过户，才为完整履行出资义务。在只过户未交付的情形下，公司未能享受出资资产的使用权和收益权，也不能享有其他权利，类似于未履行出资义务的情况，故此，法院支持对这类股东的权利给予更大的限制。

十一、股东以股权出资引起的诉讼

股权出资属于非货币财产出资的一种，但比其他非货币财产出资复杂得多。股东以股权出资需要履行非货币财产出资的程序，经评估公允作价，需要履行股权转让的全部程序，使融资公司能够全面享有股东的各项权利。如果股东以股权出资不符合法律规定和合同约定，就可能使公司的融资目的无法实现，应认定为股东没有履行或者没有全面履行出资义务，对此，公司可以提起诉讼，其他股东可以提起诉讼，公司债权人也可以提起诉讼。

1. 诉讼方案

（1）公司提起诉讼的，以股权出资不符合法律或者合同及公司章程规定的股东为被告，以认定被告没有履行或者没有全面履行出资义务，依法完成补救措施并承担违约责任为诉讼请求。

（2）股东提起诉讼的，被告和诉讼请求同上。但股东提起的诉讼，应当列公司为第三人，由公司享有胜诉利益。

（3）债权人提起诉讼的，以股权出资不符合法律或者合同及公司章程规定的股东为被告，以认定被告没有履行出资义务，在未履行出资义务的本息范围内对公司不能清偿的债务承担连带责任为诉讼请求。

（4）如果股东以代持或者不享有所有权的股东出资，实际出资人或者股权的所有人可以提起诉讼，被告为出资股东，接受股权出资的公司为第三人，诉讼请求为出资行为无效。法院将根据《公司法解释（三）》第七条作出判决。

（5）如果出资股权指向公司的其他股东认为出资股东损害了自己的股权优先购买权，可以出资股东为被告提起主张同等条件股权优先购买权的诉讼，法院依据《公司法》第七十一条和《公司法解释（三）》第十七条至第二十一条的规定作出判决。

2. **审判依据**

《公司法解释（三）》第十一条规定："出资人以其他公司股权出资，符合下列条件的，人民法院应当认定出资人已履行出资义务：

"（一）出资的股权由出资人合法持有并依法可以转让；

"（二）出资的股权无权利瑕疵或者权利负担；

"（三）出资人已履行关于股权转让的法定手续；

"（四）出资的股权已依法进行了价值评估。"

"股权出资不符合前款第（一）、（二）、（三）项的规定，公司、其他股东或者公司债权人请求认定出资人未履行出资义务的，人民法院应当责令该出资人在指定的合理期间内采取补正措施，以符合上述条件；逾期未补正的，人民法院应当认定其未依法全面履行出资义务。

"股权出资不符合本条第一款第（四）项的规定，公司、其他股东或者公司债权人请求认定出资人未履行出资义务的，人民法院应当按照本规定第九条的规定处理。"（指定评估——填补差额）

3. **问题讨论**

（1）股权出资完成的形式要件包括哪些

第一，股权出资的股东对股权指向公司其他股东履行向股东以外的人转让股权的全部程序；

第二，履行非货币财产出资的评估作价程序；

第三，出资股东的姓名、名称、出资额、出资方式、出资期限记载于融资公司的章程，出资股东签署融资公司章程或者公司章程修正案；

第四，出资股权指向的公司修改公司章程，将融资公司变更为本公司的股东，并依约改组融资公司的两会一层（董事会、监事会、高管层）。

只有完成上述全部工作，才能确认股东完成了股权出资的义务。

(2) 阻碍股权出资的情形有哪些

第一，出资人对出资股权不享有所有权，包括代持、托管等；

第二，出资股权归属有争议，尚未确定；

第三，出资股权设立质押或者有其他权利负担；

第四，出资股权为认缴出资尚未实缴出资（不是绝对不可以）；

第五，没有履行对外转让股东先买权通知义务，没有履行对外转让条件通知义务，其他股东没有放弃同等条件优先购买权的。

(3) 股权出资交易流程

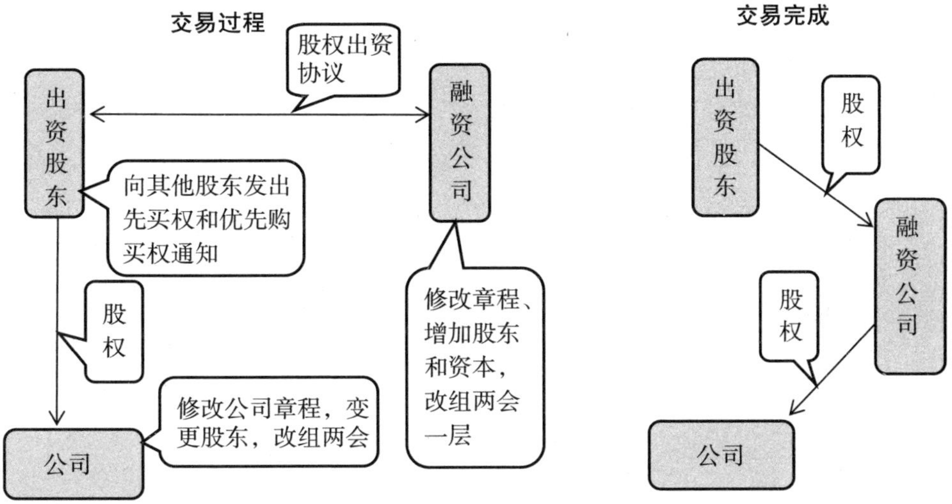

图 1 股权出资交易示意图

(4) 股权出资其他股东是否享有优先购买权

笔者认为，如果有限责任公司的股东用其持有的本公司股权向其他公司出资，本公司的其他股东应当享有同等条件下的优先购买权。这是因为股东优先购买权制度的设立是为了维持公司股东的人合性，若用股权出资与向股东以外的人转让股权的效果一样，会打破公司股东的人合性，也会使得其他股东加入本公司。《公司法解释（三）》第十一条规定的“出资人已履行关于股权转让的法定手续”应当有此含意。故此，除非公司章程另有规定，出资股东应当履行《公司法》第七十一条规定的义务。

(5) 空股能否用来出资

笔者在本书中所言的空股是指已经认缴尚未实缴的空股。空股可以分为有权空股、无权空股、守约空股和违约空股。有权空股是指虽未履行出资义务但根据公司章程的规定股东享有股东完整权利的空股。无权空股是指根据公司章程或者股东会决议股东权利受到限制的空股。守约空股是指出资期限尚未届满的空股。违约空股是指出资期限已经届满股东仍未出资的空股。笔者认为守约空股或者有权空股可以用来出资，违约空股或者无权空股原则上不能用来出资。

(6) 空股的出资额如何确定

空股的出资额应当根据空股的价格来确定，空股的价格是多少，持有空股的股东的出资额就应当是多少。从实务中看确定空股的价格有两种方法，一种是由出资股东自己承担出资义务，另一种是由接受空股出资的公司履行出资义务，这两种情况下空股的作价额是不一样的。空股的价格有三种情况，一是正数，二是负数，三是零。只有价格为正数的空股可以用来出资，出资额为空股的价格。

十二、确认股东抽逃出资的诉讼

股东应当向公司履行出资义务，并且非经法定程序不得撤回对公司的出资，如果股东未经法定程序撤回了对公司的出资，不仅损害公司的利益，也损害其他股东的利益，并且损害公司债权人的利益，是一种严重违反公司企业制度的违法行为。由于股东抽逃出资多采用隐蔽的方法或者合法的形式进行，因此在许多情况下无法确定股东是否构成抽逃出资。如果公司、其他股东怀疑股东抽逃出资，可能需要借助司法的力量对股东是否构成抽逃出资进行认定，以便根据法院的判决采取进一步的行动，比如解除抽逃出资股东的股东资格或者限制其权利。

1. 诉讼方案

（1）如果怀疑股东抽逃出资，公司可以提起诉讼，以抽逃出资的股东和协助抽逃出资的其他股东、董事、高级管理人员或者实际控制人为共同被告，诉讼请求为确认被告抽逃了出资，其他股东、董事、高管或者实际控制人构成协助抽逃出资。

（2）股东可以提起诉讼，被告和诉讼请求同上。

（3）债权人可以提起股东补充赔偿责任诉讼，被告除上述外还可以增加公司，但诉讼请求为对公司不能清偿的债务在抽逃出资本息范围内承担补充赔偿责任，各被告承担连带责任（注意：股东或者公司可能提起股东抽逃出资的确认之诉，在法院确认之后进一步采取行动，而公司债权人因身份和目标不同，一般不会提起股东抽逃出资的确认之诉，会把股东补充赔偿责任作为主要诉讼请求）。

2. 审判依据

《公司法》第三十五条规定："公司成立后，股东不得抽逃出资。"

《公司法解释（三）》第十二条规定："公司成立后，公司、股东或者公司债权人以相关股东的行为符合下列情形之一且损害公司权益为由，请求认定该股东抽逃出资的，人民法院应予支持：

"（一）制作虚假财务会计报表虚增利润进行分配；

"（二）通过虚构债权债务关系将其出资转出；

"（三）利用关联交易将出资转出；

"（四）其他未经法定程序将出资抽回的行为。"

3. 相似判例

（1）以银行流水证明股东抽逃资本且原告已完成举证判例

案号：（2016）最高法民申516号

裁判要旨：法院经审查认为，原审判决认定毛某杰、刘某涛抽逃出资，并不缺乏证据证明。从凯航公司提供的巨丰公司工商登记材料、验资报告所载内容看，巨丰公司章程规定注册资金为1000万元，毛某杰、刘某涛各认缴出资300万元、700万元，分二期出资，刘某涛、毛某杰分别于2012年3月27日、28日向巨丰公司出资560万元、240万元，共计800万元。应凯航公司申请一审法院调取了巨丰公司银行账户流水账单，该账单显示2012年3月30日巨丰公司分两笔向宇田公司汇出700万元。凯航公司依据上述证据主张巨丰公司股东毛某杰、刘某涛抽逃出资，已完成举证责任。《公司法解释(三)》第二十条规定："当事人之间对是否已履行出资义务发生争议，原告提供对股东履行出资义务产生合理怀疑证据的，被告股东应当就其已履行出资义务承担举证责任。"据此，毛某杰主张700万元款项的汇出行为不属于抽逃出资，应承担举证责任。而其对向巨丰公司转入800万元验资款后4天内向宇田公司汇出700万元是否系巨丰公司的经营行为，巨丰公司与宇田公司之间是否存在债权债务关系，该汇款行为是否经法定程序而为，未能举证证明。原审判决认定"对于该700万元汇出的原因，巨丰公司及刘某涛、毛某杰均不能提供存在正常的贸易往来证据，巨丰公司账面上没有记载，刘某涛、毛某杰作为巨丰公司的股东有能力控制巨丰公司，该笔资金的转出应视为抽逃出资的行为"，判决支持凯航公司关于认定刘某涛、毛某杰抽逃注册资金的主张，具备事实和法律依据。

(2) 协助股东抽逃出资的高管被判承担连带返还责任判例

基本案情：2007年9月20日，龙湾港公司和宝纳资源公司共同成立光彩宝龙公司。其中，龙湾港公司认缴出资2719.2万元。疏浚公司系龙湾港公司的子公司。袁某岷同时担任光彩宝龙公司、龙湾港公司、疏浚公司法定代表人。2007年9月29日，龙湾港公司向瑞福星公司借款1439万元。同日，龙湾港公司向光彩宝龙公司汇入1439万元和1280.2万元两笔出资，其2719.2万元出资全部到位。

2007年12月4日，光彩宝龙公司以支付工程款名义向疏浚公司汇款1439

万元，袁某岷在光彩宝龙公司该笔款项的资金使用申请单上签字。事实上，光彩宝龙公司与疏浚公司没有工程合同关系。2007 年 12 月 15 日，疏浚公司将该笔 1439 万元款项又以工程款名义转付给瑞福星公司（出借人）。

光彩宝龙公司、宝纳资源公司向法院起诉，请求判令：龙湾港公司向光彩宝龙公司返还抽逃的出资，袁某岷承担连带责任。一审法院支持了原告的诉讼请求。

袁某岷不服一审判决，上诉至最高人民法院。最高人民法院维持了一审法院判决，判决袁某岷对股东返还抽逃注册资金 1439 万元承担连带责任。

（3）公司以股东出资款向股东偿还债务不构成抽逃出资

案号：最高人民法院（2014）执申字第 9 号

裁判要旨：法院认为，昌鑫公司不构成抽逃出资。主要理由如下：第一，昌鑫公司对弘大公司存在合法的在先债权。抽逃出资一般是指不存在真实合法的债权债务关系，而将出资转出的行为。而本案中，对于昌鑫公司在 2004 年即通过债权受让的方式取得对于弘大公司债权的事实，山东两级法院与各方当事人并无分歧。第二，未损害弘大公司及相关权利人的合法权益。法律之所以禁止抽逃出资行为，是因为该行为非法减少了公司的责任财产，降低了公司的偿债能力，不仅损害了公司与其他股东的权益，更损害了公司债权人等相关权利人的权益。而本案并不存在这种情况，昌鑫公司对于弘大公司享有债权在先，投入注册资金在后。在整个增资扩股并偿还债务过程中，昌鑫公司除了把自己的债权变成了投资权益之外，并没有从弘大公司拿走任何财产，也未变更弘大公司的责任财产与偿债能力。第三，不违反相关司法解释的规定。本案中，山东两级法院认定昌鑫公司构成抽逃出资适用的司法解释有两个，一是《最高人民法院关于人民法院执行工作若干问题的规定（试行）》第 80 条，二是《公司法解释（三）》（2011 年）第十二条。前述司法解释第 80 条只是规定在执行程序中可以追加抽逃注册资金的股东为被执行人，但是并未规定构成抽逃注册资金的构成要件。《公司法解释（三）》（2011 年）第十二条具体规定了抽逃出资的构成要件，可以作为执行程序中认定是否构成抽逃注册资金的参照。该条文规定的要件有两个，一个是形式要件，具体表现为该条罗列的“将出资款转入公司账户验资后又转出”“通过虚构债权债务关系将其出资转出”等各种具体情形。另一个是实质要件，即“损害公司权益”。本案虽然符合了该法条规定的形式要件，但是如上所述，实质要件难以认定。所以无法按照上述两个条文的规定认定昌鑫公司构成抽逃注册资金，在执行程序中追加昌鑫公司为被执行人证据不足。

4. 问题讨论

（1）何为制作虚假财务会计报表虚增利润进行分配

要弄明白这个问题必须首先搞清楚公司分配利润的条件。公司按年度（公历 1 月 1 日至 12 月 31 日）核算盈亏，确定是否有利润。公司一个会计年度的总收入（营业收入加营业外收入）减公司本会计年度的总支出（营业支出加营业外支出），如果为正数，就表示公司本年度为盈利，如果为负数，就表示公司本年度为亏损。如果公司本会计年度有盈利，首先用盈利弥补前五年之内的亏损。如果前五年之内的亏损全部弥补完了后，仍有利润余额，余额部分按照公司适用的企业所得税税率缴纳企业所得税。缴纳企业所得税后的利润称为税后利润，税后利润首先要用来弥补前五年以外的亏损。弥补之后仍有余额的可以向股东分配，但是在分配之前还应当提取分配额的 10% 的法定公积金。

制作虚假财务会计报表虚增利润就是采取各种方法虚增公司的年度总收入，虚降公司的年度总支出，使用公司的财务报表从没有利润变成有利润，从利润少变成利润多，然后通过股东会决议将虚增的利润进行分配。这种方法虽然利润分配程序不违法，但是却严重损害了公司债权人和公司的利益，是一种变相的抽逃出资行为。

（2）何为通过虚构债权债务关系将其出资转出

公司应当建立独立的财务会计账册，记录并核算自己的各项资产、负债和股东权益的增减变动情况和某一时点的数量。而会计账册和账务报表的最基本要求就是平衡，也就是公司在某一时点的资产总额要等于负债和股东权益之和。因此，当股东有出资额进入公司银行账户时（股东履行出资义务），公司为反映股东出资的实际情况，借记银行存款，表示公司的货币资产增加，贷记实收资本（或者部分资本公积金），表示该笔资金是股东的出资款，而且借贷的金额要相等。如果股东将出资抽逃，就会使公司的银行存款减少，公司的会计账册会反映为贷银行存款，那么借什么呢？（只有贷没有借，账平不了）从实务中看，多为借其他应收款，或者应收账款或者预付款，表示公司将该笔款项借给别人或者用于采购了。

我们可以从金额上，发生的时间上，账龄存续的时间上，公司或者股东对该债权资产的态度上判断，这是一笔真实的债权债务，还是虚假的债权债务，其下掩盖着股东抽逃出资的真面目。

（3）何为利用关联交易将出资转出

关联交易是指关联方之间的交易，这种交易最大的特点就是不像独立主体之间的交易那样利益完全对立。我们平时提到关联交易多重视公司的大股东利用关联交易转移公司的利润或者增加公司的支出，这种关联交易主要是通过价格控制实现交易目的的。《公司法解释（三）》第十二条提到的关联交易是另外一种关联交易，这种关联交易的目的不是转移利润和成本，而通过关联关系和虚拟交易将公司收到的出资转回出资的股东。笔者在上文中展示的第二个相似判例就是此类关联交易。

（4）什么情况下提起股东抽逃出资的确认之诉

股东抽逃出资，股东、公司或者债权人一般会直接提起给付之诉，诉请法院判令被告向公司履行出资义务或者对公司不能清偿的债务承担补充赔偿责任。但是如果公司准备解除抽逃出资股东的资格，又没有十分把握确定股东抽逃出资，可能是需要先提起股东抽逃出资的确认之诉，待法院认定股东抽逃出资之后，再通过股东会决议解除抽逃出资股东的股东资格。一般而言，法院不宜判决解除抽逃出资股东的股东资格，因为从原则上说是否解除抽逃出资股东的股东资格是公司的内部事务，司法不宜介入过深。但如果法院已经认定股东抽逃出资，公司股东会决议解除该股东的股东资格，只要决议程序上没有严重问题，法院肯定会支持的。

十三、要求股东返还抽逃出资的诉讼

对于股东抽逃出资，公司和其他股东有三个选项，其一解除其股东资格，其二限制其股东权利，其三要求其返还抽逃的出资。一般来说，如果公司的成长性好，以选择解除抽逃出资股东的股东资格为好，如果公司的成长性不好，则以限制权利并要求返还抽逃出资为好。公司、其他股东可以单独提起返还抽逃出资的诉讼，也可以将确认抽逃和请求判令返还一并提起诉讼。公司债权人则只能将认定抽逃和股东补充赔偿责任一并提起诉讼。

1. 诉讼方案

（1）公司提起请求返还之诉的，以抽逃出资的股东为被告，如果有其他股东、董事、高级管理人员或者实际控制人协助抽逃出资，以协助抽逃出资者为共同被告，诉讼请求为返还抽逃出资的本息，各被告对此承担连带责任。

（2）其他股东提起返还之诉的，被告和诉讼请求同上，但要列公司为第三人，请求法院判令被告向公司履行义务，其他共同被告承担连带责任。

（3）债权人提起股东补充赔偿责任诉讼的，被告同上，诉讼请求为抽逃出资股东在抽逃出资本息范围内对公司不能清偿的债务承担补充赔偿责任，其他被告对补充赔偿责任承担连带责任。债权人提起股东补充赔偿责任诉讼的标的额应当以公司欠债额和股东抽逃出资本息额中较低者为准，一旦股东履行了补充赔偿责任，应当以履行额为准视同股东返还了抽逃的出资，同时以履行额为准公司对债权人的债务消灭。

2. 审判依据

《公司法解释（三）》第十四条规定：“股东抽逃出资，公司或者其他股东请求其向公司返还出资本息、协助抽逃出资的其他股东、董事、高级管理人员或者实际控制人对此承担连带责任的，人民法院应予支持。

“公司债权人请求抽逃出资的股东在抽逃出资本息范围内对公司债务不能清偿的部分承担补充赔偿责任、协助抽逃出资的其他股东、董事、高级管理人员或者实际控制人对此承担连带责任的，人民法院应予支持；抽逃出资的股东已经承担上述责任，其他债权人提出相同请求的，人民法院不予支持。”

3. 问题讨论

（1）抽逃出资的特征

从《公司法解释（三）》第十二条关于可以认定股东抽逃出资的情形看，从实务中股东抽逃出资的实际情况看，股东抽逃出资大致有如下特征：第一，隐蔽性，即股东抽逃出资都具有秘蔽和表面虚假的特点；第二，虚假合理性，即股东抽逃出资虽然在表象上看具有合理性，但仔细辨析其合理性都是虚假的，都是掩人耳目的；第三，表面性，即从表面上看股东已经履行了出资义务，实际上其并没有履行出资义务。

（2）抽逃出资与侵占的区别

抽逃出资与侵占公司财产有着很大的相似性，但又有着严格的区别。第一，抽逃出资一定发生在出资之后，而侵占则不一定发生在出资之后。第二，抽逃出资的金额以出资额为限，而侵占则不受此限。第三，抽逃受公司法的管辖，而侵占受刑法的管辖。第四，抽逃多数在公司财务账上留有痕迹，甚至作为公司的债权资产，而侵占则不能作为公司的债权资产，以公司丧失资产为要件。第五，抽逃的主体只能是已经履行出资义务的股东，而侵占则不受此限。但是在实务中，在许多情况下，只要主体是股东，我们往往以抽逃而论。

（3）抽逃与混同的区别

混同是指公司财产与股东财产不分，公司财务与股东财务不分，法律责任是股东对公司的负债承担连带责任。抽逃是股东将对公司的出资未经法定程序撤走，法律责任是返还抽逃出资的本息或者被解除股东资格。前者强调的是损害公司人格的独立性，损害公司财产的独立性，损害公司债权人的利益，危害公司企业制度的公允性。后者强调的是未经法定程序秘密地撤走出资，同样也损害公司财产的独立性，也损害公司债权人的利益，也危害公司企业制度的公允性。但是前者的迫害程度要远远大于后者，故此，前者承担的是无限责任，后者承担的是有限责任。

（4）为什么协助抽逃要承担连带责任

前边讨论的股东没有履行或者没有全面履行增资出资义务，负有责任的董事、高管承担相应的责任，并且承担责任后可以向股东追偿。而根据《公司法解释（三)》第十四条的规定，协助股东抽逃出资的董事高管或者实际控制人要对返还出资或者对股东补充赔偿责任承担连带责任。这是为什么呢？笔者认为可能有如下原因：第一，抽逃出资的危害性比未履行出资义务或者未全面履行出资义务的危害性更大，对债权人的损害及对公司企业制度的损害也都大于未履行或者未全面履行出资义务；第二，对股东未履行或者未全面履行出资义务负有责任的董事高管可以是故意，也可以是过失，而协助抽逃出资的董事高管或者实际控制人只能是故意，不能是过失。故此，对协助抽逃出资的董事高管或者实际控制人的处罚更加严厉，比照共犯论处。

（5）何为协助抽逃出资

根据《公司法解释（三)》第十四条的规定，协助股东抽逃出资的董事、高管或者实际控制人要承担连带责任。那么什么行为构成协助抽逃呢？笔者认为：第一，行为人在主观上必须是故意的，如果非故意所为即使产生了效果也不应当认定协助抽逃；第二，行为人利用手中的权力或者主管的业务为股东抽逃出资提供了方便或者使抽逃出资得以实现，包括对公司相关决议投赞成票；第三，行为人按照抽逃出资股东的安排或者按照抽逃出资股东的意思行事。上述第一项和第二项或者第三项分别构成协助抽逃。

十四、对抗因出资违约或抽逃出资被限制股东权利的诉讼

前边已经说过股东抽逃出资公司可以通过股东会决议程序或者依据公司章程的规定限制抽逃出资股东的权利，对此被限制权利的股东可能提起对抗的诉讼。

1. 诉讼方案

（1）如果限制股东权利的决议或者行为刚刚发生，被限制权利的股东提起诉讼的，以公司为被告，诉讼请求为撤销公司相关决议或者公司相关决议不成立或者公司的限制行为无效。

（2）如果公司的限制行为已经给股东造成了损失，被限制权利的股东提起诉讼的，以公司为被告，诉讼请求为撤销公司的限制行为，赔偿原告的损失。

2. 审判依据

《公司法解释（三）》第十六条规定："股东未履行或者未全面履行出资义务或者抽逃出资，公司根据公司章程或者股东会决议对其利润分配请求权、新股优先认购权、剩余财产分配请求权等股东权利作出相应的合理限制，该股东请求认定该限制无效的，人民法院不予支持。"

3. 相似判例

会议无效导致限制股东权利的决议无效判例。

基本案情：亿湖公司是中外合资公司，股东为亿中公司、乐生南澳公司、澄海二建公司，按照合资合同和章程规定乐生南澳公司应以9.3亩土地使用权出资，亿湖公司董事会是公司最高权力机构，出席董事会会议的法定人数不得少于全体董事的三分之二，不足三分之二时，其通过的决议无效。

股东乐生南澳公司未完全履行提供9.3亩土地使用权的出资义务，而仅提供了5.65亩土地使用权。

2012年3月30日，亿湖公司召开董事会议，5名董事中的3人参加，形成以下决议：因乐生南澳公司未履行出资义务，乐生南澳公司对亿湖公司不享有利润分配请求权、新股优先认购权、剩余财产分配请求权等股东权利。

亿中公司向法院起诉，请求确认乐生南澳公司未履行出资义务，乐生南澳公司对亿湖公司不享有利润分配请求权、新股优先认购权、剩余财产分配请求权等股东权利。汕头市中级人民法院一审、广东省高级人民法院二审均支持了亿中公司的诉讼请求，乐生南澳公司不服，向最高人民法院申请再审，最高人民法院改判驳回了亿中公司的诉讼请求。

裁判意见：《公司法解释（三）》第十六条规定："股东未履行或者未全面履行出资义务或者抽逃出资，公司根据公司章程或者股东会决议对其利润分配请求权、新股优先认购权、剩余财产分配请求权等股东权利作出相应的合理限制，该股东请求认定该限制无效的，人民法院不予支持。"根据该规定，限制股东利润分配请求权、新股优先认购权、剩余财产分配请求权等股东权利，应当同时具备以下条件：一是股东未履行或者未全面履行出资义务，或者有抽逃出资的行为；二是应当根据公司章程或者股东会决议作出限制。

首先，如前所述，乐生南澳公司并非未履行出资义务，而是未全面履行出资义务。其次，亿湖公司的章程中并未明确规定未全面履行出资义务的股东将被限制股东权利。最后，由于我国《外商投资企业法》早于《公司法》立法，《中外合资经营企业法》及其实施条例关于合资企业的治理结构中没有股东会的规定，股东会的相应职责实际是由董事会行使。而根据亿湖公司章程第二十五条的规定，出席董事会会议的法定人数不得少于全体董事的三分之二，不足三分之二人数时，其通过的决议无效。亿湖公司共有5名董事，而亿湖公司于2012年3月30日召开的关于限制乐生南澳公司股东权利的董事会仅有3名董事参加，显然不满足合资企业章程规定的条件，故当次董事会决议无效。

4. 问题讨论

（1）对出资违约或者抽逃出资的股东可以限制哪些权利

根据《公司法》第三十四条和第四十二条的规定，未届满出资期限的认缴出资其股东享有哪些权利由公司章程约定或者由全体股东决定。未履行或者未全面履行届满出资期限的出资义务属于股东出资违约，抽逃出资属于股东违反法律关于股东出资义务的规定，根据《公司法解释（三）》第十六条的规定，股东未履行或者未全面履行出资义务或者抽逃出资，公司可以根据公司章程或者股东会决议对其利润分配请求权、新股优先认购权、剩余财产分配请求权等股东权利作出相应的合理限制。那么，面对股东未履行或者未全面履行出资义务或者抽逃出资，公司可不可以限制他的其他权利呢？笔者认为可以。笔者还认为，公司除了限制这类股东的利润分配请求权、新股优先认购权、剩余财产分配请求权外，还可以限制这类股东的表决权、人事权、知情权。当然公司限制这类股东的这些权利也要由股东会作出相关决议，或者由公司根据公司章程的有关规定直接作出。

对此，《全国法院民商事审判工作会议纪要》明确，股东认缴的出资未届满履行期限，对未缴纳部分的出资是否享有以及如何行使表决权等问题，应当根据公司章程来确定。公司章程没有规定的，应当按照认缴出资的比例确定。如果股东（大）会作出不按认缴出资比例而按实际出资比例或者其他标准确定表决权的决议，股东请求确认决议无效的，人民法院应当审查该决议是否符合修改公司章程所要求的表决程序，即必须经代表三分之二以上表决权的股东通过。符合的，人民法院不予支持；反之，则依法予以支持。

对股东表决权问题，认缴和实缴一样还是不一样，由公司章程规定，并且可以通过章程修改程序进行变更。

（2）如何理解对出资违约或者抽逃出资股东的权利作出相应的合理限制

根据《公司法解释（三）》第十六条的规定，公司可以根据章程或者股东会决议对出资违约或者抽逃出资的股东权利作出“相应的合理限制”，那么，如何理解“相应的合理限制”呢？笔者认为应当从如下几个方面去理解：第一，公司未成立或者成立之前只有出资违约问题，没有抽逃出资问题。因为出资问题的本质是股东之间的共同投资关系，只要股东之间就共同投资关系达成了协议，比如共同设立公司的协议、公司章程等，股东就有义务按照约定缴纳出资，无论公司是否成立。而抽逃出资只能在公司成立之后，因为股东抽逃出资不仅破坏股东之间的共同投资关系，也破坏股东与公司之间的委托与受托关系，还破坏股东与公司债权人之间的利益平衡。故只有在公司成立之后，才有股东抽逃出资问题。如果公司没有成立或者在公司成立之前即使股东将出资撤回，也不能认定股东抽逃出资，因为这里股东与公司之间的委托关系，股东与债权人之间的利益平衡关系尚未建立起来，最多只能认定股东违反出资义务。第二，即使公司成立，在股东出资期限届满前也不存在出资违约或者抽逃出资问题。在资本认缴制的情况下，法律允许股东在公司章程中自主规定出资的缴付期限，在期限届满前股东可不向公司缴付出资，或者即使出资后又撤回，只要出资期限尚未届满，也不构成出资违约或者抽逃出资。当然如果股东在出资期限未届满前，主动向公司履行出资义务，其出资财产和程序不符合约定的，公司可以拒收或者主张股东出资违约。第三，只有在出资期限届满后才存在股东出资违约问题。出资违约会有如下表现形式：①既有期限未到的认缴出资，又有期限届满的认缴出资，股东未缴付全部期限届满的出资；②既有期限未到的认缴出资，又有期限届满的认缴出资，股东只缴付部分期限届满的出资；③只有期限届满的出资，股东未缴付全部出资；④只有期限届满的出资，股东未缴付部分出资。对于第①种情况，公司只能限制股东的部分权利，包括各项权利的部分或者某些权利的全部；对于第②种情况，公司只能限制股东各项权利的部分，不能限制全部权利的全部或者部分权利的全部；对于第③种情况，公司可以限制股东各项权利的全部，也可以限制某些权利的全部，履行催缴程序后可以解除其股东资格；对于第④种情况，公司只能限制股东的部分权利，包括各项权利的部分或者某些权利的全部。第四，对未全面履行出资义务的股东如何限制其股东权利。未全面履行出资义务的情况非常复杂，但可以分为两类，其一是金额上没有全面履行，其二是金额以外不符合约定。第一类情况在前边已经讨论过，第二类情况主要是履行不符合约定，这类情况公司只能限制股东的部分权利，包括各项权利的部分和某些权利的全部。第五，股东抽逃全部出资的，公司可以限制其全部股东权利，股东抽逃部分出资的，公司只能限制其各项权利的部分或者某些权利的全部。第六，限制股东权利，无论哪种，都是暂时取消股东的权利，或者暂时取消股东某些权利，当股东补缴了出资或者弥补了缺欠的出资或者返还了抽逃的出资，股东被限制的权利应当得以恢复。

十五、对抗因未出资或者抽逃出资被解除股东资格的诉讼

股东没有履行出资义务或者抽逃全部出资，经催告仍不出资或者仍不返还的，公司可以通过股东会决议解除该股东的股东资格。如果股东不服可能引发关于股东会决议或者公司解除股东资格行为效力的诉讼。

1. 诉讼方案

原告为被解除股东资格的股东，被告为公司，诉讼请求为撤销公司相关决议，判定解除原告股东资格的行为无效。

2. 审判依据

《公司法解释（三）》第十七条规定：“有限责任公司的股东未履行出资义务或者抽逃全部出资，经公司催告缴纳或者返还，其在合理期间内仍未缴纳或者返还出资，公司以股东会决议解除该股东的股东资格，该股东请求确认该解除行为无效的，人民法院不予支持。

“在前款规定的情形下，人民法院在判决时应当释明，公司应当及时办理法定减资程序或者由其他股东或者第三人缴纳相应的出资。在办理法定减资

程序或者其他股东或者第三人缴纳相应的出资之前，公司债权人依照本规定第十三条或者第十四条请求相关当事人承担相应责任的，人民法院应予支持。”

3. 相似判例

1%股东有效解除99%股东资格的判例。

案情简介：上海万禹国际贸易有限公司（以下简称万禹公司）是一家设立于2009年3月11日的有限责任公司，设立时注册资本为100万元，股东为宋某祥、高某，宋某祥担任执行董事，高某担任监事。2012年8月28日，万禹公司召开股东会会议，作出决议如下：①同意增加公司注册资本，由原注册资本100万元增至10000万元。②同意吸收新股东杭州豪旭贸易有限公司（以下简称豪旭公司）。③增资后的股东、出资情况及股权比例为：宋某祥60万元（0.6%）、高某40万元（0.4%）、豪旭公司9900万元（99%）。同日，万禹公司通过新的公司章程。2012年9月14日，上海大诚会计师事务所出具验资报告，载明：截至2012年9月14日，万禹公司已收到豪旭公司缴纳的新增注册资本9900万元，出资方式为货币出资。

2013年12月27日，万禹公司向豪旭公司发送“催告返还抽逃出资函”，称豪旭公司已抽逃其全部出资9900万元，要求其在收函后3日内返还全部抽逃出资，否则将解除其股东资格。豪旭公司于2013年12月30日签收该份函件。2014年3月6日，万禹公司向豪旭公司发送“临时股东会会议通知”，通知其于2014年3月25日召开股东会，议题为关于解除豪旭公司股东资格的事项。

2014年3月25日，万禹公司召开2014年度临时股东会，全体股东均出席股东会。股东会会议记录载明：①到会股东就解除豪旭公司作为万禹公司股东资格事项进行表决。②表决情况：同意2票，占总股数1%，占出席会议有效表决权的100%；反对1票，占总股数99%，占出席会议有效表决权的0%。表决结果：通过提案。各股东在会议记录尾部签字，其中，豪旭公司代理人俞某琴注明，豪旭公司不认可第②项中“占出席会议有效表决权的

100%”及“占出席会议有效表决权的0%”的表述。

同日，万禹公司出具股东会决议，载明：因股东豪旭公司抽逃全部出资，且经合理催告后仍未及时归还，故经其他所有股东协商一致，决议解除其作为万禹公司股东的资格。万禹公司于本决议作出后30日内向公司登记机关申请办理股东变更登记及减资手续。以上事项表决结果：同意的，占总股数1%；不同意的，占总股数99%。宋某祥、高某在该股东会决议尾部签字。豪旭公司代理人拒绝签字。

由于豪旭公司对上述股东会决议不认可，故宋某祥作为万禹公司股东，诉至上海市黄浦区人民法院，请求确认万禹公司2014年3月25日股东会决议有效。

裁判意见：上海市黄浦区人民法院一审认为：股东基于其股东资格行使股东权利。本案豪旭公司系经过万禹公司股东会决议，以认缴增资形式进入万禹公司，万禹公司在公司章程中确认其股东身份，并完成了相应的工商登记，故豪旭公司享有万禹公司的股东资格，有权依照法律规定、公司章程约定行使股东权利。股东表决权是股东的一项重要权利，是股东参与公司重大决策和选择管理者的权利。《公司法》第四十二条规定：“股东会会议由股东按照出资比例行使表决权；但是，公司章程另有规定的除外。”万禹公司章程第十二条第二款亦约定，股东会会议由股东按照出资比例行使表决权。上述规定及约定中“出资”一词的含义，直接关系到豪旭公司各股东表决权的行使，从文义上判断，在无特别说明的情况下，《公司法》第四十二条中的“出资”应理解为认缴出资。此外，《公司法》及相关司法解释、万禹公司章程均未对抽逃出资股东表决权的限制作出规定或约定，万禹公司亦未就此形成股东会决议。因此，对于除名豪旭公司的股东会审议事项，在无《公司法》规定或公司章程约定的其他限制股东表决权的情形下，即便豪旭公司作为股东违反出资义务，抽逃出资，其表决权并不因此受到限制，豪旭公司应根据其认缴出资的比例行使表决权，宋某祥及万禹公司认为豪旭公司在系争股东会中的不享有有效表决权或应当回避的观点缺乏依据，一审法院难以采纳。就此而言，豪旭公司是否抽逃出资一节事实并不影响本案审理，故对宋某祥提供的相关证据及相关主张，一审法院不予审查。

根据上述分析，在万禹公司的股东会上，投赞成票的股东宋某祥、高某认缴出资比例共为1%，享有1%的表决权，投反对票的股东豪旭公司认缴出资比例为99%，享有99%的表决权，故该审议事项应不通过。本案系争股东会决议关于解除豪旭公司股东资格的内容，未如实反映根据资本多数决原则形成的万禹公司股东会意思表示，对其效力原审法院难以认定。故对于宋某祥要求确认万禹公司2014年3月25日股东会决议有效的诉请，一审法院不予支持。

上海市第二中级人民法院二审认为：《公司法解释（三）》第十七条第一款规定，有限责任公司的股东未履行出资义务或者抽逃全部出资，经公司催告缴纳或者返还，其在合理期间内仍未缴纳或者返还出资，公司以股东会决议解除该股东的股东资格，该股东请求确认该解除行为无效的，人民法院不予支持。本案的争议焦点在于，当股东会决议就股东除名问题进行讨论和决议时，拟被除名股东是否应当回避，即是否应当将豪旭公司本身排除在外，各方对此意见不一，《公司法解释（三）》对此未作规定。法院认为，《公司法解释（三）》中规定的股东除名权是公司为消除不履行义务的股东对公司和其他股东所产生不利影响而享有的一种法定权能，是不以征求被除名股东的意思为前提和基础的。在特定情形下，股东除名决议作出时，会涉及被除名股东可能操纵表决权的情形。故当某一股东与股东会讨论的决议事项有特别利害关系时，该股东不得就其持有的股权行使表决权。

本案中，豪旭公司是持有万禹公司99%股权的大股东，万禹公司召开系争股东会会议前通知了豪旭公司参加会议，并由其委托的代理人在会议上进行了申辩和提出反对意见，已尽到了对拟被除名股东权利的保护。但如前所述，豪旭公司在系争决议表决时，其所持股权对应的表决权应被排除在外，因此本案系争股东除名决议已获除豪旭公司以外的其他股东一致表决同意，即以100%表决权同意并通过，故该股东会决议应属有效。二审法院对原审判决予以改判，确认万禹公司作出的股东会决议有效。

4. 问题讨论

关于限制股东权利或者解除股东资格的股东会怎样召开和表决。

根据《公司法解释（三）》第十七条和第十八条的规定，股东未履行或者未全面履行出资义务或者抽逃出资，公司可以通过股东会决议限制股东的权利，也可以通过股东会决议解除股东的资格。那么这类股东会如何召开呢，有关股东会决议又如何获得通过呢，特别是在被限制权利或者解除资格的是公司控股股东的情况下，这个问题更加突出。

第一，股东会的召集程序必须合法，否则可能面临股东会决议不成立或者被撤销的可能。关于有限责任公司股东会的召集程序，《公司法》有如下规定，第三十九条第一款规定："股东会会议分为定期会议和临时会议。"第二款规定："定期会议应当依照公司章程的规定按时召开。代表十分之一以上表决权的股东，三分之一以上的董事，监事会或者不设监事会的公司的监事提议召开临时会议的，应当召开临时会议。"关于限制股东权利或者解除股东资格的股东会会议基本都是临时股东会会议，只有单独或者合计持有公司十分之一以上表决权的股东，三分之一以上的董事联名，监事会决议或者不设监事会的监事才有权提议召开临时股东会会议。《公司法》第四十一条第一款规定："召开股东会会议，应当于会议召开十五日前通知全体股东；但是，公司章程另有规定或者全体股东另有约定的除外。"此类股东会会议一定要通知拟被限制权利或者解除资格的股东，并且在通知中列明会议议案，在通知程序上不能有瑕疵。《公司法》第四十条第一款规定："有限责任公司设立董事会的，股东会会议由董事会召集，董事长主持；董事长不能履行职务或者不履行职务的，由副董事长主持；副董事长不能履行职务或者不履行职务的，由半数以上董事共同推举一名董事主持。"第三款规定："董事会或者执行董事不能履行或者不履行召集股东会会议职责的，由监事会或者不设监事会的公司的监事召集和主持；监事会或者监事不召集和主持的，代表十分之一以上表决权的股东可以自行召集和主持。"

第二，表决方式必须合法，否则可能面临不成立或者被撤销的可能。根据《公司法》第四十一条第二款“股东会应当对所议事项的决定作成会议记录，出席会议的股东应当在会议记录上签名”之规定，同时根据《公司法》第四十二条“股东会会议由股东按照出资比例行使表决权；但是，公司章程另有规定的除外”的规定。基于公平、公正的原则和有关判例，笔者认为，拟被限制权利或者被解除资格的股东有权利参加有关股东会会议，有权利对限制自己的权利或者解除自己的股东资格发表意见，但应当回避表决，有关决议由其他股东所持表决权的半数以上通过。

十六、因股东与公司财产意志混同引发的诉讼

股东或者股东会是公司的决策者，有权决定公司的重大事项。但是股东在决策公司事项，处理公司事务时必须遵守法律、行政法规和公司章程，必须尊重公司意志和公司财产的独立性，否则就可能构成混同，就可能损害公司债权人的利益，就可能被法院判令对公司的债务承担连带责任。在许多情况下，混同不仅损害公司债权人的利益，也可能损害公司其他股东的利益。

1. 诉讼方案

（1）面对混同，公司债权人可以提起诉讼，被告为公司和构成混同的股东，诉讼请求为被告对公司负债承担连带清偿责任。

（2）面对混同，公司的其他股东可以提起诉讼，被告为构成混同的股东，公司为第三人，诉讼请求为停止混同并赔偿因混同给公司造成的损失。

2. 审判依据

《公司法》第二十条第一款规定：“公司股东应当遵守法律、行政法规和公司章程，依法行使股东权利，不得滥用股东权利损害公司或者其他股东的利益；不得滥用公司法人独立地位和股东有限责任损害公司债权人的利益。”

第三款规定："公司股东滥用公司法人独立地位和股东有限责任，逃避债务，严重损害公司债权人利益的，应当对公司债务承担连带责任。"

3. 问题讨论

（1）公司滥用股东权利的表现形式是什么

《全国法院民商事审判工作会议纪要》对这个问题的意见是，公司控股股东对公司过度支配与控制，操纵公司的决策过程，使公司完全丧失独立性，沦为控股股东的工具或躯壳，严重损害公司债权人利益的，应当否认公司人格，由滥用控制权的股东对公司债务承担连带责任。实践中常见的情形包括：

①母子公司之间或者子公司之间进行利益输送的；

②母子公司或者子公司之间进行交易，收益归一方，损失却由另一方承担的；

③先从原公司抽走资金，然后再成立经营目的相同或者类似的公司，逃避原公司债务的；

④先解散公司，再以原公司场所、设备、人员及相同或者相似的经营目的另设公司，逃避原公司债务的；

⑤过度支配与控制的其他情形。

控制股东或实际控制人控制多个子公司或者关联公司，滥用控制权使多个子公司或者关联公司财产边界不清、财务混同，利益相互输送，丧失人格独立性，沦为控制股东逃避债务、非法经营，甚至违法犯罪工具的，可以综合案件事实，否认子公司或者关联公司法人人格，判令其承担连带责任。

（2）股东滥用公司独立地位和股东有限责任，逃避债务的核心证据是什么

笔者认为，能够证明股东滥用公司法人独立地位和股东有限责任，逃避债务，损害债权人利益的核心证据，可以用来判定股东财产与公司财产的混同。股东向公司履行出资义务，尊重公司及公司财产的独立性是公司债权人给予公司股东有限责任的前提，两者的平衡也是公司企业制度赖以存在的基础。如果公司股东首先打破了这个平衡，法律就不得不收回给予公司股东的

有限责任的权利，以建立新的平衡。如此，只要有证据证明公司财产和股东财产是混同的，法院就应当判决股东对公司债务承担连带责任。前述规则的适用不论股东是自然人还是法人，不论公司是一人公司，是有限责任公司，还是股份公司。

（3）股东财产和公司财产混同的表现形式是什么

《全国法院民商事审判工作会议纪要》对此明确，认定公司人格与股东人格是否存在混同，最根本的判断标准是公司是否具有独立意思和独立财产，最主要的表现是公司的财产与股东的财产是否混同且无法区分。在认定是否构成人格混同时，应当综合考虑以下因素：

①股东无偿使用公司资金或者财产，不作财务记载的；

②股东用公司的资金偿还股东的债务，或者将公司的资金供关联公司无偿使用，不作财务记载的；

③公司账簿与股东账簿不分，致使公司财产与股东财产无法区分的；

④股东自身收益与公司盈利不加区分，致使双方利益不清的；

⑤公司的财产记载于股东名下，由股东占有、使用的；

⑥构成人格混同的其他情形。

在出现人格混同的情况下，往往同时出现以下混同：公司业务和股东业务混同；公司员工与股东员工混同，特别是财务人员混同；公司住所与股东住所混同。人民法院在审理案件时，关键要审查是否构成人格混同，而不要求同时具备其他方面的混同，其他方面的混同往往只是人格混同的补强。

十七、一人有限公司股东连带责任诉讼

一人有限公司是一种比较特殊的公司，虽然股东享受有限责任的法律待遇，但是如果公司不能偿还到期债务，债权人可以直接将公司和股东诉至法院，主张股东对公司的负债承担连带责任，在这种情况下，只有股东能够举证证明自己的财产和公司的财产是完全独立的，法律才会赋予股东有限责任

的待遇，否则股东将被推定连带责任。

1. **诉讼方案**

原告为债权人，被告为公司和股东，诉讼请求为股东连带偿还所欠债务。

2. **审判依据**

《公司法》第六十三条规定："一人有限责任公司的股东不能证明公司财产独立于股东自己的财产的，应当对公司债务承担连带责任。"

3. **相似判例**

（1）一人公司法人股东不能证明财产独立被判对公司债务承担连带责任。

案号：广东省高级人民法院（2018）粤01民终3562号

基本案情：原审原告黄某勇与逸豪公司订立承揽合同，为逸豪公司提供加工承揽服务，截至2016年10月12日，逸豪公司拖欠黄某勇货款77832元整。逸豪公司原股东原审被告柯保迪公司上诉，以2016年7月22日已将其持有的逸豪公司100%股权转让给案外人吴某洪、杨某华，其已不是逸豪公司股东为由，主张对涉案欠款不承担连带清偿责任。

争议焦点：柯保迪公司是否应对逸豪公司于2016年7月22日之前欠付黄某勇的债务承担连带清偿责任。

裁判要旨：法院认为，2016年7月22日前逸豪公司的性质为一人有限责任公司，其股东仅为柯保迪公司一人，根据《公司法》第六十三条"一人有限责任公司的股东不能证明公司财产独立于股东自己的财产的，应当对公司债务承担连带责任"的规定，现柯保迪公司未能证明在2016年7月22日前，逸豪公司的财产与其个人财产相互独立，因此一审法院判令柯保迪公司对2016年7月22日前逸豪公司与黄某勇之间既有欠条所载又有送货单证实的债务73033元承担连带责任，并无不妥，法院予以维持。

（2）因财产混同夫妻被判对公司债务承担连带责任。

案号：江西省金溪县人民法院（2018）赣1027民初489号

基本案情：被告陈某辉、李某华夫妻二人共同出资设立光华公司（有限责任公司），经营稻谷收购、加工、销售。光华公司向原告余某高收购粮食，但其一直拖欠合同约定的价款，原告遂诉至法院。

争议焦点：被告陈某辉、李某华作为公司股东是否应对此债务承担连带责任。

裁判要旨：陈某辉、李某华夫妻二人在经营光华公司过程中，将公司账户与个人账户通用，表现出公司与股东利益一体化，即公司与股东的收益没有区别，公司的盈利可以随意转化为股东的个人财产，构成公司财产与股东财产混同，致使公司财产不足以清偿公司债务，严重损害债权人的利益。根据《公司法》第二十条第三款的规定，滥用公司法人独立地位的股东陈某辉、李某华应当对光华公司的债务承担连带责任。

4. 问题讨论

（1）如何确定股东和公司财产混同案件的被告

股东和公司财产混同案件应当列公司和股东为共同被告，诉讼请求为被告对债务承担连带清偿责任。对于这个问题，《全国法院民商事审判工作会议纪要》明确，人民法院在审理公司人格否认纠纷案件时，应当根据不同情形确定当事人的诉讼地位：

①债权人对债务人公司享有的债权已经由生效裁判确认，其另行提起公司人格否认诉讼，请求股东对公司债务承担连带责任的，列股东为被告，公司为第三人；

②债权人对债务人公司享有的债权提起诉讼的同时，一并提起公司人格否认诉讼，请求股东对公司债务承担连带责任的，列公司和股东为共同被告；

③债权人对债务人公司享有的债权尚未经生效裁判确认，直接提起公司人格否认诉讼，请求公司股东对公司债务承担连带责任的，人民法院应当向

债权人释明，告知其追加公司为共同被告。债权人拒绝追加的，人民法院应当裁定驳回起诉。

（2）股东补充赔偿责任诉讼与股东公司财产混同诉讼的区别

第一，两者都以对公司享有有效到期债权为前提，如果公司没有负债既谈不上股东补充赔偿责任诉讼，也谈不上股东和公司财产混同诉讼；

第二，如果债权人与公司之间尚无有效的判决，两者都应当以公司和股东为共同被告，如果债权人与公司之间已有生效判决，两者都应当以股东为被告、以公司为第三人；

第三，股东补充赔偿责任诉讼以股东欠缴出资额或者抽逃出资的本息额和公司债务额中的低者为诉讼标的额，股东和公司财产混同诉讼的标的额以公司的债务额为准，前者是填补责任，后者是连带责任；

第四，因设立出资产生的股东补充赔偿责任，其他股东负连带责任，因增资出资产生的股东补充赔偿责任，负有责任的董事、高管承担相应责任，因抽逃产生的补充赔偿责任，协助的股东、实际控制人、董事、高管承担连带责任，而股东和公司财产混同的诉讼，只有混同的股东承担连带责任。

参考案例

1. 最高人民法院股东起诉股东未履行出资义务败诉判例

案号：（2014）民提字第170号

当事人信息：再审申请人（一审被告、二审上诉人）：（株）圃木园控股。住所地：大韩民国忠清北道阴城郡大所面三湖里×××。代表人：南某祐，该公司董事长。被申请人（一审原告、二审被上诉人）：上海福生豆制食品有限公司（以下简称福生公司）。住所地：中华人民共和国上海市刘场路××号。法定代表人：张某宝，该公司董事长。被申请人（一审原告、二审被上诉人）：上海市张某宝绿色食品发展有限公司（以下简称张某宝公司）。法定代表人：陈某翠，该公司董事长。一审第三人：上海圃园福生绿色食品有限公司（以下简称圃园福生公司）。住所地：中华人民共和国上海市嘉定工业区洪德路××××号第×幢。法定代表人：张某宝，该公司董事长。

审理经过：再审申请人（株）圃木园控股因与被申请人福生公司、张某宝公司，一审第三人圃园福生公司股东出资纠纷一案，不服上海市高级人民法院（以下简称上海高院）（2013）沪高民二（商）终字第36号民事判决，向最高人民法院申请再审。法院于2014年5月30日以（2014）民申字第384号民事裁定提审本案，并依法组成合议庭于2014年11月25日公开开庭对本案进行了审理。再审申请人（株）圃木园控股的委托代理人吴某敏，被申请人福生公司、一审第三人圃园福生公司的法定代表人张某宝，被申请人福生公司、张某宝公司和一审第三人圃园福生公司的共同委托代理人孙某楠、刘某鹏，到庭参加诉讼。本案现已审理终结。

法院查明：福生公司、张某宝公司未作书面答辩。本案再审庭审时，福生公司、张某宝公司共同称：合资公司并没有设立监事会。仲裁效力问题与本案没有关系，即使合资合同被终止，申请人的出资义务也是不能免除的。申请人讲的主要是所谓侵权的行为，可以通过其他案件作出认定，但不能作为不出资的理由。申请人所说的合资公司控制权在中方手里不成立，因为公司有关签章都在申请人手里。请求驳回（株）圃木园控股的再审申请。圃园福生公司同意福生公司、张某宝公司的意见。

法院认为：本案系出资纠纷。对于股东未按期缴纳出资的问题，我国公司法规定了股东有义务向公司足额缴纳，公司解散的，欠缴出资作为公司清算财产，并不免除股东的出资义务。《公司法解释（三）》第十三条第一款规定："股东未履行或者未全面履行出资义务，公司或者其他股东请求其向公司依法全面履行出资义务的，人民法院应予支持。"因此，（株）圃木园控股主张合资合同已被香港仲裁裁决解除，其履行最后一期出资义务已无实质意义的申请再审理由不能成立。福生公司、张某宝公司是以自己名义提起本案股东代表诉讼的。本案纠纷应适用我国《公司法》（2005年）第一百五十二条规定的股东代表诉讼的情形和条件，即有限责任公司的股东，可以书面请求监事会或者不设监事会的有限责任公司的监事向人民法院提起诉讼；还可以书面请求董事会或者不设董事会的有限责任公司的执行董事向人民法院提起诉讼；监事会、不设监事会的有限责任公司的监事，或者董事会、执行董事收到前款规定的股东书面请求后拒绝提起诉讼，或者自收到请求之日起三十日内未提起诉讼，或者情况紧急、不立即提起诉讼将会使公司利益遭受难以弥补的损害的，股东有权为了公司的利益以自己的名义直接向人民法院提起诉讼。第三款规定“他人侵犯公司合法权益，给公司造成损失的，本条第一款规定的股东可以依照前两款的规定向人民法院提起诉讼”。本案股东代表诉讼属于该条第三款规定的情形，但对于“他人”应当作狭义解释，即只有在不能通过其他途径获得救济的情况下，才能适用股东代表诉讼获得救济。股东代表诉讼制度的设置基础在于股东本没有诉权而公司又怠于行使诉权或者因情况紧急可能损害公司利益时，赋予股东代表公司提起诉讼的权利。当股东能够通过自身起诉的途径获得救济时，则不应提起股东代表诉讼，否则将有悖股东代表诉讼制度的设置意图。根据《公司法解释（三）》第十三条第一款的规定，福生公司、张某宝公司作为股东本身即享有诉权，而通过股东代表诉讼的后果，剥夺了另一方股东（株）圃木园控股反诉福生公司、张某宝公司履行出资义务的诉讼权利，因为其无法针对合资公司提起反诉，由此造成股东之间诉讼权利的不平等。因此，福生公司、张某宝公司无权提起本案股东代表诉讼，其起诉应予驳回。综上，本案一、二审判决适用法律不当，应予撤销。福生公司、张某宝公司无本案股东代表诉讼权利。最高人民法院依照《民事诉讼法》第一百一十九条、《民事诉讼法解释》第一百八十六条之规定，作出裁定。

判决结果：（1）撤销上海市第二中级人民法院（2011）沪二中民四（商）初字第55号民事判决、撤销上海市高级人民法院（2013）沪高民二（商）终字第36号民事判决；

（2）驳回福生公司、张某宝公司的起诉。本裁定为终审裁定。

2. 股东因未履行出资义务对公司债务承担补充赔偿责任判例

案号：上海市高级人民法院（2016）沪民终444号

当事人信息：上诉人（原审被告）：上海浦东江夏发展公司（以下简称江夏发展公司），住所地中华人民共和国上海市浦东新区。被上诉人（原审原告）：上海贞元投资管理有限公司（以下简称贞元投资公司），住所地中华人民共和国上海市金山区。原审被告：NYNORTHEASTTRADINGANDDEVELOPMENTCOMPANY，INC.（以下简称东北贸易公司），住所地××××02，USA。

审理经过：上诉人江夏发展公司因与被上诉人贞元投资公司及原审被告东北贸易公司股东损害公司债权人利益责任纠纷一案，不服中华人民共和国上海市（2014）沪一中民四（商）初字第S25号民事判决，向上海市高级人民法院（以下简称上海高院）提起上诉。法院于2016年10月26日立案受理后，依法组成合议庭于2017年5月31日公开开庭进行了审理。

江夏发展公司上诉请求：请求依法撤销（2014）沪一中民四（商）初字第S25号判决，并依法改判驳回江夏发展公司对东北贸易公司的债务承担连带赔偿责任的诉讼请求。

事实和理由：（1）一审判决适用法律有误，其认定《公司法解释（三）》第十三条之规定属于补缺性质的条款，不符合该条解释的立法本意。该条系对2005年《公司法》中未明确股东责任承担方式情况下要求相关公司股东承担连带责任的一种补充解释，是对未出资或未全面出资的股东在未出资本息范围内对公司债务不能清偿的部分承担补充赔偿责任，股东承担的不是对公司债权人的直接清偿责任，而是完成对公司的资本填补义务。（2）上海浦东新区梦中梦水乡俱乐部有限公司（以下简称梦中梦俱乐部）系设立于1994年12月31日的中外合资经营企业，而根据1993年《公司法》第十八条“外商投资的有限责任公司适用本法，有关中外合资企业……法律另有规定的，适用其规定”。由于考虑到中外合资经营的目的是吸引外方投资技术和资金，基于当时的社会条件，中方股东很难了解外方股东的资金背景，也没有法律依据去填补外方股东对于公司造成的损害和风险，故1990年《中外合资经营企业法》第四条第三款明确合营各方按注册资本比例分享利润和分担风险及亏损，1987年《中外合资经营企业法实施条例》第十九条第二款明确合营各方对合营企业的责任以各自认缴的出资额为限，应该适用《中外合资经营企业法》及其配套规定。梦中梦俱乐部的股东对公司责任的承担应当以各自认缴的出资额为限，并按注册资本比例分享利润、分担风险及亏损。（3）本案程序上存在严重瑕疵，根据江夏发展公司提供的新证据足以证明东北贸易公司已于1997年解散，不具备诉讼主体资格，一审应依职权查明东北贸易公司的承继主体并追加其参加诉讼，如经查明东北贸易公司主体不存在，二审理应对本案发回重审。综上，一审法院认定事实不清，适用法律错误，请求二审法院支持上诉请求。

贞元投资公司辩称：（1）根据《涉外民事关系法律适用法》第十四条的规定，法人及其分支机构的民事权利能力、民事行为能力、组织机构、股东权利义务等事项，适用登记地法律，东北贸易公司的登记地在美国纽约州，根据《美国纽约州公司法》第10章第1006款“公司在解散后，产生于公司解散直接的相应的救济不受公司解散的影响”。现江夏发展公司查明东北贸易公司1997年被美国法庭撤销经营权公告解散，主体资格不受解散行为影响，相当于国内企业吊销未注销的状态，其诉讼权利不受影响，一审程序上不存在瑕疵。（2）一审判决法律适用无误，江夏发展公司提出的本案应适用1990年《中外合资经营企业法》合营各方以各自认缴为限承担责任，这是公司设立后正常经营的风险负担问题，而不是资本充实义务项下的出资不实的责任承担问题，因《中外合资经营企业法》等没有涉及公司出资不实的规定，即应适用《公司法解释（三）》的相关规定。综上，一审法院查明事实清楚，适用法律正确，请求维持一审判决，驳回江夏发展公司全部上诉请求。

原审被告东北贸易公司未到庭陈述答辩意见。

贞元投资公司向一审法院起诉请求：（1）东北贸易公司对梦中梦俱乐部在（1997）沪一中经初字第1299号民事判决（以下简称1299号判决）中的

债务（本金人民币2100万元）承担补充赔偿责任；（2）江夏发展公司对上述债务承担连带赔偿责任。

一审法院查明：1998年6月，上海市第一中级人民法院（以下简称一中院）就中信银行上海分行诉梦中梦俱乐部借款合同纠纷一案作出1299号判决，判决梦中梦俱乐部在判决生效之日起10日内归还中信银行上海分行借款人民币2100万元并支付该款自1995年12月21日至贷款期满约定的利息及自贷款期满之日起至判决生效之日止中国人民银行规定的逾期利息。同年9月，中信银行上海分行申请强制执行。同年12月9日，因梦中梦俱乐部无可供执行的财产，一中院裁定1299号判决中止执行。

2011年，贞元投资公司与中信银行上海分行签订《单户债权转让协议》，约定中信银行上海分行将其对梦中梦俱乐部的上述案件中所涉借款合同项下未受偿债权及相关权利转让给贞元投资公司。2011年8月25日《文汇报》刊登了《债权转让暨债务催收公告》。

一审法院另查明，梦中梦俱乐部系中外合资经营有限责任公司，于1994年12月31日成立，注册资金为840万美元。1999年12月23日，该公司因未按规定申报年检，被吊销营业执照。梦中梦俱乐部章程载明其股东为江夏发展公司及东北贸易公司，其中江夏发展公司出资额为428.4万美元（以土地使用权作价110万美元，不足部分以人民币折合美元投入，占比51%），东北贸易公司出资额为411.6万美元（以美元现汇出资，占比49%），公司全部资本在取得营业执照后两年（分三期）内全部缴清，并聘请在中国注册的会计师验资，报工商管理部门。

1997年3月7日，上海新申会计师事务所出具新申委字（97）第03012号审计报告载明，其接受梦中梦俱乐部委托，对梦中梦俱乐部1996年12月31日的资产负债表进行审计，中方已分别于1995年7月21日和1995年8月15日投入人民币2500万元，折合2997602美元，占中方应出资428.4万美元的69.97%，外方资金尚未到位。梦中梦俱乐部《档案机读材料》显示，东北贸易公司未实缴出资。

一审法院裁判意见：本案系涉外股东损害公司债权人利益责任纠纷，贞元投资公司依据《公司法解释（三）》第十三条的规定，提起本案诉讼。依据《涉外民事关系法律适用法》第四十四条的规定，侵权责任，适用侵权行为地法律，但当事人有共同经常居所地的，适用共同经常居所地法律。侵权行为发生后，当事人协议选择适用法律的，按照其协议。江夏发展公司辩称本案应适用《中外合资经营企业法》的有关规定，即贞元投资公司和江夏发展公司均选择了中华人民共和国法律作为本案的准据法，而中外合资企业梦中梦俱乐部注册地是中国上海，侵权行为地位于中国上海，故本案准据法应为中华人民共和国法律。

争议焦点：①贞元投资公司依据《公司法解释（三）》第十三条的相关规定提起本案赔偿之诉，所涉债权是否超过诉讼时效？债权人追究债务人的股东出资不实的补充赔偿责任和发起人的连带赔偿责任是否应适用诉讼时效？②东北贸易公司是否出资并到位，应否承担出资不实的补充赔偿责任？③江夏发展公司对东北贸易公司的涉案债务是否承担连带赔偿责任？

关于争议焦点①，贞元投资公司从中信银行上海分行受让债权发生在2011年，此前该笔债权经强制执行，一中院出具了中止执行裁定，即系争债权处于中止执行状态。为债权转让通知一事，2011年8月25日，出让人中信银行上海分行在《文汇报》刊登了《债权转让暨债务催收公告》，履行了债权转让的通知程序。据此，贞元投资公司系合法受让债权，债权转让通知了债务人，且贞元投资公司受让的债权处于中止执行状态，未逾诉讼时效。基于公司的资本维持原则，《最高人民法院关于审理民事案件适用诉讼时效制度若干问题的规定》第一条第（三）项规定了基于投资关系产生的缴付出资请求权不适用诉讼时效抗辩。《公司法解释（三）》第十九条第二款规定："公司债权人的债权未过诉讼时效期间，其依照本规定第十三条第二款、第十四条第二款的规定请求未履行或者未全面履行出资义务或者抽逃出资的股东承担赔偿责任，被告股东以出资义务或者返还出资义务超过诉讼时效期间为由进行抗辩的，人民法院不予支持。"由于发起人的赔偿责任以其他股东存在出资不实的补充赔偿责任为前提，且两者之间系连带责任关系性质，因此对出资不实的补充赔偿责任不适用诉讼时效抗辩，对发起人的连带赔偿责任亦不适用诉讼时效抗辩。江夏发展公司有关贞元投资公司本案诉讼请求超过诉讼时效的抗辩，不符合《公司法解释（三)》的相关规定，一审法院不予采纳。

关于争议焦点②，梦中梦俱乐部章程规定公司资本在取得营业执照后两年（分三期）内全部缴清，东北贸易公司最迟应当于1997年1月1日前缴清出资。贞元投资公司为证明东北贸易公司出资未到位，提供了《审计报告》《年检报告书》等证据，东北贸易公司未出庭应诉，亦未提交书面答辩意见，视为其放弃抗辩。江夏发展公司对前述证据的真实性无异议，亦未提交反证证实东北贸易公司已出资。据此，贞元投资公司主张的东北贸易公司在合资公司章程规定的两年出资期间内未出资到位的事实成立，其依据《公司法解释（三)》第十三条第二款主张东北贸易公司对梦中梦俱乐部债务不能清偿的部分承担补充赔偿责任，理应支持。

关于争议焦点③，第一，《公司法》于2016年1月1日起施行。第二百一十七条规定："外商投资的有限责任公司和股份有限公司适用本法；有关外商投资的法律另有规定的，适用其规定。"《公司法解释（一)》第二条规定："因公司法实施前有关民事行为或者事件发生纠纷起诉到人民法院的，如当时的法律法规和司法解释没有明确规定时，可参照适用公司法的有关规定。"鉴于《中外合资经营企业法》及其配套规定中，并未涉及出资不实的股东对公司的债权人承担补充赔偿责任以及其余发起人股东的连带赔偿责任的相关规定，因此本案处理可适用《公司法》及其配套规定。第二，《公司法解释（三)》于2011年2月16日施行，其中第十三条属于补缺性质的条款，即该条是在原来没有相关法律规定的基础上制定而填补已有的立法空白，此时应当适用或者参照适用新法。第三，依据现有证据，东北贸易公司对梦中梦俱乐部的出资状况在此司法解释实施前后并没有发生过变化。据此，贞元投资公司得依《公司法解释（三)》第十三条的相关规定，提起本案诉请，且具备相关法律依据，应予支持。另，根据连带责任内部求偿原理，公司设立时的股东承担责任后，可以向未履行或未全面履行出资义务的股东追偿。

综上所述，一审法院依照《公司法》第二百一十七条，《公司法解释(一)》第二条，《公司法解释（三)》第十三条第二款和第三款、第十九条第二款，《民事诉讼法》第一百四十四条之规定，判决：（1）东北贸易公司应于判决生效之日起10日对梦中梦俱乐部在（1997）沪一中经初字第1299号民事判决书中的债务本金人民币2100万元不能清偿的部分承担补充赔偿责任；(2）江夏发展公司对前述第一项中东北贸易公司的债务承担连带赔偿责任；江夏发展公司承担责任后，有权向东北贸易公司追偿。一审案件受理费人民币146800元及财产保全费人民币5000元，合计人民币151800元，由东北贸易公司及江夏发展公司各半负担。

上海高院在二审期间，当事人围绕上诉请求依法提交了证据。法院组织当事人进行了证据交换和质证。

江夏发展公司二审期间提交证据如下：

①纽约州州务院公司处“公司和企业实体数据库”中调取的东北贸易公司目前的状态信息及中文翻译件，证明东北贸易公司已于1997年9月24日解散，不具有诉讼主体资格。

②美国律师法律意见书，证明一审开庭传票、判决书、上诉状及二审诉讼资料的送达地址系纽约州的Rice、Reid、Broderick&Wattengel律所，因该地址系由该公司为非常有限之目的提交纽约州务厅，提交的时间很可能是1993年其成立之时，东北贸易公司已于1997年司法解散，故该地址不应视为东北贸易公司接受诉讼材料的合法有效地址。且上述材料的送达程序不符合《海牙送达公约》的规定，存在重大瑕疵，对东北贸易公司不构成有效送达。

贞元投资公司发表质证意见如下：对证据①真实性无异议，但对其证明目的有异议，根据美国纽约州公司法第10章第1006款，公司在解散后，主体诉讼资格不受影响。对证据②真实性认可，但证明目的不予认可，本案一、二审诉讼材料均系合法有效的送达，律所既然作为东北贸易公司的报备地址即应认定有效。

法院对上述证据认证如下：对江夏发展公司提供的证据材料①，因该证据已经公证认证，且贞元投资公司对真实性无异议，故法院对美国纽约州州务院公司处出具的东北贸易公司目前“无经营活动状态——通过公告解散/被撤销经营权”的信息真实性予以认可，对于该证据材料的证明目的不予认可；对江夏发展公司提供的证据材料②，因贞元投资公司对真实性无异议，故法院认可该法律意见书的真实性。该意见书针对东北贸易公司的送达情况发表的意见因缺乏事实依据法院不予采信，该证据的证明目的法院不予认可。

上海高院另查明，东北贸易公司于1997年9月24日解散，纽约州公司数据库显示，该公司收取法律文书的地址为：由Rice、Reid、Broderick&Wattengel转交，纽约州尼亚加拉瀑布市，MPOBOX219，邮编：14302。

上海高院经审理查明，一审法院认定的事实属实。

二审法院认为，本案二审争议焦点为：(1)东北贸易公司是否具有诉讼主体资格？对东北贸易公司的送达程序是否合法有效？(2)本案应否适用《公司法解释（三）》第十三条的法律规定？江夏发展公司是否应对东北贸易公司的涉案债务承担连带赔偿责任？

对争议焦点(1)，对于东北贸易公司是否具有诉讼主体资格的问题，在2017年9月29日双方质证谈话中，江夏发展公司明确表示根据美国纽约州相关法律，公司解散状态不影响诉讼主体资格，放弃其上诉理由中提出的该项异议，故法院对东北贸易公司在本案的诉讼主体资格不再审查，并予以确认。鉴于江夏发展公司在该次谈话中根据其提交的美国律师的法律意见书提出本案一、二审程序中对东北贸易公司的送达程序不符合《海牙送达公约》及纽约州的相关法律规定，具有重大瑕疵。经审查，本案一审法院已按照东北贸易公司在纽约州公司数据库报备的地址对应诉材料进行了涉外委托送达，并根据反馈情况对判决书及上诉状进行了公告送达，上述程序符合按照《海牙送达公约》规定及最高人民法院有关涉外送达的实施细则规定，应属合法有效。现江夏发展公司虽对接收应诉材料的律所地址是否有合法授权以及是否实际送达给东北贸易公司提出异议，但其并未提出东北贸易公司更换过其他报备地址，故其该项主张法院不予支持，本案送达程序合法有效。

对争议焦点（2），江夏发展公司认为中外合资经营企业的股东出资责任和风险分担的规定与公司法存在重大差异。中外合资企业的合营各方系按照注册资本比例分担风险，并且系以各自认缴的出资额为限对合营企业承担责任，而公司法对于内资企业股东的出资责任和风险分担并没有区分“各自”，故应当探求立法本意。此外，在没有明确的法律依据去填补外方股东违约对于公司造成的损害和风险，强制要求中方股东承担连带责任，加重中方股东的责任，且中方企业现在向外方股东行使追偿权亦面临重大障碍，有违公平原则。对此，法院认为，首先，《中外合资经营企业法》和《中外合资经营企业法实施条例》没有涉及出资不实的股东对公司债权人承担补充赔偿责任以及其余发起人股东的连带赔偿责任的相关规定，江夏发展公司主张的合营各方按注册资本比例分享利润和分担亏损系指合营各方的内部权利义务分配事宜，属公司运营过程中产生的债务承担问题，与本案所涉因注册资本出资不实而需承担的对外法律责任并不相同。由于《公司法解释（三）》第十三条在原来立法空白的基础上规定了发起人的资本充实义务，贞元投资公司诉请具有明确的法律依据，一审法院适用或参照适用新法的观点并无不当。其次，江夏发展公司主张应结合1994年12月31日梦中梦俱乐部设立之时，设立外资企业主要为吸引外方投资技术和资金的经济发展背景来理解，认为梦中梦俱乐部属于纯粹的资合性质，不应对中方股东科以较重的注意义务。《中外合资经营企业法实施条例》第十六条第一款已明确合营企业采取有限责任公司形式，故江夏发展公司主张适用第十六条第二款中外合资双方应以出资额为限各自承担对合营企业的责任，实质上系对合营各方有限责任的进一步解释。值得注意的是，我国公司法律制度始终处于不断补充完善的过程中，虽以股东的有限责任制为基本责任形式，但并非以牺牲债权人为代价的制度。有限责任制与资本充实责任制同属现代公司制度的两大原则，无论公司性质是内资还是外资，公司股东要享有有限责任，即必须承担资本充实责任，才能真正体现权利与义务统一，故东北贸易公司在合资公司章程规定的两年出资期限内未出资的事实成立，理应对梦中梦俱乐部债务不能清偿的部分承担补充赔偿责任，江夏发展公司据此需承担连带赔偿责任，上述责任负担并不违背公平原则。

综上所述，江夏发展公司的上诉请求不能成立，应予驳回；一审判决认定事实清楚，适用法律正确，依法应予维持。依照《民事诉讼法》第一百七十条第一款第（一）项之规定，判决如下：

驳回上诉，维持原判。

第四章　关于损害公司利益赔偿责任的诉讼

公司利益是股东权益的源泉。接受股东的委托为股东的利益来运营公司的资产，这是公司董事、监事、高管的职责所在。但是公司利益反而可能受到公司董事、监事、高管的损害，也可能受到公司个别股东的损害，还可能受到其他主体的损害。当公司利益受到损害时，公司应当依法维护自己的利益，包括通过诉讼寻求救济，维护公司的利益。如果公司不提起诉讼，在特定情况下，公司的董事会或者董事、监事会或者监事可以提起诉讼，公司的股东也可以提起股东代表诉讼。

关于损害公司利益赔偿责任纠纷案件，法律、法规和司法解释没有对管辖和时效作出特别约定，因此，管辖按照民法总则和侵权责任法规定由侵权行为地和被告所在地法院管辖；时效按照一般民事案件诉讼时效为 3 年的规定。但是应当注意，涉及撤销公司决议的时效为 60 天，涉及公司决议不成立的时效为 3 年，涉及公司决议无效的为无期限，涉及相关合同无效的为无期限，涉及撤销相关合同的时效为 1 年。

本章我们讨论关于损害公司利益赔偿责任的各种诉讼。

一、对董事、高管受贿或者侵占公司财产提起的诉讼

公司的董事、高级管理人员是受托经营管理公司财产的人，他们应当遵守法律、行政法规和公司章程，对股东和公司尽忠实勤勉的义务。如果董事、高管利用职权收受贿赂或者侵占公司的财产或者损害公司的权益，那么公司可以

向公安机关报案，股东也可以向公安机关报案。在刑事审判的同时公司可以提起相关的附带民事诉讼，股东也可以提起附带民事股东代表诉讼。

1. 诉讼方案

（1）公司提起诉讼的，以受贿或者侵占公司财产的董事、高管为被告，诉讼请求为赔偿因董事、高管违法行为给公司造成的损失或者返还侵占的财物。视其情况，公司既可以提起刑事诉讼中的附带民事诉讼，也可以提起独立的民事诉讼。

（2）如果董事、高管实施了受贿或者侵占公司财产的行为，公司不起诉的，监事会或者不设监事会的监事可以提起诉讼，监事会或者监事可以主动提起诉讼，也可依公司股东的请求提起诉讼，被告和诉讼请求同上。

（3）公司股东在履行了《公司法》第一百五十一条规定的前置程序后也可以提起诉讼，被告和诉讼请求同上。但股东提起的是股东代表诉讼，应当列公司为第三人，由公司享有胜诉利益。

2. 审判依据

《公司法》第一百四十七条第一款规定："董事、监事、高级管理人员应当遵守法律、行政法规和公司章程，对公司负有忠实义务和勤勉义务。"第二款规定："董事、监事、高级管理人员不得利用职权收受贿赂或者其他非法收入，不得侵占公司的财产。"

《公司法解释（四）》第二十三条第一款规定："监事会或者不设监事会的有限责任公司的监事依据公司法第一百五十一条第一款规定对董事、高级管理人员提起诉讼的，应当列公司为原告，依法由监事会主席或者不设监事会的有限责任公司的监事代表公司进行诉讼。"

《公司法解释（四）》第二十四条规定："符合公司法第一百五十一条第一款规定条件的股东，依据公司法第一百五十一条第二款、第三款规定，直接对董事、监事、高级管理人员或者他人提起诉讼的，应当列公司为第三人参加诉讼。一审法庭辩论终结前，符合公司法第一百五十一条第一款规定条件的其他股东，以相同的诉讼请求申请参加诉讼的，应当列为共同原告。”

《公司法解释（四）》第二十五条规定：“股东依据公司法第一百五十一条第二款、第三款规定直接提起诉讼的案件，胜诉利益归属于公司。股东请求被告直接向其承担民事责任的，人民法院不予支持。”

3. 相似判例

（1）董事高管对公司不尽忠实勤勉义务法院判令赔偿。

原告系一家合资企业，2005年3月8日，被告薛某作为原告董事被聘为总经理。2006年7月27日，原告拟向交行北京分行申请4000万元贷款，以偿还于2006年8月3日到期的该行等额借款，该事宜已取得包括被告在内的全体董事一致同意，并形成了董事会决议。原告制作了《不可撤销承诺函》，并签署了《借款合同》和《抵押合同》。2006年7月30日，被告因股东利益冲突的问题，私自藏匿上述文件，原告董事长邓某曾发送召开紧急董事会的通知，但包括被告在内的三名中方董事均未出席董事会，致使银行因原告逾期还款而加收罚息、强制扣收贷款、限制原告对外支付款项。2007年7月31日，被告被公司董事长停职。原告认为被告的行为给原告造成了巨额经济损失，故诉至法院要求被告赔偿原告各项经济损失。北京市东城区人民法院经审理认为，本案被告作为原告的总经理，应按公司章程的规定，直接对董事会负责，执行董事会的各项决定。被告未按董事会的指示，将董事会决议及其他文件送交交行北京分行，原告又无其他救济途径，致使交行北京分行对原告逾期还款加收罚息和复利，并通过诉讼向原告主张权利，由此给原告造成的支付复利及支付诉讼费等经济损失，应由被告承担赔偿责任。遂依照《公司法》第一百四十八条第一款、第一百五十条的规定，判决被告薛某赔偿原告经济损失。宣判后，薛某提出上诉，二审判决驳回上诉，维持原判，本案现已发生法律效力。

（2）法定代表人私占公司印鉴、证照，法院判令返还。

基本案情：原告王某某（××咨询有限公司总经理）诉称：2000年11月，其与被告李某某（该公司执行董事）共同出资成立北京××咨询有限公司（本案第三人），被告李某某任法定代表人，其任总经理。2001年5月开始经营公司。自2002年6月至同年12月31日，被告违反公司章程的规定，委托其夫黄某先后从公司强行拿走法人代表及公司印章、营业执照、记账凭证、激光打印机等财物，删除公司电脑中的公司业务指导文件等，其行为严重侵害了公司利益。现要求被告停止侵害行为，返还强行拿走的公司财物，赔偿公司经济损失174000元，并负担诉讼费。

原告王某某在庭审中提交四份证据，以证明其诉讼事实：①本公司营业执照、章程及工商登记档案复印件一套；②黄某在2002年9月3日出具的借条一张；③黄某在2002年12月20日出具的一张借条；④原告在2002年12月24日出具的收条复印件一份。

被告李某某辩称：因我看到公司财务管理混乱，为维护公司和股东的利益，我才委托黄某收回公司公章、营业执照等财物。关于删除计算机文件一事，黄某删除的只是个人文件，我没有实施侵害公司利益的行为，不同意原告的诉讼请求。

被告李某某在庭审中提交五份证据，以证明原告王某某诉讼不成立：①原告王某某2002年9月在丰台区人民法院起诉时的起诉书；②公司的工商档案资料一套；③被告提交的股东会纪要、独立经营方案书、股权分配协议书各一份；④被告提交的财产清单一份；⑤被告提交的证明。

第三人辩称：原告所诉行为系黄某的个人行为，与被告无关，且原告没有证据证明损失的存在及所诉行为与损失的关联性，故不同意原告的诉讼请求。但在庭审中未能举证。

法院查明和认定的事实：一审法院根据双方提供的证据认定了第三人北京××咨询有限公司为原告王某某与被告李某某共同出资，2000年11月1日，经核准成立，并经董事会选举，被告李某某任法定代表人，原告王某某任总经理。公司次年5月开始正式经营。自2002年6月，双方因经营问题发生矛盾。被告李某某先后委托其夫黄某分别于2002年6月、8月、9月和12月31日，从公司取走公司公章一枚、钢印一枚、惠普激光打印机一台、营业执照（正、副本）一套、税务登记证（正本）一个、发票证一本、发票一本、转账支票一本（其中包括已开好的面额为13000元和6000元的转账支票各一张）、现金支票一本、法人名章一枚、内部核算用现金账一本、合同台账一本、银行存款账一本、现金日记账一本、总分类账一本、明细账一本、2002年5月至11月记账凭证七本、公司对日照三银、永发石材、裕伟花生和北京延红四个企业的咨询工作记录四份至今未予归还。法院审理中，追加北京××咨询有限公司为第三人参加诉讼。

裁判结果：法院审理后认为，被告李某某因公司经营问题与股东（原告王某某）发生矛盾后，取走公司财物，至今未予归还，给公司的正常经营造成一定影响，其行为已构成对公司利益的损害，故被告应停止侵害，返还从公司取走的财物。被告李某某及第三人在答辩状和法庭陈述中，承认黄某取走公司财物的行为系受被告李某某委托而实施，故被告及第三人关于该行为系黄某个人行为，与被告无关的答辩意见，不能成立。原告王某某请求判令被告李某某赔偿公司经济损失174000元，因未能提供相应的证据，法院不予支持。故判决：被告李某某返还给第三人北京××咨询有限公司委托黄某取走的一切公司财物。

二、对监事受贿或者侵占公司财产提起的诉讼

监事是受托股东委托监督公司董事、高管依法和公司章程履职的人，他们应当遵守法律、行政法规和公司章程，对股东和公司尽到忠实勤勉的义务。如果监事利用职权收受贿赂或者侵占公司的财产或者损害公司的权益，公司可以向公安机关报案，股东也可以向公安机关报案。在刑事审判的同时公司可以提起相关的附带民事诉讼，股东也可以提起附带民事股东代表诉讼。

1. 诉讼方案

（1）公司提起诉讼的，以受贿或者侵占公司财产的监事为被告，诉讼请求为赔偿因监事违法行为给公司造成的损失或者返还侵占的财物。此时视案件的具体情况，公司既可以提起刑事诉讼中的附带民事诉讼，也可以提起独立的民事诉讼。

（2）如果监事实施了受贿或者侵占公司财产的行为，公司不起诉的，董事会或者不设董事会的董事可以提起诉讼，董事会或者董事可以主动提起诉讼，也可依公司股东的请求提起诉讼，被告和诉讼请求同上。

（3）公司股东在履行了《公司法》第一百五十一条规定的前置程序后也可以提起诉讼，被告和诉讼请求同上。但股东提起的是股东代表诉讼，应当列公司为第三人，由公司享有胜诉利益。

2. 审判依据

《公司法》第一百四十七条第一款规定：“董事、监事、高级管理人员应当遵守法律、行政法规和公司章程，对公司负有忠实义务和勤勉义务。”第二款规定：“董事、监事、高级管理人员不得利用职权收受贿赂或者其他非法收入，不得侵占公司的财产。”

《公司法解释（四）》第二十三条第一款规定：“监事会或者不设监事会的有限责任公司的监事依据公司法第一百五十一条第一款规定对董事、高级管理人员提起诉讼的，应当列公司为原告，依法由监事会主席或者不设监事会的有限责任公司的监事代表公司进行诉讼。”

《公司法解释（四）》第二十四条第一款规定：“符合公司法第一百五十一条第一款规定条件的股东，依据公司法第一百五十一条第二款、第三款规定，直接对董事、监事、高级管理人员或者他人提起诉讼的，应当列公司为第三人参加诉讼。”第二款规定：“一审法庭辩论终结前，符合公司法第一百五十一条第一款规定条件的其他股东，以相同的诉讼请求申请参加诉讼的，应当列为共同原告。”

三、对董事、高管为法律或公司章程禁止行为提起的诉讼

为了规范公司董事和高级管理人员的行为，《公司法》第一百四十八条规定了八项董事、高管不得为的行为。从实务来看，许多公司章程还另外规定了公司董事、高管不得为的行为。如果公司的董事、高管违反了这些规定，或者给公司造成了损失或者取得了不应得的收入，公司可以对相关董事、高管提起诉讼，股东也可以对相关董事、高管提起代表诉讼。

1. 诉讼方案

（1）公司提起诉讼的，以作出法律或者公司章程禁止行为的董事、高管为被告，诉讼请求为停止相关行为，如果被告的行为已经给公司造成了损失，则以停止相关行为赔偿公司损失为诉讼请求，如果董事、高管因相关行为取得了收入，则诉讼请求增加相关收入给付公司。

（2）在公司不起诉的情况下，监事会或者不设监事会的有限责任公司的监事也可以提起诉讼，监事会或者监事可以主动提起诉讼，可以应公司股东的请求提起诉讼，被告和诉讼请求同上。

（3）公司股东在履行《公司法》第一百五十一条规定的前置程序后可以提起股东代表诉讼，被告和诉讼请求同上。但股东提起的是代表诉讼，应当列公司为第三人，胜诉利益归公司享有。

2. 审判依据

《公司法》第一百四十八条规定：“董事、高级管理人员不得有下列行为：

“（一）挪用公司资金；

“（二）将公司资金以其个人名义或者以其他个人名义开立账户存储；

“（三）违反公司章程的规定，未经股东会、股东大会或者董事会同意，

将公司资金借贷给他人或者以公司财产为他人提供担保；

“（四）违反公司章程的规定或者未经股东会、股东大会同意，与本公司订立合同或者进行交易；

“（五）未经股东会或者股东大会同意，利用职务便利为自己或者他人谋取属于公司的商业机会，自营或者为他人经营与所任职公司同类的业务；

“（六）接受他人与公司交易的佣金归为己有；

“（七）擅自披露公司秘密；

“（八）违反对公司忠实义务的其他行为。

“董事、高级管理人员违反前款规定所得的收入应当归公司所有。”

《公司法解释（四）》第二十三条规定：“监事会或者不设监事会的有限责任公司的监事依据公司法第一百五十一条第一款规定对董事、高级管理人员提起诉讼的，应当列公司为原告，依法由监事会主席或者不设监事会的有限责任公司的监事代表公司进行诉讼。

“董事会或者不设董事会的有限责任公司的执行董事依据公司法第一百五十一条第一款规定对监事提起诉讼的，或者依据公司法第一百五十一条第三款规定对他人提起诉讼的，应当列公司为原告，依法由董事长或者执行董事代表公司进行诉讼。”

《公司法解释（四）》第二十四条规定：“符合公司法第一百五十一条第一款规定条件的股东，依据公司法第一百五十一条第二款、第三款规定，直接对董事、监事、高级管理人员或者他人提起诉讼的，应当列公司为第三人参加诉讼。一审法庭辩论终结前，符合公司法第一百五十一条第一款规定条件的其他股东，以相同的诉讼请求申请参加诉讼的，应当列为共同原告。”

《公司法解释（四）》第二十五条规定：“股东依据公司法第一百五十一条第二款、第三款规定直接提起诉讼的案件，胜诉利益归属于公司。股东请求被告直接向其承担民事责任的，人民法院不予支持。”

3. 相似判例

董事、高管自我交易合同无效判例。

基本案情：上诉人D因董事、高管损害公司利益纠纷一案，不服广东省佛山市三水区人民法院（2006）三法民二初字第124号民事判决，向法院提起上诉。法院受理后，依法组成合议庭审理了本案。现已审理终结。

原审判决认定：被告D系原告A公司股东兼董事，在原告处担任经理职务并负责日常经营管理工作。2004年5月20日，原告A公司向国家工商行政管理总局商标局申请“帝壹”商标注册。2004年11月24日，被告D以原告名义与自己签订“帝壹”注册商标转让申请协议，将该商标申请权转让于自己，该转让协议未经原告A公司股东会决议同意。原告与被告D之间除这份《转让申请/注册商标申请书》外并无其他转让协议。2005年3月18日，被告D将其股权转让给原告另一股东H。2005年5月10日，国家工商行政管理总局商标局核准该商标申请完成转让。被告商标代理有限公司与被告D之间存在商标代理关系。

原审判决认为：本案案由初定为商标权转让合同纠纷。经审查，本案争议部分并不涉及商标权益的实质内容，争议内容在于公司的股东、董事行为是否损害公司利益，人民法院依法变更案由为董事、高管损害公司利益纠纷。原告公司章程明确规定：“执行董事、总经理除公司章程规定或者股东会同意外，不得同本公司订立合同或进行交易”。《公司法》（2004年修正）第六十一条第二款亦明确规定：“董事、经理除公司章程规定或者股东会同意外，不得同本公司订立合同或者进行交易。”

《转让申请/注册商标申请书》上转让方为原告，并加盖有原告的公章，受让方系被告D，有被告签名，因双方并无其他转让合同，该《转让申请/注册商标申请书》实际上即为一份转让协议。被告D作为原告的股东兼董事，并在原告A公司担任经理职务，负责原告日常管理工作，其与公司之间订立注册商标转让申请协议，且该转让行为原告未有任何收益，该协议违反国家法律强制性规定，当属无效。

原告同时诉请判令两被告撤回《转让申请/注册商标申请书》，原告既已诉请法院判令《转让申请/注册商标申请书》无效，再诉请判令两被告撤回该申请书并无实际意义。商标局对注册商标申请或转让行为是否核准，属行政管理职权范围内事务，非本案民事诉讼所能涉及，原告可在本案民事诉讼部分生效后，依法定程序向有关职能部门另行要求予以处理。

综上并依照《合同法》第五十二条第（五）项、《公司法》（2004年修正）第六十一条第二款的规定，判决：（1）被告D与原告A公司之间所订立的《转让申请/注册商标申请书》无效；（2）驳回原告A公司其他诉讼请求。

上诉人D不服一审判决，向人民法院提起上诉称：（1）本案一审程序违法，应由广东省佛山市中级人民法院审理。第一，一审法院对于上诉人的管辖权异议应当作出裁定，不应以违法通知书代替裁定书。第二，本案不是普通民事纠纷，而是涉及知识产权的纠纷，一审应由中级以上人民法院管辖。故本案应撤销一审判决，移送佛山市中级人民法院审理。（2）在诉讼程序上，本案属于行政诉讼，而非民事诉讼。（3）“帝壹”商标从无到有，由上诉人D一手经营和策划，双方注册申请转让行为经股东会同意，是被上诉人真实意思表示，应为合法。申请书由于不需要法定代表人的签名，所以没有法定代表人的签名，但却是被上诉人的真实意思表示。上诉人所受让的不是被上诉人的知识产权，而是商标注册申请行为，没有损害被上诉人的法人财产权。综上，请求：①撤销原审判决。②驳回被上诉人的全部诉讼请求。③本案全部诉讼费由被上诉人承担。

被上诉人A公司答辩称：（1）本案属民事诉讼，诉讼主体为民事主体。本案并不涉及商标注册的事项范围，与行政机关没有关系。（2）本案不属知识产权案件，无涉及商标权的内容，仅是普通民事案件。（3）上诉人在一审时超过答辩期提出管辖权异议，一审法院对该异议的处理是妥当的。综上，被上诉人认为一审认定事实清楚，适用法律正确，请求二审法院驳回上诉，维持原判。

原审被告商标代理有限公司二审期间未作答辩。

上诉人D、被上诉人A公司、原审被告商标代理有限公司二审期间均未向人民法院提交新的证据。

经审查，二审人民法院对原审判决认定的事实予以确认。

二审人民法院认为：本案上诉争议焦点系原审法院对本案是否具有管辖权、本案是否属于民事诉讼、上诉人对“帝壹”商标申请的受让行为是否有效的问题。首先，《民事诉讼法》第三十八条（1991年）的规定：“人民法院受理案件后，当事人对管辖权有异议的，应当在提交答辩期间提出……”。本案中，原审法院于2006年1月16日向上诉人送达了本案应诉通知书，故上诉人的答辩期间应于2006年1月31日届满，加上法定节假日春节的顺延，上诉人的答辩期间实际于2006年2月5日届满，而上诉人于2006年2月13日向原审法院提出管辖权异议申请，已经超过了法定期间，据此，由于上诉人管辖权异议申请并未经法院实体审理，故原审法院以通知书形式向上诉人予以告知符合法律规定。上诉人该项上诉主张缺乏法律依据，人民法院不予支持。其次，本案案由系董事、经理损害公司利益纠纷，属于一般民事侵权范畴，其并不涉及任何行政机关的具体行政行为，不属于行政诉讼的范围，故上诉人主张本案应为行政诉讼案件的主张缺乏法律依据，人民法院不予支持。最后，关于上诉人对“帝壹”商标申请的受让行为是否有效的问题。根据《公司法》（2004年修正）第六十一条第二款的规定：“董事、经理除公司章程规定或者股东会同意外，不得同本公司订立合同或者进行交易。”本案中，上诉人于其担任被上诉人公司股东及经理期间，与自己所任职的公司订立《转让申请/注册商标申请书》，违反了上述法律规定，其受让行为应属无效。上诉人的该项上诉请求缺乏法律依据，人民法院不予支持。综上，原审判决认定事实清楚，适用法律正确，应予维持。

四、对股东损害公司利益提起的诉讼

股东是公司的投资者和受益者，股东应当像维护自身利益一样维护公司的利益，但是当公司有两个以上股东时，公司的利益与股东自身的利益就会有差异，个别股东特别是公司的控股股东就可能以损害公司利益的方法牟取私利。根据《公司法》的规定，股东对公司享有各项权利，股东无论持股多少，在行使权利处理公司事务的过程中，都应当遵守法律、行政法规和公司章程，否则给公司利益造成损失的，应当依法赔偿公司的损失。注意这里说的是直接给公司利益造成了损失，不是直接给股东利益造成了损失，直接给股东利益造成损失的，由股东提起自益诉讼，不是本章讨论的内容。面对股东对公司的违法损害，公司可以提起诉讼，公司不起诉的，董事会或者董事、监事会或者监事可以提起诉讼，董事会或者董事、监事会或者监事不提起诉讼的股东可以提起代表诉讼。

1. 诉讼方案

（1）公司可以提起诉讼，以实施违法损害行为的股东为被告，以停止损害行为、赔偿因损害行为给公司造成的损失为诉讼请求。

（2）董事会或者董事、监事会或者监事可以提起诉讼，被告和诉讼请求与上相同。相关诉讼列公司为原告，胜诉利益由公司享有。董事会或者董事、监事会或者监事可以自行提起该类诉讼，也可以应股东的请求提起该类诉讼。

（3）其他股东可以提起股东代表诉讼，被告与诉讼请求同上。股东提起股东代表诉讼的，要列公司为第三人，胜诉利益归公司享有。另外，股东提起此类股东代表诉讼要履行必要的前置程序。

2. 审判依据

《公司法》第二十条第一款规定：“公司股东应当遵守法律、行政法规和公司章程，依法行使股东权利，不得滥用股东权利损害公司或者其他股东的利益；不得滥用公司法人独立地位和股东有限责任损害公司债权人的利益。”第二款规定：“公司股东滥用股东权利给公司或者其他股东造成损失的，应当依法承担赔偿责任。”

《公司法》第一百五十一条第一款规定：“董事、高级管理人员有本法第一百四十九条规定的情形的，有限责任公司的股东、股份有限公司连续一百八十日以上单独或者合计持有公司百分之一以上股份的股东，可以书面请求监事会或者不设监事会的有限责任公司的监事向人民法院提起诉讼；监事有本法第一百四十九条规定的情形的，前述股东可以书面请求董事会或者不设董事会的有限责任公司的执行董事向人民法院提起诉讼。”第二款规定：“监事会、不设监事会的有限责任公司的监事，或者董事会、执行董事收到前款规定的股东书面请求后拒绝提起诉讼，或者自收到请求之日起三十日内未提起诉讼，或者情况紧急、不立即提起诉讼将会使公司利益受到难以弥补的损害的，前款规定的股东有权为了公司的利益以自己的名义直接向人民法院提起诉讼。”《公司法》第一百五十一条第三款规定：“他人侵犯公司合法权益，给公司造成损失的，本条第一款规定的股东可以依照前两款的规定向人民法院提起诉讼。”

《公司法解释（四）》第二十四条第一款规定：“符合公司法第一百五十一条第一款规定条件的股东，依据公司法第一百五十一条第二款、第三款规定，直接对董事、监事、高级管理人员或者他人提起诉讼的，应当列公司为第三人参加诉讼。”第二款规定：“一审法庭辩论终结前，符合公司法第一百五十一条第一款规定条件的其他股东，以相同的诉讼请求申请参加诉讼的，应当列为共同原告。”

《公司法解释（四）》第二十五条规定：“股东依据公司法第一百五十一条第二款、第三款规定直接提起诉讼的案件，胜诉利益归属于公司。股东请求被告直接向其承担民事责任的，人民法院不予支持。”

《公司法解释（四）》第二十六条规定：“股东依据公司法第一百五十一

条第二款、第三款规定直接提起诉讼的案件，其诉讼请求部分或者全部得到人民法院支持的，公司应当承担股东因参加诉讼支付的合理费用。”

3. 相似判例

（1）对损害公司利益的股东提起的股东代表诉讼

原告林某和被告××科技公司都是北京某智能卡公司的股东，分别持有公司15%和35%的股权。2002年底，智能卡公司被工商行政管理机关吊销营业执照。2003年，林某提起清算之诉。2004年10月，北京市第一中级人民法院判决林某与××科技公司及其他两股东共同对智能卡公司进行清算。

该案在执行过程中，海淀区法院委托会计师事务所对智能卡公司2001年3月26日的资产负债表及成立以来的收支情况进行了审计认定，会计师事务所做出审计报告，认为××科技公司占用智能卡公司资金170万元，且智能卡公司因违规事宜已支付的19.44万余元应从责任人××科技公司处收回。另，2002年10月，某会计师事务所受智能卡公司另一股东委托，对智能卡公司成立以来的收支情况进行了审计核实，发现其在1999年10月8日，即有智能卡公司的入资款转付××科技公司170万元，形成其他应收款。林某在得知该情况后，于2002年11月6日曾向××科技公司发函，要求妥善解决智能卡公司注册资金170万元被抽逃等事宜。

诉讼中××科技公司辩称，在2002年11月6日林某即已发现了××科技公司收回借款170万元的问题，本案诉讼时效应从2002年11月6日起算，现已过两年的诉讼时效期间，请求法院驳回林某的诉讼请求。

法院经审理认为，本案类型为股东代表诉讼，针对的是侵犯公司利益的行为，而这种侵犯利益行为的主体除董事、监事、高级管理人员外，公司股东应属此列。由于智能卡公司已被工商行政管理机关吊销营业执照，并经人民法院判决由几位股东对其进行清算，故智能卡公司的董事会或监事会已不能代表公司行使诉权。该公司的股东在发现公司利益受到他人损害发生损失的情况下，通过书面请求监事会或董事会提起诉讼寻求救济已无实际意义和可能，又因智能卡公司清算组也未成立，足以说明通过智能卡公司内部救济途径无法实现该公司的权益救济。在此情况下，公司的股东林某以自己的名义直接提起诉讼，请求保护智能卡公司利益，符合法律规定。

《公司法》在2005年10月27日修订之前，尚无股东代表诉讼之制度的明确规定，林某尚无法定之诉权，因而不受诉讼时效制度的约束。修订后的《公司法》明确规定了股东代表诉讼制度，赋予股东起诉权。林某起诉之日，在修订后的《公司法》实施日之后，并未超过法定诉讼时效期间。××科技公司非法占用智能卡公司注册资金170万元及违规支出194465.9元的行为给智能卡公司造成了财产损失，依法应承担相应的赔偿责任。最终法院判决被告××科技公司向第三人智能卡公司给付1894465.9元并赔偿相应的利息损失。案件宣判后，原、被告双方均未提出上诉。

（2）不违反法律和公司章程不构成滥用股东权利判例

案号：（2013）民二终字第43号

基本案情：三亚渡假村有限公司（以下简称渡假村公司）共有六个股东，其中中国冶金矿业总公司（以下简称中冶公司）持股49.7%、海南海钢集团有限公司（海钢集团）持股33.3%，其他四个股东分别持股1.53%至9.21%不等。

2006年11月9日，渡假村公司董事会向各股东致函，要求各股东针对渡假村公司与海韵公司的合作开发事项进行表决，其中中冶公司等三家股东投赞成票（共持有61.24%的股份）；海钢集团等两家股东投反对票（共持有34.83%的股份）。根据这一表决结果，公司形成《股东会决议》确定同意合作开发事项。之后，渡假村公司与海韵公司签订《合作开发协议》及补充协议、备忘录等文件，约定渡假村公司将其70亩土地及地上建筑物的所有权和开发权交给海韵公司，作价8033万元。

上述协议签订后，海韵公司按合同履行了相关付款义务。但从2008年3月开始，双方对渡假村公司70亩土地过户问题产生分歧，并进入诉讼，相关案件历经二审，最终判决渡假村公司将70.26亩土地过户到海韵公司名下，并向海韵公司支付违约金1000万元。

海钢集团向海南省高级人民法院提起诉讼，请求法院认定中冶公司通过股东会决议的行为滥用股东权利，并判令中冶公司赔偿海钢集团经济损失2.344亿元人民币或者赔偿海钢集团同类地段同类价格同等数量的土地使用权（21.3亩）等。

海南省高级人民法院一审认为：2006年11月17日《股东会决议》未经代表三分之二以上表决权的股东通过。中冶公司利用其董事长邹某同时为渡假村公司董事长的条件和掌管渡假村公司公章的权利自行制作《股东会决议》，系滥用股东权利，并由此侵犯了海钢集团的合法权益，因该次合作造成的损失应由中冶公司进行赔偿。关于应赔偿的损失，海南省高级人民法院以该宗土地三亚（2007）（估）字第070601号评估报告所得金额与渡假村公司转让差额，乘以海钢集团持股比例33.30%予以确定为458万余元。海钢集团与中冶公司均不服一审法院判决，向最高人民法院提起上诉。最高人民法院经审理后认为：

1. 中冶公司行使表决权的行为不构成滥用股东权利。渡假村公司形成股东会决议过程中，中冶公司作为公司股东作出的赞成表决并无不当，不能据此得出中冶公司的表决行为损害了渡假村公司及其股东海钢集团利益的结论。

2. 本案“土地开发合作事宜”属于公司一般性经营活动，我国公司法及渡假村公司章程并未规定该决议必须经代表三分之二以上表决权的股东通过，原审认定股东会就土地开发合作事宜进行的表决未达到公司法规定的表决权不当。

3. 海钢集团主张由中冶公司赔偿其相应的损失，没有事实和法律依据，理由是：（1）渡假村公司在该合作开发项目中的“损失”不属于本案审理的范围，法院在此不能作出判定；（2）即使该“损失”存在，请求该项“损失”救济的权利人应是渡假村公司，而非海钢集团；（3）如海钢集团代渡假村公司主张权利，则诉讼权利受益人仍是渡假村公司，这与本案不属于同一法律关系，亦不属于本案审理范围。

最终，最高人民法院认定中冶公司并不存在滥用股东权利的行为，撤销海南省高级人民法院一审民事判决书，并驳回海钢集团的诉讼请求。

（3）大股东损害公司利益赔偿案例

A 公司成立于 1995 年，股东为赵某和 B 公司，分别持股 40% 和 60%。A 公司的董事长、法定代表人为 B 公司委派的马某。A 公司章程规定董事长行使下列职权：①召集和主持董事会会议；②检查董事会会议的实施情况，并向董事会提出报告……

2003 年，C 酒店成立，经过多次变更后，C 酒店的股东变为 A 公司（法人独资）。2009 年，A 公司召开股东会，通过了关于 C 酒店管理事宜的决议：由股东 B 公司委派董事担任 C 酒店的董事长、法定代表人。

2009 年 3 月至 2013 年 12 月，赵某八次致函 B 公司，提出了 A 公司经营管理中存在的问题；2009 年 3 月、2013 年 12 月，赵某两次致函 B 公司，提出了 C 酒店经营管理中存在的楼层闲置问题。

2014 年 3 月，赵某以 B 公司损害公司利益为由，将 B 公司诉至法院，要求 B 公司对 C 酒店闲置五年产生的损失进行赔偿。庭审中，B 公司辩称，赵某系 A 公司股东，并非 C 酒店股东，故其主张 C 酒店损失，主体不适格。

一审法院裁判意见：

第一，关于赵某作为原告提起本案诉讼主体是否适格的问题。损害公司利益责任纠纷是指公司股东滥用股东权利或者董事、监事、高级管理人员违反法定义务，损害公司利益而引发的纠纷。股东滥用股东权利损害公司利益责任纠纷是指因股东滥用股东权利给公司造成损害的，应当承担损害责任的民事纠纷。

本案中，A 公司的股东为 B 公司、赵某，他们的持股比例分别为 60%、40%。C 酒店出资人系 A 公司（法人独资）。2014 年 1 月 24 日，赵某致函 A 公司监事会主席王某，请求 A 公司监事会通过诉讼方式向侵害公司利益的行为人行使索赔权利，但 A 公司监事会未予回复，A 公司至今亦未提起诉讼，据此，赵某作为原告提起本案股东滥用股东权利损害公司利益责任纠纷诉讼，主体适格。

B公司辩称赵某以C酒店的事宜，主张其损害A公司利益，主体不适格，由于本案中赵某起诉的是B公司损害A公司的利益，而C酒店系A公司设立的全资子公司，对C酒店权益的损害亦构成对A公司权益的损害，故B公司该项辩称理由不能成立，依法不予采信。

第二，关于B公司的行为是否损害了A公司的利益，是否应当承担赔偿责任的问题。从A公司的组织机构来看，A公司董事长、法定代表人为B公司委派的马某。从股权结构来看，B公司出资额占A公司资本总额50%以上，系A公司的控股股东。B公司依法应当按照A公司公司章程的规定，正当地行使其股东权利。

赵某要求赔偿C酒店9—11层76间客房闲置5年损失。酒店是以其建筑物为凭证，通过出售客房以及综合服务设施向客人提供服务，从而获得经济收益的组织。C酒店主要的经营项目为客房、餐厅，9—11层76间客房是否进行装修投入经营，涉及公司重大利益，属于公司经营计划或投资方案中的问题。在赵某向B公司多次提出异议的情况下，B公司委派的董事长没有将该项事宜提交董事会讨论决定，违反公司章程的规定，B公司应当向C酒店赔偿76间客房闲置的收益损失。该项损失法院依据C酒店经营规模、经营成本费用、酒店所在位置、客房闲置的期间、酒店客房入住率以及目前C酒店标准间客房房价等因素，酌情确定为718.2万元。故法院判决B公司向A公司赔偿客房闲置损失718.2万元。

B公司不服一审判决，依法提起上诉。

二审法院裁判意见：

第一，本案赵某作为原告提起诉讼主体资格是否适格。依照《公司法》第一百五十一条规定，公司董事、高级管理人员执行公司职务时违反法律、行政法规或者公司章程的规定，给公司造成损失的，或者他人侵犯公司合法权益，给公司造成损失的，有限责任公司的股东，在履行了相关前置程序后，有权为了公司的利益以自己的名义直接向人民法院提起诉讼。

在母公司对子公司形成绝对资本控制的情形下，母公司的股东为子公司的利益以自己的名义直接向人民法院提起诉讼，亦不违反《公司法》的相关规定。

在本案中，A公司系C酒店的唯一股东，A公司是母公司、C酒店是子公司，A公司与C酒店之间形成了绝对的资本控制关系。在A公司内部，B公司持有其60%股权，赵某系持有其40%股权的股东。赵某于2014年1月24日致函A公司监事主席（召集人）王某，请求A公司监事会诉请侵害公司利益的股东（即B公司）承担损失赔偿责任，但A公司监事会在收到该请求后30日内并未作为C酒店股东向B公司提起该诉讼，此时否定赵某作为A公司股东提起本案诉讼的原告主体资格，则无法保护C酒店的利益，进而导致A公司利益受损，亦与《公司法》第一百五十一条的立法本意相悖。故赵某作为原告提起本案损害公司利益责任纠纷诉讼主体适格。

第二，原审判决认定B公司向A公司履行损失赔偿义务是否正确。前述718.2万元损失系C酒店9—11层客房闲置所致，该损失赔偿的利益应归属于C酒店，赵某在本案二审中对本案的胜诉利益归属C酒店亦表示认可。原审法院判决B公司赔偿A公司客房闲置损失718.2万元于法无据，法院依法予以纠正。

关于赔偿义务主体，根据本案一、二审查明的事实，B公司作为C酒店的母公司（A公司）的控股股东，其对A公司的运营、管理及人事具有实质的支配和控制能力，继而对于C酒店具有实际支配与控制权。作为对母、子公司经营活动均具有重要影响和控制能力的控股股东，B公司应当忠实于公司并最大限度地以公司的利益作为行使权利的标准，若其怠于行使权利造成公司利益受损，其应承担相应的民事责任。在赵某多次提出应将C酒店9—11层客房装修投入经营情况下，B公司未作出有效回应，亦未采取有效措施防止损失产生，B公司应对C酒店因此造成的损失承担赔偿责任。

最终，二审法院判决撤销一审判决，判决B公司向C酒店赔偿客房闲置损失718.2万元。

五、对他人损害公司利益提起的诉讼

这里说的他人是指《公司法》第一百五十一条第三款规定的“他人”，是指除公司董事、监事、高管和股东以外的其他主体。公司作为商品经济的市场主体，其利益不仅可能受到来自内部的董事、监事、高管或者个别股东的损害，更可能受到来自外部民事主体的损害。当公司的利益受到外部主体的损害时，公司有权依法维护自己的合法利益，包括通过诉讼进行救济。公司不提起诉讼的，监事会或者监事、董事会或者董事可以提起诉讼，监事会或者监事、董事会或者董事不提起诉讼的，股东也可以提起代表诉讼。

1. 诉讼方案

（1）公司可以提起诉讼，以损害行为人为被告，诉讼请求为停止损害行为，赔偿因损害行为致公司的损失。

（2）董事会或者董事提起诉讼的，被告和诉讼请求与上相同。但董事会或者董事提起的此类诉讼要列公司为原告，由公司享有胜诉利益。

（3）股东可以提起股东代表诉讼，被告与诉讼请求同上。股东提起股东代表诉讼要履行《公司法》第一百五十一条规定的前置程序，要列公司为第三人，胜诉利益归公司享有。

2. 审判依据

《公司法》第一百五十一条第一款规定：“董事、高级管理人员有本法第一百四十九条规定的情形的，有限责任公司的股东、股份有限公司连续一百八十日以上单独或者合计持有公司百分之一以上股份的股东，可以书面请求监事会或者不设监事会的有限责任公司的监事向人民法院提起诉讼；监事有本法第一百四十九条规定的情形的，前述股东可以书面请求董事会或者不设董事会的有限责任公司的执行董事向人民法院提起诉讼。”第二款规定：“监事会、不设监事会的有限责任公司的监事，或者董事会、执行董事收到前款规定的股东书面请求后拒绝提起诉讼，或者自收到请求之日起三十日内未提起诉讼，或者情况紧急、不立即提起诉讼将会使公司利益受到难以弥补的损害的，前款规定的股东有权为了公司的利益以自己的名义直接向人民法院提起诉讼。”第三款规定：“他人侵犯公司合法权益，给公司造成损失的，本条第一款规定的股东可以依照前两款的规定向人民法院提起诉讼。”

《公司法解释（四）》第二十三条第一款规定：“监事会或者不设监事会的有限责任公司的监事依据公司法第一百五十一条第一款规定对董事、高级管理人员提起诉讼的，应当列公司为原告，依法由监事会主席或者不设监事会的有限责任公司的监事代表公司进行诉讼。”第二款规定：“董事会或者不设董事会的有限责任公司的执行董事依据公司法第一百五十一条第一款规定对监事提起诉讼的，或者依据公司法第一百五十一条第三款规定对他人提起诉讼的，应当列公司为原告，依法由董事长或者执行董事代表公司进行诉讼。”

《公司法解释（四）》第二十四条第一款规定：“符合公司法第一百五十一条第一款规定条件的股东，依据公司法第一百五十一条第二款、第三款规定，直接对董事、监事、高级管理人员或者他人提起诉讼的，应当列公司为第三人参加诉讼。”

《公司法解释（四）》第二十五条规定：“股东依据公司法第一百五十一条第二款、第三款规定直接提起诉讼的案件，胜诉利益归属于公司。股东请求被告直接向其承担民事责任的，人民法院不予支持。”

《公司法解释（四）》第二十六条规定：“股东依据公司法第一百五十一条第二款、第三款规定直接提起诉讼的案件，其诉讼请求部分或者全部得到人民法院支持的，公司应当承担股东因参加诉讼支付的合理费用。”

3. 问题讨论

（1）《公司法》第一百五十一条第三款规定的“他人”包括哪些主体

根据《公司法》第一百五十一条第一款、第二款的内容，笔者认为第三款规定的他人应当是指除公司、董事、监事和公司高管以外的人，具体地说应当包括公司的股东和股东以外的各种主体。

（2）如何适用《公司法》第一百五十一条第二款“不立即提起诉讼将会使公司利益受到难以弥补的损害”之规定

根据《公司法》第一百五十一条的规定，股东要提起股东代表诉讼应当履行法定的前置程序，但是如果出现“不立即提起诉讼将会使公司利益受到难以弥补的损害”的情形，就可以豁免法定前置程序，由股东径行提起诉讼。那么，什么情况属于不立即提起诉讼将会使公司利益受到难以弥补的损害的情形呢？笔者认为，这是一个在实践中非常难以把握的问题，关键看主审法官的具体考量。另外从客观角度看，股东能够提起代表诉讼的案由为董事、监事和高管损害公司利益，股东或者其他人损害股东利益。从损害主体上看，董事、监事、高管在公司任职，股东在公司有权益，一般不会在短时间内从公司的视线中逃离，而他人存在损害公司利益后逃离的可能，可是他人损害公司利益一般不会轮到股东提起诉讼。从损害情势上看，如果损害已经发生构不成“不立即提起诉讼将会使公司利益受到难以弥补的损害”的情形，如果损害尚未发生，虽然可能构成“不立即提起诉讼将会使公司利益受到难以弥补的损害”的情形，但是股东履行前置程序后再到法院起诉，法院立案后再审理恐怕也已经时过境迁了。从网上收集的判例看，未见股东径行提起代表诉讼得到法院支持的判例。故笔者认为股东要提起代表诉讼最好履行前置程序。

（3）哪些情况下股东代表诉讼可以向法院申请豁免前置程序

虽然前置程序对股东代表诉讼非常重要，但是在如下情况下，股东可以考虑向法庭递交情况说明，争取豁免股东代表诉讼的前置程序：

第一，公司已经依法进入清算程序，董事会或者董事、监事会或者监事已经不再履行职务；

第二，公司已经法院裁定受理破产，董事会或者董事、监事会或者监事已经不再履行职务；

第三，被告为公司股东或者董事、高管，提起代表诉讼的股东和监事为同一人；

第四，被告为公司股东或者监事，提起代表诉讼的股东和董事为同一人；

第五，被告为公司股东或者董事、高管，公司没有设立监事会或者监事；

第六，其他使拟提起股东代表诉讼的原告无法履行《公司法》第一百五十一条规定的前置程序的情形。

关于股东代表诉讼的前置程序问题，《全国法院民商事审判工作会议纪要》明确，根据《公司法》第一百五十一条的规定，股东提起代表诉讼的前置程序之一是股东必须先书面请求公司有关机关向人民法院提起诉讼。一般情况下，股东没有履行该前置程序的，应当驳回其起诉。但是，该项前置程序针对的是公司治理的一般情况，即在股东向公司有关机关提出书面申请时，存在公司有关机关提起诉讼的可能性。如果查明的相关事实表明，根本不存在该种可能性，人民法院不应当以原告未履行前置程序为由驳回起诉。

（4）关于股东代表诉讼的管辖问题

《民事诉讼法》第二十一条第一款规定："对公民提起的民事诉讼，由被告住所地人民法院管辖；被告住所地与经常居住地不一致的，由经常居住地人民法院管辖。"第二款规定："对法人或者其他组织提起的民事诉讼，由被告住所地人民法院管辖。"第三款规定："同一诉讼的几个被告住所地、经常居住地在两个以上人民法院辖区的，各该人民法院都有管辖权。"这是关于民事诉讼一般管辖的规定，如果对民事诉讼有特殊管辖的规定，执行特殊管辖的规定，没有特殊管辖的规定执行一般管辖的规定。关于公司诉讼特殊管辖的规定见于《民事诉讼法》第二十六条和《民事诉讼法解释》第二十二条。其中《民事诉讼法》第二十六条明确规定："因公司设立、确认股东资格、分配利润、解散等纠纷提起的诉讼，由公司住所地人民法院管辖。"《民事诉讼法解释》第二十二条明确规定："因股东名册记载、请求变更公司登记、股东知情权、公司决议、公司合并、公司分立、公司减资、公司增资等纠纷提起的诉讼，依照民事诉讼法第二十六条规定确定管辖。"均未见关于股东代表诉讼或者董事、监事和高管、股东或者他人损害公司利益的案件管辖的特殊规定，故股东代表诉讼的管辖问题只能适用原告就被告的原则，且股东代表诉讼案件中公司不能作为被告，因此，股东代表诉讼的案件也不能由公司所在地的人民法院管辖。

（5）关于股东代表诉讼的诉讼时效问题

这是一个尚无定论而且讨论比较多的问题。对这个问题笔者的观点如下：

第一，关于股东代表诉讼时效的期间问题，笔者认为，股东代表诉讼的案由为损害公司利益，应当适用 3 年的一般诉讼时效，但是如果涉及撤销合同的，则适用 1 年的特殊诉讼时效，涉及撤销公司决议的则适用 60 天的诉讼时效。

第二，关于股东代表诉讼的起算时点问题，这个问题讨论得比较多，有的主张从公司知道或者应当知道损害事实时起算，有的主张从股东知道或者应当知道损害事实时起算。从理论上说，应当从公司知道或者应当知道损害事实时起算，因为股东是代表公司提起诉讼，维护的是公司的利益；从实务上看，从股东知道或者应当知道损害事实时起算更好，因为股东代表诉讼针对的主要是大股东损害公司利益，公司是损害行为的主体，是第一个知情人，但是因公司受控于大股东，不可能提起诉讼，所以以公司知道或者应当知道损害事实为诉讼时效的起算时点，没有意义。在许多情况下，由于小股东不参与公司管理，没有条件知道损害事实的发生，往往是在公司清算，经营出现问题时，经过知情权诉讼之后，小股东才知道公司利益被损害的事实。故此，笔者认为应当以股东知道或者应当知道公司利益遭受损害的事实为股东代表诉讼的诉讼时效起算时点。

（6）股东损害公司利益有哪些表现形式

股东代表诉讼的案由主要是大股东损害公司利益。从实践中看，大股东损害公司利益的具体表现主要包括：第一，利用自己对公司的控制权，以自己一方的意志代替公司决策，违规决策给公司造成损失；第二，利用自己对公司的控制权，故意把公司搞乱或者安排自己的亲信掌控公司的重要部门，直接侵占公司的财产；第三，利用自己对公司的控制权，将公司资金在个人账户储蓄和对外结算，公私不分，个人消费和公司采购不分，日渐侵占挪用；第四，利用自己对公司的控制权，安排公司与自己或者自己的亲信设立、控制的公司进行交易，将公司的利润转移。这些现象的存在都会直接损害公司利益，间接损害小股东利益。面对这种情形，公司不仅不会起诉，董事、监事也不会起诉，只有股东提起股东代表诉讼来直接维护公司的利益，间接维护自己的利益。

（7）股东代表诉讼如何收集证据

股东代表诉讼最大的难点是收集证据，由于公司在被告的控制之下，原告往往看不到公司的财务账和有关证据资料，无法向法庭举证。从实务中看，多数情况下，小股东首先通过一个股东知情权的诉讼，收集到大股东损害公司利益的证据后再提起股东代表诉讼。通过股东知情权诉讼收集股东代表诉讼的证据是一个好方法，但是也应当注意，有时小股东采取聘用会计师事务所对公司进行审计的方法收集证据，而会计师的审计报告往往不能给出明确的结论，更不能达到诉讼证据的标准，加之股东知情权的审计是单方委托进行的，所以在许多情况下，单凭会计师的审计报告恐怕还不足以支撑股东代表诉讼。如果能由股东代表诉讼的委托律师参与股东知情权案件，根据诉讼的需要收集、固定证据可能效果更好。

（8）关于股东代表诉讼的反诉问题

对于这个问题，《全国法院民商事审判工作会议纪要》明确，股东依据《公司法》第一百五十一条第三款的规定提起股东代表诉讼后，被告以原告股东恶意起诉侵犯其合法权益为由提起反诉的，人民法院应予受理。被告以公司在案涉纠纷中应当承担侵权或者违约等责任为由对公司提出的反诉，因不符合反诉的要件，人民法院应当裁定不予受理；已经受理的，裁定驳回起诉。

（9）关于股东代表诉讼的调解问题

股东代表诉讼的诉由是公司利益受到损害，因此，公司是股东代表诉讼的直接受益人，为防止股东通过调解损害公司利益，《全国法院民商事审判工作会议纪要》明确，公司是股东代表诉讼的最终受益人，为避免因原告股东与被告通过调解损害公司利益，人民法院应当审查调解协议是否为公司的意思。只有在调解协议经公司股东（大）会、董事会决议通过后，人民法院才能出具调解书予以确认。至于具体决议机关，取决于公司章程的规定。公司章程没有规定的，人民法院应当认定公司股东（大）会为决议机关。

(10) 关于股东代表诉讼的主体问题

只要在向法院提起股东代表诉讼及在法院判决生效期间是股东，就可以提起并且进行股东代表诉讼。对此，《全国法院民商事审判工作会议纪要》明确，股东提起股东代表诉讼，被告以行为发生时原告尚未成为公司股东为由抗辩该股东不是适格原告的，人民法院不予支持。根据有关判例可知，如果在法院立案后，原告将股权转让或者因其他情形不再是公司股东，其他股东又不愿意作原告的，法院会作撤销案件处理。

六、违规安排公司为他人担保引起的诉讼

其实这是损害公司利益诉讼的一种情形，不过因为它比较特殊，加之有专门的法律规定，我们把它作为一种独立的公司诉讼进行讨论。为他人提供担保可能会置公司的财产于风险之中。根据《公司法》第十六条的规定，如果公司章程规定了公司为他人提供担保应当履行的程序，就必须履行相关程序。如果公司为股东或者实际控制人提供担保不管公司章程是否有约定，都必须经股东会或者股东大会决议批准，而且相关股东要回避表决。如果公司违反公司章程或者法律规定为他人提供了担保，公司的利益就可能受到损害。公司可以对违反公司章程或者公司法规定安排公司为他人提供担保的人提起诉讼，股东也可以对违反公司章程或者公司法规定安排公司为他人提供担保的人提起代表诉讼。

1. **诉讼方案**

（1）如果担保行为处于相关决议阶段，尚未签订担保合同，公司监事会或者不设监事会的有限责任公司的监事可以提起诉讼，以公司为被告，诉讼请求为公司有关担保的决议无效或者不成立或者撤销公司关于担保的决议。

（2）在前述情形下，公司监事会或者不设监事会的有限责任公司的监事没有主动提起诉讼，经股东请求仍没有提起诉讼的，股东可以提起股东代表诉讼，被告和诉讼请求同上。

（3）如果有关担保行为已经处于签订合同的阶段，但公司尚未履行担保责任，公司可以提起诉讼，以债权人和债务人为共同被告，以担保合同无效或者撤销担保合同为诉讼请求。

（4）在有关担保行为已经签订了担保合同，但公司尚未履行担保责任，监事会或者不设监事会的有限责任公司的监事可以提起诉讼，被告为债权人和债务人，以担保合同无效或者撤销担保合同为诉讼请求。

（5）如果有关担保合同已经签订但公司尚未履行担保责任，在公司或者监事会或者不设监事会的有限责任公司的监事不提起诉讼的情况下，股东可以提起股东代表诉讼，被告为债权人和债务人，列公司为第三人，以担保合同无效或者撤销担保合同为诉讼请求。

（6）如果担保行为已经达到公司因履行担保责任遭受损失的阶段，公司可以提起诉讼，以违反法律、行政法规和公司章程规定安排公司担保的董事、高管、股东或者实际控制人、债权人和债务人为共同被告，诉讼请求为赔偿公司的损失。

（7）如果担保行为已经达到公司因履行担保责任遭受损失的阶段，监事会或者不设监事会的有限责任公司的监事可以提起诉讼，以违反法律、行政法规和公司章程规定安排公司担保的董事、高管、股东或者实际控制人、债权人和债务人为共同被告，诉讼请求为赔偿公司的损失。

（8）如果担保行为已经达到公司因履行担保责任遭受损失的阶段，公司、监事会或者不设监事会的有限责任公司的监事不提起诉讼，股东可以提起股东代表诉讼，以违反法律、行政法规和公司章程规定安排公司担保的董事、高管、股东或者实际控制人、债权人和债务人为共同被告，列公司为第三人，诉讼请求为赔偿公司的损失。

2. 审判依据

《公司法》第十六条第一款规定："公司向其他企业投资或者为他人提供担保，依照公司章程的规定，由董事会或者股东会、股东大会决议；公司章程对投资或者担保的总额及单项投资或者担保的数额有限额规定的，不得超过规定的限额。"第二款规定："公司为公司股东或者实际控制人提供担保的，必须经股东会或者股东大会决议。"第三款规定："前款规定的股东或者受前款规定的实际控制人支配的股东，不得参加前款规定事项的表决。该项表决由出席会议的其他股东所持表决权的过半数通过。"

《合同法》第五十二条规定："有下列情形之一的，合同无效：

"（一）一方以欺诈、胁迫的手段订立合同，损害国家利益；

"（二）恶意串通，损害国家、集体或者第三人利益；

"（三）以合法形式掩盖非法目的；

"（四）损害社会公共利益；

"（五）违反法律、行政法规的强制性规定。"

《合同法》第五十四条第一款和第二款规定："下列合同，当事人一方有权请求人民法院或者仲裁机构变更或者撤销：

"（一）因重大误解订立的；

"（二）在订立合同时显失公平的。

"一方以欺诈、胁迫的手段或者乘人之危，使对方在违背真实意思的情况下订立的合同，受损害方有权请求人民法院或者仲裁机构变更或者撤销。"

3. 相似判例

（1）内部程序不影响担保合同效力的判例

案号：（2014）民一终字第270号

基本案情：周某与青海贤成矿业股份有限公司（以下简称贤成矿业公司）、西宁市国新投资控股有限公司（以下简称国新公司）等民间借贷纠纷案，最高人民法院认为涉案《保证合同》及《承诺保证函》中贤成矿业公司为国新公司所欠周某的债务提供担保是其真实的意思表示，且并不违反法律的禁止性规定，应当认定为有效。虽然《公司法》（2013年）第十六条第一款和第二款规定："公司向其他企业投资或者为他人担保，依照公司章程的规定，由董事会或者股东会、股东大会决议；公司章程对投资或者担保的总额及单项投资或者担保的数额有限额规定的，不得超过规定的限额。公司为公司股东或者实际控制人提供担保的，必须经股东会或者股东大会决议。"但是该规定属于公司对内的程序性规定，其并未规定公司以外的第三人对此负有审查义务，公司对外提供担保是否经股东会或者股东大会决议，并不影响其对外签订的合同效力。应严格区分公司的对内关系与对外关系，否则会损害交易安全。与公司交易的第三人应当不受其内部程序性规定的约束。该规定不属于效力性强制性规定，不能据此主张合同无效。公司作为不同于自然人的民商事主体，其法定代表人的行为即是公司的行为。即便法定代表人行为越权，贤成矿业公司也只能通过内部追责程序维护自己的权利，而非主张担保行为无效。周某作为公司以外的第三人无从知晓法定代表人的行为越权，贤成矿业公司主张周某并非善意第三人，但并未提供相应证据，其主张最高人民法院不予支持。原审判决认定涉案《保证合同》及《承诺保证函》有效，并无不当。

（2）内部程序致担保合同无效判例

案号：陕西省高级人民法院（2017）陕08民申55号

基本案情：原审被告尤某田、王某霞、尤某向原审原告赵某瑜借款，由原审被告鄂尔多斯市伊力泰商贸有限责任公司（以下简称伊力泰商贸公司，尤某田为其法定代表人）提供担保。现赵某瑜不服一审关于担保合同无效的判决申请再审，主张改判伊力泰商贸公司承担保证责任。

争议焦点：伊力泰商贸公司是否应承担连带保证责任。

裁判结果：本案中，被告伊力泰商贸公司的股东为尤某田、尤某则，尤某田占70%的股份，为公司法定代表人。2014年2月15日，伊力泰商贸公司在担保书上盖章并由法定代表人尤某田签名，为尤某田、王某霞、尤某向赵某瑜的借款承担保证责任，但未经股东会决议同意，该担保书显然违反《公司法》（2013年）第十六条第二款、第三款的规定和该公司之前制定的公司章程规定的："……执行董事、经理不得以公司资产为本公司的股东或者其他个人债务提供担保。"依法属无效担保。原审法院据此判决伊力泰商贸公司不承担保证责任并无不当。赵某瑜的申请理由不能成立，应予驳回。

（3）债权人为善意第三人担保合同有效判例

案号：四川省蒲江县人民法院（2013）蒲江民初字第1216号

基本案情：原告成都市蒲江县荣兴小额贷款有限公司（以下简称荣兴小贷公司）与被告杨某婷签订《借款协议》，向其提供借款，并由被告杨某平、成都申尔佳实业有限公司（以下简称申尔佳公司）为其连带责任保证人，现借款期限届满，经多次催收，三被告均未履行相应责任。经查，申尔佳公司的现股东为杨某婷（法定代表人）占股80%，邱某琼占股20%。被告杨某平与邱某琼系夫妻，被告杨某婷系其女。

争议焦点：被告申尔佳公司是否应承担连带保证责任。

裁判要旨：根据《公司法》（2013年）第十六条第二款、第三款的规定，被告杨某婷利用双重身份，为个人获得担保借款提供便利，又未提供股东会或股东大会决议，原告荣兴小贷公司应当对该担保进行审查。但在本案中，被告杨某婷系被告申尔佳公司法定代表人，在签订合同时加盖了公章，该合同签订具有被告申尔佳公司真实意思的表象，原告荣兴小贷公司有理由相信被告申尔佳公司为被告杨某婷的借款提供担保是其真实意思表示，且公司股东之间系母女关系。应认定原告为善意第三人，担保合同应为有效合同。

4. 问题讨论

（1）法定代表人表见代理签订的担保合同对公司是否有效

根据《民法总则》第六十一条、《合同法》第五十条的规定及《全国法院民商事审判工作会议纪要》（征求意见稿）的意见，在债权人系善意，法定代表人的行为构成表见代理的情况下，法定代表人越权与债权人签订担保合同，对公司仍发生法律效力，公司以法定代表人越权为由提出的抗辩不能得到支持。这里所称的善意，是指债权人不知道或者不应当知道法定代表人越权签订担保合同。

（2）《公司法》第十六条对关联担保和非关联担保规定的区别和适用

《公司法》第十六条将公司对外担保区分为两种：一种是为公司股东、实际控制人等与公司有关联关系的主体提供担保；另一种是为不具有关联关系的其他主体提供担保。根据《公司法》第十六条的规定，前一种必须经股东会或者股东大会决议，未经股东会或者股东大会决议的，构成越权代表，担保合同无效。因此，债权人主张担保合同对公司发生效力，应提供证据证明其在订立合同时对股东会或者股东大会决议进行了审查，决议所记载的内容符合《公司法》第十六条的规定，即在排除被担保股东或关联股东表决权的情况下，二分之一以上股东表决同意。债权人能够提供上述证明的，应认定构成善意第三人，担保合同对公司有效。后一种根据《公司法》第十六条的规定，担保应当由公司章程规定的股东会或者董事会作出决议。只要债权人能够证明其在签订担保合同时对相关决议进行了审查，且决议记载的内容与担保合同的内容基本相同，即可认定债权人善意。

（3）公司违反内部程序对外担保的效力和追责问题

从最高人民法院的倾向和各地法院的判例看，基本观点是公司内部程序上的问题并不导致公司对外担保合同无效。因此，就公司和股东而言，留给他们的恐怕只有一条路，那就是内部追责。前边已经说过这种违反内部程序对外担保给公司造成的损失，当属损害公司利益赔偿责任的诉讼。如果是大股东操纵完成的对外担保，以大股东为被告，如果是董事高管操纵完成的对外担保，以董事、高管为被告。原告可以是公司，可以是监事会或者监事，也可以是公司的股东。法院可以适用《公司法》第一百四十七条、第一百四十八条和公司章程的有关规定判令被告赔偿公司的损失。当然，如果操纵对外担保的是公司的董事、高管，公司也可以同时依据内部制度给予处理。

对于这个问题，《全国法院民商事审判工作会议纪要》予以明确：为防止法定代表人随意代表公司为他人提供担保给公司造成损失，损害中小股东利益，《公司法》第十六条对法定代表人的代表权进行了限制。该条规定，担保行为不是法定代表人所能单独决定的事项，而必须以公司股东（大）会、董事会等公司机关的决议作为授权的基础和来源。法定代表人未经授权擅自为他人提供担保的，构成越权代表，人民法院应当根据《合同法》第五十条关于法定代表人越权代表的规定，区分订立合同时债权人是否善意分别认定合同效力：债权人善意的，合同有效；反之，合同无效。

前条所称的善意，是指债权人不知道或者不应当知道法定代表人超越权限订立担保合同。《公司法》第十六条对关联担保和非关联担保的决议机关作出了区别规定，相应地，在善意的判断标准上也应当有所区别。一种情形是，为公司股东或者实际控制人提供关联担保，《公司法》第十六条明确规定必须由股东（大）会决议的，如果未经股东（大）会决议，则构成越权代表。在此情况下，债权人主张担保合同有效，应当提供证据证明其在订立合同时对股东（大）会决议进行了审查，决议的表决程序符合《公司法》第十六条的规定，即在排除被担保股东或关联股东表决权的情况下，该项表决由出席会议的其他股东所持表决权的过半数通过，签字人员也符合公司章程的规定。另一种情形是，公司为公司股东或者实际控制人以外的人提供非关联担保，根据《公司法》第十六条的规定，此时按公司章程规定是由董事会决议或是股东（大）会决议。无论章程是否对决议机关作出规定，也无论章程规定决议机关为董事会还是股东（大）会，根据《民法总则》第六十一条第三款关于“法人章程或者法人权力机构对法定代表人代表权的限制，不得对抗善意相对人”的规定，只要债权人能够证明其在订立担保合同时对董事会决议或者股东（大）会决议进行了审查，同意决议的人数及签字人员符合公司章程的规定，就应当认定其构成善意，但公司能够证明债权人明知公司章程对决议机关有明确规定的除外。

债权人对公司机关决议内容的审查一般限于形式审查，只要求尽到必要的注意义务即可，标准不宜太过严苛。公司以机关决议系法定代表人伪造或者变造、决议程序违法、签章（名）不实、担保金额超过法定限额等事由抗辩债权人非善意的，人民法院一般不予支持。但是，公司有证据证明债权人明知决议系伪造或者变造的除外。

（4）下列担保合同即使无公司决议亦有效

根据《全国法院民商事审判工作会议纪要》（征求意见稿），下列担保合同即使没有公司决议，也应当认定担保合同符合公司的真实意思表示，从而认定担保合同有效：①公司是以为他人提供担保为主营业务的担保公司，或者是开展独立保函业务的银行和非银行金融机构；②公司与主债务人之间存在相互担保等商业合作关系；③公司为其直接或间接控制的公司开展经营活动向债权人提供担保；④为他人（不包括股东或实际控制人）提供担保的行为，由持有公司50%以上表决权的股东单独或共同实施。

七、关联交易损害公司利益引发的诉讼

关联交易是指具有关联关系的主体之间进行的交易。法律并不禁止关联交易，但是反对通过关联交易转移利润或者费用，因为这样做会损害公司及其他股东的利益，也可能构成违法避税。公司进行关联交易要像没有关联关系的主体之间的交易一样，公允定价，等价交易。如果公司股东、实际控制人、董事、高管利用自己对公司的控制权或者利用职务的便利安排公司与自己或者自己的关联方进行交易，并通过关联交易损害公司利益获取不当利益，

公司可以提起诉讼，监事会或者监事可以提起诉讼，股东也可以提起代表诉讼。与违规安排公司对外担保一样，关联交易损害公司利益也是损害公司利益赔偿责任诉讼中的一种，也是因为比较常见并有特殊的法律规定，我们将其作为一个独立的诉讼进行讨论。

1. 诉讼方案

（1）如果关联交易行为处于决议阶段尚未签订合同，公司监事会或者不设监事会的有限责任公司的监事可以提起诉讼，以公司为被告，诉讼请求为公司有关关联交易的决议无效或者不成立或者撤销公司关于关联交易的决议。

（2）在前述情形下公司监事会或者不设监事会的有限责任公司的监事没有主动提起诉讼，经股东请求仍没有提起诉讼的，股东可以提起股东代表诉讼，被告和诉讼请求同上。

（3）如果有关关联交易已经达到签订合同的阶段，但公司尚未履行担保责任，公司可以提起诉讼，以关联交易合同的相对方为被告，以关联交易合同无效或者撤销关联交易合同为诉讼请求。

（4）在有关关联交易已经签订了合同但尚未履行的情况下，监事会或者不设监事会的有限责任公司的监事可以提起诉讼，被告为关联交易合同的相对方，以关联交易合同无效或者撤销关联交易合同为诉讼请求。

（5）如果有关关联交易合同已经签订但尚未履行的情况下，在公司或者监事会或者不设监事会的有限责任公司的监事不提起诉讼的情况下，股东可以提起股东代表诉讼，被告为关联交易合同的相对人，列公司为第三人，以关联交易合同无效或者撤销关联交易合同为诉讼请求。

（6）如果关联交易已经使公司遭受损失，公司可以提起诉讼，以违反法律、行政法规和公司章程规定安排公司进行关联交易的董事、高管、股东或者实际控制人、关联交易合同的相对人为共同被告，诉讼请求为赔偿公司的损失。

（7）如果关联交易已经使公司遭受损失，监事会或者不设监事会的有限责任公司的监事可以提起诉讼，以违反法律、行政法规和公司章程规定安排公司进行关联交易的董事、高管、股东或者实际控制人、关联交易的相对人为共同被告，诉讼请求为赔偿公司的损失。

（8）如果关联交易已经使公司遭受损失，公司、监事会或者不设监事会的有限责任公司的监事不提起诉讼，股东可以提起股东代表诉讼，以违反法律、行政法规和公司章程规定安排公司进行关联交易的董事、高管、股东或者实际控制人、关联交易合同的相对人为共同被告，列公司为第三人，诉讼请求为赔偿公司的损失。

2. 审判依据

《公司法》第二十一条第一款规定："公司的控股股东、实际控制人、董事、监事、高级管理人员不得利用其关联关系损害公司利益。"第二款规定："违反前款规定，给公司造成损失的，应当承担赔偿责任。"

《公司法解释（五）》第一条第一款规定："关联交易损害公司利益，原告公司依据公司法第二十一条规定请求控股股东、实际控制人、董事、监事、高级管理人员赔偿所造成的损失，被告仅以该交易已经履行了信息披露、经股东会或者股东大会同意等法律、行政法规或者公司章程规定的程序为由抗辩的，人民法院不予支持。"第二款规定："公司没有提起诉讼的，符合公司法第一百五十一条第一款规定条件的股东，可以依据公司法第一百五十一条第二款、第三款规定向人民法院提起诉讼。"

《公司法解释（五）》第二条规定："关联交易合同存在无效或者可撤销情形，公司没有起诉合同相对方的，符合公司法第一百五十一条第一款规定条件的股东，可以依据公司法第一百五十一条第二款、第三款规定向人民法院提起诉讼。"

3. 相似判例

（1）董事利用关联交易损害公司利益承担赔偿责任判例

案号：（2016）最高法民终528号

基本案情：原审被告太一热力公司、李某军因与原审原告居立门业公司之间公司盈余分配纠纷一案，不服一审判决，提起上诉。

争议焦点：李某军是否应对太一热力公司的盈余分配给付不能承担赔偿责任。

裁判结果：李某军系太一热力公司执行董事、法定代表人，在庆阳市人民政府整体收购太一热力公司全部资产后，违反公司法及太一热力公司章程规定，未经公司股东会决策同意，将资产转让所得款项中5600万余元转入兴盛建安公司，由该公司长期占用，形成太一热力公司账面巨额应收款项，严重损害公司股东利益，给公司造成损失，应当依据《公司法》（2013年）第二十一条，对太一热力公司支付居立门业公司的盈余分配款承担赔偿责任。居立门业公司要求李某军承担赔偿责任的诉讼请求成立，应予支持。

（2）股东利用关联交易损害公司利益合同无效判例

基本案情：XX酒店股东为张某、李某、王某三人，分别持有40%、30%、30%的出资额。张某为某酒店的执行董事、法定代表人，王某为监事。

2007年1月，李某发现XX酒店与YY公司建立了委托管理关系，由YY公司对XX酒店进行管理。而YY公司恰恰是由XX酒店的主要高级管理人员建立的公司，XX酒店的其余二股东张某、王某均为YY公司的股东，张某还任YY公司执行董事、法定代表人。

XX酒店与YY公司签订的《咨询管理合同》约定：YY公司根据XX酒店2007年度工作意见开展工作，提出咨询管理的合理化建议，提升酒店档次；合同期限为一年，自2007年1月1日至2007年12月31日；XX酒店为YY公司工作人员免费提供办公地点；YY公司每月按XX酒店总营收额的1%向XX酒店收取咨询管理费。

李某起诉至无锡市滨湖区人民法院，请求法院判令XX酒店与YY公司之间的委托管理关系无效。

被告XX酒店、YY公司辩称：两被告并非委托管理关系，而是咨询管理合同关系，该咨询管理合同是合法有效的。YY 公司为 XX 酒店提供咨询管理未损害原告利益，原告也未能举证受到利益损害。即使两被告存在关联交易，原告也首先要证明自身利益受到损害。

裁判意见：《公司法》（2005 年）第二十一条第一款规定：“公司的控股股东、实际控制人、董事、监事、高级管理人员不得利用其关联关系损害公司利益”，第一百四十七条第一款规定：“董事、监事、高级管理人员应当遵守法律、行政法规和公司章程，对公司负有忠实义务和勤勉义务”，第一百四十八条规定了董事和高级管理人员“不得违反公司章程的规定或者未经股东会、股东大会同意，与本公司订立合同或者进行交易；未经股东会或股东大会同意，不得利用职务便利为自己或他人谋取属于公司的商业机会，自营或者为他人经营与所任职公司同类的业务”。基于此，一审法院认为，作为 XX 酒店执行董事、法定代表人的张某与监事王某又分别是 YY 公司的股东及高级管理人员，此行为与 XX 酒店的公司章程规定相悖。因两被告的股东具有同一性，YY 公司成为 XX 酒店的关联企业。在 XX 酒店与 YY 公司签订的《咨询管理合同》中，YY 公司无须支付对价即与 XX 酒店建立了租赁关系，同时 XX 酒店还要向 YY 公司支付咨询管理费。该行为客观上已损害到 XX 酒店的利益。作为 XX 酒店股东及高级管理人员的张某与监事王某与此也存在着经济利益关系，亦违背了对 XX 酒店应负有的忠实义务。

对于被告提出的两被告并非委托管理关系，而是咨询管理合同关系之说，法院认为，2007 年 1 月 1 日的《咨询管理合同》形式上虽然是 XX 酒店与 YY 公司签订的一份咨询管理合同，但实质却是 XX 酒店违反公司章程的规定与关联企业 YY 公司订立合同进行交易，且合同内容已损害到 XX 酒店的利益。所以该《咨询管理合同》已违反了《公司法》的相关禁止性规定，根据《合同法》关于合同效力的法律规定，该合同应为无效合同。原告作为公司股东，有权要求确认涉及关联交易内容的合同无效。

XX 酒店和 YY 公司不服，于 2007 年 7 月 9 日向江苏省无锡市中级人民法院提起上诉。称原判引用的公司法规定系指董事等对公司负有的忠实和勤勉义务，而本案订立咨询管理合同的是XX酒店和YY公司，并非XX酒店的董事和高级管理人员。该合同中虽未约定租金，但XX酒店通过履行咨询管理合同获得的收益已大为增加，并未损害XX酒店的利益。原判仅以未约定租金就得出损害XX酒店利益的结论，于法无据。同时，上诉方指出，本案不存在股东和XX酒店直接交易的情形，且法律禁止通过关联交易损害公司利益，并非禁止关联交易，即使本案中关联交易成立，李某亦未能证明关联交易损害了XX酒店的利益。

无锡市中级人民法院认为，张某与王某既是XX酒店的股东、执行董事和监事，又是YY公司的股东、执行董事，基于对XX酒店和YY公司的出资和人事连锁，两人可能对两个法人的商业政策发生影响。所以张某与王某是XX酒店和YY公司的关联自然人，而YY公司与XX酒店存在股东、执行董事的同一性，可以被认定为XX酒店的关联法人。根据《公司法》的规定，公司的控股股东、董事、监事等不得利用其关联关系损害公司利益，而该关联关系既指公司控股股东、董事、监事等与其直接或者间接控制的企业之间的关系，又指可能导致公司利益转移的其他关系。董事等未经股东会同意，不得利用职务便利为自己或他人谋取属于公司的商业机会，自营或者为他人经营与所任职公司同类的业务，或者与本公司订立合同、进行交易。故XX酒店和YY公司所签订的咨询管理合同，实为自我交易，损害了XX酒店的合法权益。

因上诉人未能举证证明该交易已经过XX酒店股东会同意，故XX酒店的股东李某有权主张XX酒店和XX公司签订的咨询管理合同无效。法院终审判决XX酒店和YY公司签订的《咨询管理合同》无效。

参考判例

1. 张某武、张某忠损害公司利益责任纠纷二审民事判决书

案号：广东省广州市中级人民法院（2017）粤01民终22565号

上诉人（原审原告）张某武因与被上诉人（原审被告）张某忠、原审第

三人广州木强餐饮管理有限公司（以下简称木强公司，法定代表人、公司执行董事兼总经理张某忠）损害公司利益责任纠纷一案，不服广东省广州市黄埔区人民法院（2017）粤0112民初558号民事判决，向广州市中级人民法院提起上诉。该院依法组成合议庭审理了本案。本案现已审理终结。

张某武上诉请求：（1）请求依法判决撤销（2017）粤0112民初558号民事判决书，依法改判支持张某武全部诉讼请求；（2）本案一、二审案件受理费由张某忠承担。

事实与理由：

（1）张某武签订的《山庄租赁合同》经广州市黄埔区人民法院（2015）穗黄法民三初字第228号民事裁定、广州市中级人民法院（2016）粤01民终17435民事裁定认定系名为租赁、实为承包的承包经营合同，由张某武承包经营第三人木强公司，向第三人木强公司支付承包费用。张某武签订《山庄租赁合同》后实际承包了第三人木强公司（木强山庄）进行经营，经营所得收益必然属于张某武个人所有，同时张某武需向第三人木强公司支付承包费用，这也符合承包经营合同的法律特征。张某武通过其承包经营的第三人木强公司账户转给张某忠的297万元属于张某武个人所有，在承包经营第三人木强公司期间通过公司账户转账也是合情合理的。本案争议的侵占资金297万元依据《山庄租赁合同》的性质系应当属于第三人木强公司这一独立法人享有的承包费用，张某武与张某忠作为第三人股东应当按照各自所占股权比例进行分配，而非系原审法院认定的“双方约定的张某忠个人的股东固定收益”。

（2）原审判决认定张某忠有权通过注销、更换税控盘、停电来限制第三人的经营行为，没有事实及法律依据。①第三人木强公司的税控盘的注销、更换，办理停电手续，属于公司经营事项，根据公司章程应经过股东会决议。未经股东会决议，张某忠单方决定注销、更换税控盘，已严重侵害第三人木强公司的合法权益。②违章建筑并非张某武独立经营木强公司期间发生，而系张某武签订《山庄租赁合同》之前，于2012年4月9日由张某忠签字确认施工方案，并且早在木强山庄之前，张某忠设立的丰盈山庄也是未经过规划局、住建局批准。因此，第三人木强公司（木强山庄）违建并非张某武所为。

（3）原审判决认可存在利益冲突的张某忠可代表第三人木强公司参与诉讼属于程序错误。虽然根据《民事诉讼法》第四十八条第二款规定："法人由其法定代表人进行诉讼。其他组织由其主要负责人进行诉讼。"，张某忠作为公司法定代表人可以代表第三人木强公司参与本案诉讼，但是结合本案张某武的诉讼请求以及第三人的实际情况，张某武以第三人公司监事身份因认为张某忠作为第三人公司高管损害公司利益、侵占公司财产，而提起诉讼，很显然，本案中身份重叠的张某忠与第三人木强公司是存在利益冲突的。因此，张某忠与第三人存在严重的利益冲突，不应当代表第三人木强公司参与本案诉讼。综上所述，张某武请求贵院依法撤销原审判决书，并支持张某武的诉讼请求，维护张某武的合法权益。

张某忠答辩称：

（1）本案中，自2012年4月独自经营木强公司起至2015年8月，张某武每月通过木强公司账户按涉讼合同约定向张某忠支付固定收益共297万元（以下简称涉讼款项），且其在双方讼争发生前对涉讼款项从未提出异议，并在其于2015年9月30日向张某忠出具的律师函（以下简称《律师函》）中确认张某忠有权收取上述收益。张某武的行为足以证实，张某武通过木强公司账户支付的款项，是依据涉讼合同约定且经张某武确认后张某忠可收取的固定收益。虽张某武诉称，其向张某忠支付的涉讼款项是其向木强公司缴纳的承包费，但本案中没有证据显示木强公司所得收益是张某武的收益，张某武也未证实涉讼297万元属其所有及该费用属其缴纳的承包费。

（2）张某武与张某忠就涉讼合同的性质及合同主体产生了争议，现该案正由广东省高级人民法院进行再审审查。张某忠认为，涉讼合同的签订主体、合同的内容、合同的履行情况及张某武自认的相关事实（如《律师函》），足以证明涉讼合同的当事人是张某武与张某忠，张某武通过木强公司账户支付的款项应视为张某武向张某忠按涉讼合同约定支付的固定收益。退一步而言，即便张某武认为涉讼合同的当事人是木强公司与张某武以及合同性质是承包合同，张某忠也有权收取涉讼款项。因为假使涉讼款项是张某武向木强公司交纳的承包费，两名股东也有权自行约定如何分配包括涉讼款项在内的属于木强公司的收益。

（3）木强公司早已经营期满且存在违法建设、擅自改变林地用途等行为，并被相关部门处罚。张某忠在要求张某武停止违法经营行为遭拒后，采取合理手段限制张某武的经营行为合情合理。涉讼违章建筑部分是在张某武独自经营木强公司前后，由张某武以大股东及实际经营者的身份决定承建。为使木强公司合法经营，张某忠作为法定代表人，协助张某武为涉讼场地取得了临场证明。但后来因为张某武在独自经营期间又不断违法搭建及扩大占用林地的面积，导致行政部门多次责令木强公司拆除违章建筑及恢复林地，并处以行政处罚。张某武此时本应拆除违建，停止违法经营，但张某武坚持违法经营。张某忠要求张某武停止违法经营遭拒后，被迫采取了注销、更换税控盘等方式限制其违法经营，上述方式显然合情合理。

（4）在公司仅有两名股东的情况下，由张某忠代表木强公司参与诉讼不存在利益冲突，且符合《民事诉讼法》第四十八条第二款“法人由其法定代表人进行诉讼”的规定。

（5）涉讼款项由张某武主动支付给张某忠，而非张某忠挪用或侵占。如张某武认为其付款行为导致木强公司存在损失，相关责任应由张某武自行承担。张某武作为付款行为的实施者，不享有要求张某忠向木强公司返还其所谓的“侵占财产”的请求权。

（6）木强公司的供电设施、电力供应以及日常经营从未受到侵害，张某武的违法经营从未中断，且其因违法经营获得了巨额利润。综上所述，张某忠认为，张某武的上诉请求无任何事实及法律依据，请法院依法予以驳回。

张某武向一审法院起诉请求：①判令张某忠向木强公司返还侵占的财产297万元并赔偿利息损失，利息按银行同期贷款利率计算，自张某忠侵占之日起至还清之日止，暂计至2016年12月21日为476883.17元；②判令张某忠向木强公司返还公司税控盘及账号密码；③判令张某忠立即停止侵害木强公司供电设施并恢复原状；④判令张某忠赔偿木强公司的损失100万元；⑤本案诉讼费用由张某忠承担。

根据双方当事人的陈述和一审法院审核确认的证据，一审法院认定事实如下：

（1）木强公司是2011年7月28日登记设立的有限责任公司，公司住所地是广州市黄埔区（原萝岗区）长平社瓦窖窝自编×号×××，成立时注册资本100万元，后变更为550万元。公司股东是张某忠和张某武二人，张某忠持股比例为40%，张某武持股比例为60%。张某忠任公司执行董事、总经理和法定代表人，任期三年；张某武任公司监事，任期三年。公司主要业务是经营木强山庄。

（2）2007年9月15日，广州市萝岗区萝岗街长平社区长平经济合作社出具证明，证实“兹有我社社员张某忠在木强水库边承包山地（30年），自有临建房屋300平方米，现开设饮食店，望有关部门给予办理营业执照”。同月18日，广州市萝岗区萝岗街长平社区居民委员会出具一份证明，内容为：“兹有我村民张某忠在木强水库长平社北边自有房屋300平方米，现开设饮食店，请各有关部门给予办理营业执照。”2008年1月，张某忠于广州市萝岗区萝岗街长平村长平社瓦窖窝自编×号开始经营丰盈农庄。2011年7月25日，张某忠出具证明一份，内容为：张某忠同意将“广州市萝岗区长平社瓦窖窝自编×××”无偿提供给“广州木强餐饮管理有限公司”使用。后丰盈农庄改建为“木强山庄”。

（3）2012年4月15日，张某忠（出租方、甲方股东）与张某武（承租方、乙方股东）签订《山庄租赁合同》一份。合同约定：“根据《合同法》及其他有关法律之规定，甲乙双方在平等自愿，协商一致的基础上，甲方同意将下列山庄经营权租给乙方，特订立本合同。①承租山庄地址面积。A. 广州木强餐饮管理有限公司一间；B. 承租山庄的建筑面积1300平方米。②山庄用途和期限。A. 乙方租赁该山庄必须从事国家规定的合法行为，用于经营，不得从事各项违法行为，否则甲方有权提前收回山庄经营权，所发生的事项均由乙方负责，乙方所交的押金、租金不予退还。B. 乙方承租山庄期限自2012年4月15日至2017年4月15日止（承租期为5年）。③租金及其他费用。A. 乙方承租上述山庄，经营权在租赁期内第1年每个月租金为6万元整，并于每年递增1万元即第二年每月7万元如此类推，租金于每月15日前交纳；乙方若延迟交纳租金超过15天的，甲方有权提前收回山庄经营权，并且乙方所交的押金，甲方不予退还。B. 每月的水电费、税金、电视费，山庄所发生的费用乙方应及时交纳，否则后果由乙方自负。④双方责任。A. 租赁期内，乙方在按国家有关规定及本合同约定的条款下合法经营时，甲方不得提前收回山庄经营权。B. 如遇政府征收，双方将山庄总征收款含经营损失费，按照甲方40%、乙方60%的出股比例分配。C. 另附山庄物业设备及家具清单一份。张某武称，签订上述《山庄租赁合同》后，木强公司由张某武承包经营，张某忠不参与木强公司日常经营，只享受股东权益。”张某忠确认双方签订《山庄租赁合同》后，张某武独自经营木强公司，张某忠不再参与木强公司的经营管理，每月收取固定费用。

（4）根据张某武提交的银行转账凭证显示，除2012年5月和2013年2月外，从2012年4月起至2015年8月，木强公司的银行账户每月向张某忠转账数万元，其中2012年4月至2013年3月每月转账6万元；2013年4月至2014年3月，每月转账7万元；2014年4月至2015年3月，每月转账8万元；2015年4月至8月，每月转账9万元；转账用途均注明是“租赁费”或“木强山庄租赁费”。张某武没有提交2012年5月的银行转账凭证。张某武提交的2013年2月的转账凭证显示，案外人陈某向张某忠转账6万元，转账用途注明是“木强山庄支付2013年2月租赁费”。张某武称共转账297万元，张某忠确认收到上述款项。张某武称上述款项是其通过木强公司账户向张某忠交纳木强公司的承包费，张某忠对此不予确认。

（5）根据张某忠提交的木强公司企业信用信息公示报告和行政处罚决定书等证据，木强公司营业期限至2015年6月20日。营业期限届满，木强公司未延长或变更营业期限。2015年8月，木强山庄因有5栋建筑涉及违法建设，被广州市城市管理综合执法部门责令自行拆除。2016年7月5日，木强公司因未按照《企业信息公示暂时条例规定》公示年度报告，被工商管理部门列入经营异常名录。2016年9月21日，木强公司因被广州市林业和园林局执法人员发现擅自改变广州市黄埔区长平社瓦窑窝林地用途，在林地上建房4座、搭建简易棚2个、铺设广场砖的停车场1个，被处以责令限期在2016年12月31日前将改变用途的林地恢复原状，并处以行政罚款54708.8元。

(6) 张某武称2016年11月，张某忠向税务部门申请注销和更换木强公司的税控盘，且未将新的税控盘、账户密码交回木强公司。张某忠确认注销、更换了木强公司的税控盘，但认为木强公司已经营期满且存在违章建筑，为制止张某武的违法经营行为而注销、更换税控盘。张某忠提交的公证书显示，2017年4月1日中午，在公证员及公证处工作人员的监督下，案外人邵某鸣及其陪同人员进入木强山庄进行消费。消费后取得POS签购单和增值税普通发票各一张。POS签购单上显示商户名称为民信公司，增值税普通发票的货物或应税劳务、服务名称为餐费，开票单位为民信公司。张某武称因张某忠注销了木强公司的报税系统，导致木强公司不能正常开具发票，为不偷税、漏税，木强公司借助民信公司开具发票。民信公司是2016年12月14日登记成立的有限责任公司，注册资本50万元，法定代表人简某南，股东是张某武和简某南二人。

(7) 张某武称张某忠于2016年12月1日擅自向供电部门办理了木强公司经营场所的停电手续。张某忠称其为了制止张某武的违法经营行为，被迫向供电部门申请停止供电。供电部门于2016年12月1日对木强公司的供电设施予以封停。其后，木强公司擅自启用封停的电力设备，被供电部门责令承担6000元的违约窃电责任。木强公司于2017年2月20日缴交了6000元的违约窃电违约金。根据张某忠提交的木强公司电费通知单显示，木强公司用电地址是广州市萝岗区长平社瓦窑窝自编×号×××，2016年1月至2016年12月1日用电正常，2016年12月1日至12月9日的有功电量为0，2016年12月9日至2017年3月1日用电正常。

（8）根据张某武提交的照片，有张两照片显示“木强山庄欠租停业”横幅横跨在进木强山庄的马路口，张某忠站在横幅前。张某武称张某忠于2016年12月17日在木强山庄门口拉横幅“木强山庄欠租停业”，阻碍车辆进入木强山庄，张某武报警后，警察和当地街道办工作人员将张某忠带离。张某忠确认其很快将横幅取下。

（9）2017年2月27日，木强公司在木强山庄大厅召开临时股东会议，张某武和张某忠参加会议，记录人简某南。根据该次临时股东会会议记录，会议议题包括：①审议公司经营计划和方案的议案；②审议延长公司营业期限的议案；③关于恢复公司用电的议案；④审议公司股东出资情况的议案；⑤关于修订公司章程的议案；⑥其他。股东张某武在会议上提出以上6个议题，股东双方对议题都有冲突，未达成一致，要求延后再讨论。张某忠提出三个要求：①解散公司；②返还场地；③催缴租金。张某武不同意，要求延后再开会讨论。

（10）一审法院另查明，张某武因与张某忠之间存在民间借贷纠纷，于2015年9月30日委托律师向张某忠发出《律师函》，向张某忠追讨借款。《律师函》主要内容为：要求张某忠在收到律师函5日内与张某武联系，向张某武偿还借款50万元；否则，张某武将直接从双方签订的《山庄租赁合同》中第三条约定的租金及其他费用中予以抵扣。

（11）2015年10月22日，张某忠在一审法院起诉张某武，要求确认《山庄租赁合同》无效，张某武交回木强山庄经营权及场地，并支付场地占用费。一审法院经审理后，于2016年10月14日作出（2015）穗黄法民三初字第228号民事裁定，认为《山庄租赁合同》是木强公司与张某武之间的承包合同，张某忠原告主体不适格，裁定驳回张某忠的起诉。张某忠不服，提起上诉。广州市中级人民法院经审理后，裁定驳回上诉，维持原裁定。

一审法院认为：张某武以张某忠作为木强公司法定代表人、执行董事，侵占木强公司财产，擅自注销、更换公司税控盘，办理停电手续，扰乱木强公司的正常经营，给木强公司造成损失为由提起本案诉讼，本案属损害公司利益责任纠纷。根据双方当事人的诉讼和答辩意见，本案的争议焦点在于：

(1) 张某武和张某忠的原、被告主体是否适格; (2) 张某忠是否存在侵害木强公司利益、给木强公司造成损失的行为。针对上述争议焦点，并结合张某武的诉讼请求，一审法院综合评析如下:

一、第一个争议焦点

《公司法》(2013 年) 第五十二条规定:“监事的任期每届为三年……监事任期届满未及时改选……原监事仍应当依照法律、行政法规和公司章程的规定，履行监事职务。”第五十三条规定:“监事会、不设监事会的公司的监事行使下列职权:…… (六) 依照本法第一百五十一条的规定，对董事、高级管理人员提起诉讼……”第一百四十九条规定:“董事、监事、高级管理人员执行公司职务时违反法律、行政法规或者公司章程的规定，给公司造成损失的，应当承担赔偿责任。”第一百五十一条规定:“董事、高级管理人员有本法第一百四十九条规定的情形的，有限责任公司的股东、股份有限公司连续一百八十日以上单独或者合计持有公司百分之一以上股份的股东，可以书面请求监事会或者不设监事会的有限责任公司的监事向人民法院提起诉讼……”

木强公司的股东是张某忠和张某武二人，公司成立时，张某忠任执行董事、总经理、法定代表人，张某武任监事，两人任期均为三年。三年期满后，木强公司未对两人的职务进行改选，张某忠仍登记为木强公司法定代表人、执行董事兼总经理，张某武仍登记为木强公司监事。根据《公司法》第五十二条的规定，张某武仍履行监事职务。现张某武作为木强公司的监事，认为张某忠作为木强公司的法定代表人、执行董事兼总经理，存在侵害木强公司利益的行为，据此对张某忠提起诉讼，符合上述法律规定，张某武和张某忠是本案适格的原告和被告。

二、第二个争议焦点

张某武认为张某忠存在以下侵害木强公司利益的行为: (1) 侵占属于木强公司所有的承包费 297 万元; (2) 向税务部门注销、更换木强公司税控盘; (3) 向供电部门办理木强公司经营场所的停电手续; (4) 通过拉横幅、堵路的方式扰乱木强公司的正常经营。

（1）关于侵占木强公司297万元的行为

据张某武的起诉意见，张某武在承包木强公司期间，通过木强公司账户转给张某忠297万元，用于交纳木强公司的承包费。张某武的上述意见包括三层含意：①木强公司在张某武承包期间的所得收益属于张某武所有；②从木强公司账户转给张某忠的297万元原来是属于张某武所有；③上述297万元是张某武用于交纳承包木强公司的承包费。首先，木强公司是张某武与张某忠两名股东成立的公司。本案中没有证据显示张某武与张某忠事先约定，木强公司在张某武承包期间的所得收益均属张某武所有。因此，即使在张某武承包期间，木强公司所得收益应视为木强公司的收益，而不是张某武个人的收益。张某忠作为木强公司的股东，对木强公司的收益享有合法的权益。其次，张某武没有提交上述297万元属其所有的证据。张某武提交的银行转账单显示，上述款项均出自木强公司账户（除2013年2月的6万元外，该6万元出自案外人账户，但张某武亦没有证据证实该6万元属其所有），从银行转账单不能证实该297万元属张某武所有。再次，张某武承包经营木强公司后，木强公司的日常经营和财务均由张某武负责管理。张某武如要向木强公司交纳承包费，可直接在木强公司账簿上作登记，或者从其个人账户或者委托他人向木强公司交纳承包费。无须从木强公司账户向不参与公司经营管理的张某忠转账承包费，然后再要求张某忠将承包费返还木强公司，而且这也是不符合常理的。最后，从查明事实可知，木强公司经营的木强山庄最初是张某忠经营的丰盈农庄。木强公司成立后，丰盈农庄改建为木强山庄，由木强公司经营管理，木强山庄所处地址是张某忠提供给木强山庄使用。张某武与张某忠签订《山庄租赁合同》后，木强公司（木强山庄）由张某武独自经营管理，张某忠不再参与公司管理，只享受股东权益，每月收取固定费用。木强公司每月转账给张某忠的款项，实质上是木强公司两名股东经过协商确定分配给张某忠的固定收益。这一点从张某武于2015年9月30日因与张某忠的民间借贷纠纷而发给张某忠的《律师函》内容亦可看出。《律师函》催促张某忠偿还张某武借款50万元，否则“将直接从双方签订的《山庄租赁合同》中第三条约定的租金及其他费用中予以抵扣”。如张某武认为每月支付给张某忠的款项是其用于支付木强公司的承包费，何来抵扣张某忠的个人债务？因此，综合上述分析，张某武认为其在承包木强公司期间，通过木强公司账户支付给张某忠的款项是属其个人所有并用于交纳木强公司承包费的意见，没有事实和法律依据。上述款项属于张某忠的每月固定收益，张某忠作为木强公司的股东，依法享有收益权，不存在侵占木强公司资产的行为。

(2) 关于向税务部门注销、更换木强公司税控盘的行为

根据木强公司的企业信用信息公示报告显示，木强公司的营业期限至2015年6月20日。到期后，木强公司未延长或变更营业期限。木强公司在2015年6月20日之后超出营业期限经营的行为有可能被工商行政管理部门处罚。而且在张某武经营木强公司期间，存在不公示年度报告、违法建设和擅自改变林地用途等行为，并被城管部门和林业部门处罚。张某忠作为木强公司的法定代表人、执行董事兼总经理，从公司角度考虑，在要求张某武纠正违法行为遭拒后，通过注销、更换税控盘来限制张某武的经营行为，合情合理。而且根据《山庄租赁合同》第二条第二项约定，张某武承租山庄期限至2017年4月15日，期限已届满。张某忠作为木强公司的法定代表人、执行董事兼总经理，持有并保管木强公司新的税控盘合理。故对张某武要求张某忠向木强公司返还税控盘和账号密码的诉讼请求，一审法院不予支持。

(3) 关于向供电部门办理木强公司经营场所停电手续的行为

如上面第二点所述，在张某武承包经营木强公司期间，木强公司存在多项违法经营行为。张某忠通过向供电部门办理停电的方式限制张某武的违法经营，不存在侵害木强公司合法权益的情形。而且木强公司的供电设备被封停后，木强公司自行启用了电力设备，并且一直正常经营，不存在需要恢复供电设施的情况。因此，对张某武要求张某忠停止侵害木强公司供电设施并恢复原状的诉讼请求，一审法院不予支持。

(4) 关于通过拉横幅、堵路的方式扰乱木强公司正常经营的行为

根据张某武提交的照片可知，张某忠确实在木强山庄的入口处拉横幅，阻碍车辆进入木强山庄。但双方亦确认张某武报警后，张某忠被带走，横幅很快被取下。而且，根据张某武所称，在张某忠注销、更换木强公司税控盘后，张某武借助民信公司开具发票。但从张某忠提交的《公证书》中的 POS 签购单可知，POS 签购单的商户名称是民信公司，即顾客在木强山庄刷卡消费的收款单位是民信公司。在此期间，是木强公司还是民信公司在经营木强山庄尚存疑问。张某武在本案中没有证据证明张某忠的行为对木强山庄的经营造成重大影响，并给木强公司造成 100 万元的损失。因此，对张某武要求张某忠赔偿木强公司损失 100 万元的诉讼请求，一审法院不予支持。

综上所述，现依照《公司法》第五十二条、第五十三条第（六）项、第一百五十一条第一款，《民事诉讼法》第六十四条，《民事诉讼法解释》第九十条之规定，一审法院判决如下：驳回张某武的全部诉讼请求。

案件受理费 42376 元，由张某武负担。

广州市中级人民法院经审理查明，对一审查明的事实，法院予以确认。

法院认为，根据《民事诉讼法解释》第三百二十三条的规定，二审人民法院应当围绕当事人的上诉请求进行审理。针对张某武上诉主张，分析如下：

本案二审的争议焦点之一在于张某忠是否侵占了木强公司所有的 297 万元。根据张某武与张某忠于 2012 年 4 月 15 日签订《山庄租赁合同》的约定，张某武需每月向张某忠支付租金。签订上述合同后，木强公司（木强山庄）由张某武独自经营管理，掌管木强公司的账户，张某忠不再参与木强公司管理，每月收取固定费用。涉案的 297 万元多是张某武掌管木强公司账户期间从木强公司的账户每月转账到张某忠的个人账户，且多次注明是“租赁费”。故涉案的 297 万元款项应认定为张某忠依据《山庄租赁合同》的约定收取的固定收益。张某武作为木强公司的两个股东之一，自愿每月向木强公司的另一股东即张某忠支付上述费用，是履行其作为《山庄租赁合同》签订方的义务。另外，将涉案的 297 万元款项从木强公司账户打入张某忠个人账户，是

张某武实施的行为，而不是张某忠实施的行为。张某武现主张张某忠侵占木强公司涉案的297万元，缺乏事实依据，二审法院不予采纳。

本案二审的争议焦点之二在于张某忠是否需向木强公司返还税控盘及账号密码。张某忠作为木强公司的法定代表人、执行董事兼总经理，持有木强公司税控盘、账号密码并无不当。张某武要求张某忠向木强公司返还税控盘及账号密码不能成立，二审法院予以驳回。

本案二审的争议焦点之三在于张某武要求张某忠停止侵害木强公司供电设施及赔偿损失100万元是否成立。对此，二审法院认为，木强公司现在已正常用电，不存在需要恢复供电设施的情况，张某武也没有提交证据证明损失100万元的事实，故张某武此上诉请求，理据不足，二审法院不予采纳。

综上所述，上诉人的上诉请求不成立，应予驳回；一审判决认定事实清楚，适用法律正确，应予维持。依照《民事诉讼法》第一百七十条第一款第（一）项规定，判决如下：

驳回上诉，维持原判。

二审案件受理费42376元，由上诉人张某武负担。

2. 股东损害公司利益赔偿责任纠纷二审判例。

当事人：上诉人（原审被告）：黄某龙，香港特别行政区居民，系龙岩长隆塑料制品有限公司股东。

被上诉人（原审原告）：郑某云，住美国新泽西州纽尼尔福德市纯顿街×××号，系龙岩长隆塑料制品有限公司（以下简称龙岩长隆公司）股东。

被上诉人（原审原告）：杨某（YEUNG，LOU），美国籍，住美国新泽西州纽尼尔福德市纯顿街×××号，系龙岩长隆公司股东。

原审第三人：龙岩长隆公司，住所地福建省龙岩市新罗区科技开发园区。

法定代表人黄某龙，总经理。

基本案情：上诉人黄某龙因股东损害公司利益赔偿纠纷一案不服福建省漳州市中级人民法院（2009）漳民初字第55号民事判决，向福建省高级人民法院提起上诉。法院依法组成合议庭，公开开庭审理了本案。上诉人黄某龙的委托代理人邹某、被上诉人郑某云、杨某的委托代理人吕某朝、邱某文到庭参加诉讼，原审第三人龙岩长隆公司经法院传票传唤未到庭参加诉讼。本案现已审理终结。

原审查明，龙岩长隆公司系于2004年2月3日成立的外商独资企业，法定代表人为黄某龙，注册资本为人民币188万元。该公司章程规定，公司分三期投资，总投资额为1758万元，第一期投资260万元，注册资本188万元。外方出资以现汇和设备投入。公司设立执行董事一人，并担任公司的法定代表人，执行董事决定公司的一切重大事项。公司未设立董事会和监事会，亦未设立监事。2004年1月2日，龙岩市新罗区对外贸易经济合作局以龙新外经贸（2004）1号文件批复同意成立龙岩长隆公司。批复同意公司章程，公司投资总额第一期为260万元人民币，注册资本为188万元人民币，其中杨某出资64万元人民币，占注册资本的34%，郑某云出资62万元人民币，占注册资本的33%，黄某龙出资62万元人民币，占注册资本的33%，各方以现汇投入。批复同意公司不设董事会，由黄某龙任执行董事兼总经理。福建省人民政府于2004年1月6日以外经贸闽岩外资字（2004）0001号《外商投资企业批准证书》批准成立龙岩长隆公司。该批准证书上注明投资者名称为：美国杨某出资64万元人民币，美国郑某云出资62万元人民币，中国香港特别行政区黄某龙出资62万元人民币。

2003年12月10日，在龙岩长隆公司筹建过程中，龙岩长隆公司的法定代表人黄某龙与龙岩市新罗区科技园建设发展有限公司签订协议书，龙岩长隆公司缴纳土地预付款644540元取得科技园内面积约32.227亩的土地使用权。2005年7月至12月，龙岩长隆公司出具收条，共收取龙岩市新罗区科技园建设发展有限公司退还的土地款及补偿款人民币1864553.68元，其中2005年7月22日收取80万元，同年8月23日收取176000元，同年12月27日收取888553.68元。付款单位依黄某龙的指示将款项汇入黄某龙在厦门农业银行的个人账户，账号95599××××××××023213。

2004年3月至2005年4月，被告黄某龙累计向龙岩长隆公司投入资金

1852483.44 元。2004 年 10 月杨某、郑某云、黄某龙另外在厦门设立了乐诚（厦门）塑料有限公司。

原审归纳双方当事人争议的焦点：（1）原告的诉讼主体资格问题；（2）原告的请求是否超过诉讼时效。具体分析认定如下：

一、关于原告的诉讼主体资格问题

原告杨某、郑某云认为，被告黄某龙提供的涉外收入申报单和卖出外汇申请书只能证明被告曾向龙岩长隆公司汇入过资金，但是无法证实各个股东的实际出资情况，股东之间的出资情况并非本案的审理范围，与本案的股东代表诉讼无关。两原告是龙岩长隆公司的法定股东，当公司利益遭受损害时，有权以自己的名义向法院起诉。原告具备起诉的主体资格。

被告黄某龙认为，其提供的证据表明，龙岩长隆公司的注册资金全部系被告出资，原告并未履行出资义务，并非龙岩长隆公司真正意义上的股东，无权提起本案诉讼。

原审法院认为，外商投资企业股东及其股权份额应当根据有关审查批准机关批准证书记载的股东名称及股权份额确定。福建省人民政府外经贸闽岩外资字（2004）0001 号《外商投资企业批准证书》上注明龙岩长隆公司的投资者名称为杨某、郑某云、黄某龙。因此，两原告属于龙岩长隆公司的法定股东。被告黄某龙虽然提供了涉外收入申报单和卖出外汇申请书等证据，可以证实其向龙岩长隆公司投入了资本金，但是并不能证明原告没有投入资本金，更不能证明两原告不是龙岩长隆公司的股东。退而言之，即便原告杨某、郑某云没有按照公司章程规定投入资本金，其应承担的民事责任也仅仅是补足资本金的责任或者向足额出资的股东承担违约责任，并不能因此否定其公司股东身份。被告提供的用以证明投资数额的证据与认定本案事实并无关联，不能证实其主张。被告认为原告不是龙岩长隆公司的股东与事实不符，亦与法相悖，不予支持。

公司董事、监事、高级管理人员执行公司职务时违反法律、行政法规或者公司章程的规定，给公司造成损失的，应当承担赔偿责任。根据龙岩长隆公司章程记载，该公司并未设监事会和监事，也未设董事会，只有一名执行董事即本案被告，因此，原告实际无法履行《公司法》规定的股东代表诉讼的前置程序，原告有权为公司的利益以自己的名义直接向人民法院提起诉讼，原告的起诉符合条件。

二、关于原告的请求是否超过诉讼时效

原告杨某、郑某云认为，龙岩长隆公司的日常事务均由被告黄某龙负责处理，被告将公司转让土地使用权所得款项汇入其个人账户，原告并不知情，被告亦未告知原告。直到2009年4月，双方在厦门发生纠纷诉讼时才产生怀疑，原告前往龙岩市新罗区科技园公司调查后才得知被告侵吞公司财产的事实。原告的请求没有超过诉讼时效。举证2009年5月4日厦门今朝律师事务所的介绍信以证明原告在2009年5月前往龙岩市新罗区科技园公司调查时才得知公司利益被侵害的事实。

被告黄某龙对原告提供的介绍信的真实性不予认可，认为双方当事人从2004年10月一直保持着密切的合作关系，原告为开展业务也频繁出入境，在2005年就应当知道龙岩长隆公司的资金运作情况，但是原告直到2009年才起诉，已经超过诉讼时效。申请法院到厦门出入境边防检查站调查杨某、郑某云的出入境记录以证实两原告频繁出入境，应推定其知道公司资金运作情况。

原审法院认为，本案当事人提起的诉讼为股东代表诉讼，属于侵权之诉。因此，诉讼时效应该从权利人知道或者应当知道权利被侵害时起计算。被告黄某龙主张杨某、郑某云在2005年就知道或者应当知道公司权利受到侵害，两人应对此负有举证责任，即应由被告举证证明原告知道或者应当知道权利受到侵害而没有及时主张权利的事实。根据龙岩长隆公司的公司章程，公司的一切重大事项均由执行董事决定，公司财务部门的财务报表也向执行董事报告，被告黄某龙没有证据证明其在担任执行董事管理公司期间向原告报告了公司的财务情况，没有证据证明原告知道或应当知道公司的财务情况。被告以事实推定的方式认为原告应当知道公司权利被侵害没有法律依据。因此，被告认为原告知道公司的资金运作情况，怠于行使权利的理由缺乏事实依据。

原告频繁出入境，不能证明原告知道公司的资金使用情况。因此，被告请求法院调查取证的事项与待证事实并无关联性，其申请不予准许。原告提供的介绍信没有原件，对本案事实的认定没有影响，对此不作认定。综上，被告认为原告的请求已经超过诉讼时效的理由与事实不符，不予采纳。

综上所述，原审法院认为，本案当事人提起的诉讼为股东代表诉讼，属于侵权之诉，因侵权行为地在该院司法管辖范围内，根据《民事诉讼法》第二百四十一条，《最高人民法院关于指定福建省漳州市中级人民法院管辖一审涉外民商事案件的批复》的规定，该院依法行使管辖权。根据《民法通则》第一百四十六条规定，本案应适用中华人民共和国法律，对此双方当事人亦无异议。根据《公司法》的相关规定，公司的董事、监事、高级管理人员执行公司职务时违反法律、行政法规或者公司章程的规定，给公司造成损失的，应当承担赔偿责任。本案中，被告黄某龙为第三人龙岩长隆公司的执行董事，在执行公司职务过程中，将属于公司的土地款转入个人账户，侵害了第三人龙岩长隆公司的利益，应承担赔偿责任。因第三人龙岩长隆公司未设立董事会和监事会，也未设立监事，只设立一名执行董事由被告黄某龙担任，在此情况下，第三人龙岩长隆公司的股东杨某、郑某云有权为公司的利益以自己的名义直接向法院提起诉讼。原告的诉讼主张合法有据，应予支持。被告认为原告并非第三人龙岩长隆公司的股东，无权提起本案诉讼的理由与事实不符；认为原告的请求超过诉讼时效的理由无事实依据，法院均不予采纳。由于黄某龙另行提起的确认投资数额的诉讼与本案并无关联，不会影响本案的审理。因此，被告认为本案应中止审理的理由与法不符，法院亦不予采纳。第三人龙岩长隆公司经法院传票传唤，无正当理由不到庭参加诉讼，一审法院依法缺席审理。依据《公司法》（2005 年）第一百五十条、第一百五十二条，《民法通则》第一百三十七条、第一百四十六条，《民事诉讼法》（2007 年）第一百三十条之规定，判决：被告黄某龙应于本判决生效之日起 10 日内返还给第三人龙岩长隆塑料制品有限公司款项人民币 1864553.68 元及利息（利息从占用资金之日起至实际还款之日止按中国人民银行规定的同期同类贷款利率计算，其中2005年7月23日至2005年8月23日以本金80万元计算，2005年8月24日至2005年12月27日以本金976000元计算，2005年12月28日至实际还款之日止以本金1864553.68元计算)。如果未按本判决指定的期间履行给付金钱义务，应当依照《民事诉讼法》(2007年)第二百二十九条之规定，加倍支付迟延履行期间的债务利息。

案件受理费人民币21581元由被告黄某龙负担。

原审判决后，原审被告黄某龙不服，向福建省高级人民法院诉称：

1. 原审法院未能全面客观审查相关证据以致错误认定两被上诉人具备提起股东代表诉讼的诉讼主体资格。上诉人已举证龙岩长隆公司的注册资金全部由上诉人出资，两被上诉人实际未出资，不是龙岩长隆公司真正意义上的股东，而原审仅依据《外商投资企业批准证书》的表面记载就确认两被上诉人的股东身份，违反了全面客观审查证据的原则，应依法予以纠正。

2. 为确认两被上诉人未实际出资的事实，上诉人以两被上诉人为被告，龙岩长隆公司为第三人，向原审法院提起诉讼[案号(2009)漳民初字第108号]，请求确认注册资金188万元全部系由上诉人出资。因该案的审理将决定两被上诉人是否具有龙岩长隆公司股东身份。根据法律规定，本案应该中止审理，但原审不顾两案在审理结果上的关联性径行作出判决，违反了法定程序，原判应予以撤销。

3. 原审法院未采纳上诉人关于被上诉人的诉讼请求已经超过诉讼时效期间的主张，违反了以事实为依据的裁判原则。两被上诉人与上诉人于2004年10月还共同设立了乐诚(厦门)塑料有限公司并持续经营至今，双方于诉讼之前一直保持非常密切的合作关系，从常理上分析两被上诉人应当知道龙岩长隆公司资金调配情况。另自成立龙岩长隆公司后，两被上诉人为开展业务频繁地出入境，故其二人早在2005年就应当知道龙岩长隆公司的资金运作情况。综上，原判违反法定程序，认定事实错误，应依法改判或发回重审。

被上诉人郑某云、杨某答辩称：

1. 被上诉人具备提起股东代表诉讼的主体资格。对于外商投资企业，对股东资格的认定应当以人民政府的相关批准证书和工商登记为准，被上诉人提交的《外商投资企业批准证书》和工商登记资料足以证明被上诉人为龙岩长隆公司的股东。上诉人提交的涉外收入申报等证据，只能证明其曾经往龙岩长隆公司账户汇入资金，但无法证明龙岩长隆公司的注册资金全部系由上诉人出资。

2. 原判程序合法。本案是股东损害公司利益赔偿纠纷案，股东之间的出资纠纷不应当是本案的审理范围。即本案与上诉人另案提起的股东出资纠纷一案不存在关联性，无须以另案的审理为依据，因此，不存在中止审理本案的情形。

3. 根据谁主张谁举证的原则，上诉人主张被上诉人的诉讼请求超过诉讼时效，应当提供充足的证据，但上诉人未提供任何证据加以证明。综上，原审程序合法，认定事实清楚，适用法律正确，应驳回上诉人的上诉请求。

经审理查明，原审查明的属实，二审法院予以确认。二审中双方均未提交新证据。

二审法院认为，被上诉人郑某云、杨某是否为龙岩长隆公司的股东应依《外商投资企业批准证书》确定。根据批准证书记载，龙岩长隆公司的投资者分别为杨某、郑某云、黄某龙。因此，原审确认被上诉人为公司的股东正确。公司的章程、工商营业执照表明，该公司未设立董事会和监事会，亦未设立监事，黄某龙为公司执行董事及法定代表人。根据《公司法》（2013 年）第一百五十二条的规定，公司的董事、监事、高级管理人员执行公司职务时违反法律、行政法规或者公司章程的规定，给公司造成损失的，应当承担赔偿责任。本案中，作为公司执行董事的黄某龙，在执行公司职务过程中，将属于公司的土地款转入个人账户，侵害了龙岩长隆公司的利益。由于龙岩长隆公司未设立董事会和监事会，也未设立监事，只设立一名执行董事且由黄某龙担任，在此情况下，作为龙岩长隆公司的股东杨某、郑某云为了公司的利益有权以自己的名义直接向法院提起诉讼。被上诉人具备提起股东代表诉讼的主体资格。

至于被上诉人郑某云、杨某作为公司的股东是否出资到位，不影响其提起本案的诉讼。上诉人在原审提起的股东出资纠纷诉讼，与本案分属于不同的法律关系，该案审理的结果不影响本案对被上诉人股东身份的确认，即被上诉人若未按约定投入资金，其承担的也仅是补足资金责任以及向足额出资股东承担违约责任。因此，本案无须以另案审理结果为依据。上诉人请求中止本案审理没有法律依据，原审不存在违反法定程序之情形。

另本案诉求是否超过诉讼时效期间。根据谁主张谁举证的原则，上诉人主张被上诉人的诉讼请求超过诉讼时效，应当提供证据证明，但上诉人未提供充分的证据证明。其仅依据被上诉人与上诉人于 2004 年 10 月在厦门共同设立公司，双方保持密切的合作关系，以及自成立龙岩长隆公司后，两被上诉人为开展业务频繁地出入境，从而推定被上诉人早在 2005 年就应当知道龙岩长隆公司的资金运作情况。二审法院不予支持。

综上，原审认定事实清楚，适用法律正确。上诉人的上诉理由不能成立，其上诉请求不予支持。依照《民事诉讼法》相关规定，判决如下：

驳回上诉，维持原判。

二审案件受理费 21581 元由上诉人黄某龙承担。一审案件受理费依照原判执行。

本判决为终审判决。

第五章 关于公司决议和股东知情权的诉讼

公司决议包括股东会决议或者股东大会决议、董事会决议和监事会决议，其中股东会决议或者股东大会决议、董事会决议是公司决策和处理重大事务的表现形式。如果公司股东、董事会或者没有设立董事会的有限责任公司的执行董事、监事会或者没有设立监事会的有限责任公司的监事认为公司有关决议的内容或者生成程序违反法律、行政法规或者公司章程的规定，或者公司的决议未依法成立，可以向人民法院提起诉讼。法院的判决对公司、股东、董事会或者董事、监事会或者监事有约束力。这就是关于公司决议的诉讼。

股东是将财产委托给公司经营管理的人，股东作为财产的委托人有权了解公司的决策和重大生产经营行为的情况，这就是股东的知情权。如果股东的知情权受到损害，股东可以通过诉讼请求法院判令公司向自己提供有关的资料和信息。法院的判决对公司、股东、董事、监事有约束力。这就是关于股东知情权的诉讼。

关于公司决议诉讼和股东知情权诉讼的管辖问题，《民事诉讼法》第二十六条规定："因公司设立、确认股东资格、分配利润、解散等纠纷提起的诉讼，由公司住所地人民法院管辖。"《民事诉讼法解释》第二十二条规定："因股东名册记载、请求变更公司登记、股东知情权、公司决议、公司合并、公司分立、公司减资、公司增资等纠纷提起的诉讼，依照民事诉讼法第二十六条规定确定管辖。"据此，本章讨论的关于公司决议和股东知情权的诉讼由公司住所地人民法院管辖。

关于公司决议诉讼的时效问题，关于公司决议无效的诉讼无时效限制；

关于撤销公司决议的诉讼，根据《公司法》第二十二条的规定，诉讼时效为自决议作出之日起60日内；关于公司决议不成立的诉讼时效，没有特别规定应为一般诉讼时效3年。关于股东知情权的诉讼，目前法律、法规和司法解释尚无规定，笔者也未见因诉讼时效被驳回起诉的。

本章我们讨论关于公司决议和股东知情权诉讼。

一、关于公司决议无效的诉讼

《公司法》中只规定公司股东会或者股东大会、董事会的决议的内容违反法律、行政法规的无效，但没有规定救济的途径，也没有规定救济的权利人是谁。《公司法解释（四）》对此从释法的角度给予完善，明确对这种内容违反法律和行政法规的公司决议，股东、董事和监事可以向人民法院提起确认公司决议无效的诉讼。如果法院支持了原告的主张，公司决议将自始不产生效力，公司依据决议作出的行为应当停止、解除或者依法处理。

1. 诉讼方案

（1）如果公司的有关决议已经生成但尚未执行，股东可以向法院提起请求确认公司决议无效的诉讼，其他股东可以申请作为共同原告加入诉讼，该种诉讼以公司为被告，可以列与决议有利害关系的人为第三人，诉讼请求为确认公司决议无效。股东提起关于确认公司决议无效的诉讼，属于股东共益诉讼，法院判决对全体股东、公司及董事会或者董事、监事会或者监事均有效。

（2）如果公司的有关决议已经生成但尚未执行，董事会或者不设董事会的有限责任公司的董事可以向法院提起诉讼，被告、第三人，诉讼请求与上相同。

（3）如果公司的有关决议已经生成但尚未执行，监事会或者不设监事会的有限责任公司的监事也可以向法院提起诉讼，被告、第三人，诉讼请求与上相同。

（4）如果公司的有关决议已经执行到合同已签订但尚未执行合同的阶段，股东可以向法院提起诉讼，其他股东可以申请作为共同原告加入诉讼，该种诉讼以公司和合同相对人为共同被告，诉讼请求为确认公司的相关行为无效或者撤销公司的相关行为。

（5）如果公司的有关决议已经执行到签订合同但尚未执行合同的阶段，董事会或者不设董事会的有限责任公司的董事可以向法院提起诉讼，该种诉讼以公司和合同相对人为共同被告，诉讼请求为确认公司的相关行为无效或者撤销公司的相关行为。

（6）如果公司的有关决议已经执行到签订但尚未执行合同阶段，监事会或者不设监事会的有限责任公司的监事可以向法院提起诉讼，该种诉讼以公司和合同相对人为共同被告，诉讼请求为确认公司的相关行为无效或者撤销公司的相关行为。

2. 审判依据

《公司法》第二十二条第一款规定："公司股东会或者股东大会、董事会的决议内容违反法律、行政法规的无效。"

《公司法解释（四）》第一条规定："公司股东、董事、监事等请求确认股东会或者股东大会、董事会决议无效或者不成立的，人民法院应当依法予以受理。"

3. 相似判例

（1）违反法律的股东会决议被判无效

案号：北京市第二中级人民法院（2014）二中民（商）终字第11391号

基本案情：深圳北大双极高科技股份有限公司（以下简称北大双极公司）与杨某昌股东大会决议效力确认纠纷。

裁判意见：根据北大双极公司《临时股东大会决议》，北大双极公司将其当时绝大部分流动资金以免息借款的形式出借给现金出资股东，现金出资股东根据其出资比例确定借款数额，现金出资股东将该2100万元借走后，北大双极公司基本没有其他流动资金，其实行最小化经营。北大双极公司的全体股东出席了该次股东大会，所有现金出资股东同意该决议，杨某昌则“持保留意见”，由此可见，北大双极公司的现金出资股东在作出2005年6月20日《临时股东大会决议》时滥用股东权利，损害了北大双极公司及杨某昌的利益，该决议亦因其内容违反法律规定而无效。该股东大会决议因实际构成了抽逃出资，损害了公司和公司债权人的利益无效。

（2）公司法对公司决议的干预有限案例

案号：上海市第二中级人民法院（2010）沪二中（商）终字第436号

基本案情：原告李某军诉称：被告上海佳动力环保科技有限公司（以下简称佳动力公司）免除其总经理决议所依据的事实和理由不成立，且董事会召集的程序、表决方式及决议的内容违反了《公司法》的规定，请求法院依法撤销董事会决议。

被告佳动力公司辩称：董事会召集程序、表决方式及内容均符合公司法和公司章程的规定，故董事会决议有效。

法院审理查明：原告李某军系佳动力公司股东，并担任公司总经理，佳动力公司股权结构为葛某乐持股40%，李某军持股46%，王某胜持股14%。三位股东同时组成董事会，葛某乐为董事长，另两位股东为董事。公司章程规定董事会行使包括任免和解聘公司经理在内的职权；董事会需由三分之二的董事出席召开才有效；董事会对所议事项作出决定应由占全体股东三分之二的董事表决通过方才有效。2009年7月18日，佳动力公司董事长葛某乐召开董事会，三位董事均出席，会议形成了鉴于总经理李某军不经董事会批准动用公司资金在二级市场炒股，给公司造成巨大损失，免去李某军公司总经理职务的决议。葛某乐、王某胜和监事在决议上签字，李某军未在决议上签字。

裁判要旨：人民法院在审理公司决议撤销案件中应当审查会议召集程序、表决方式是否违反法律、行政法规或者公司章程，以及决议的内容是否违反公司章程。在未违反上述规定的前提下，解聘总经理职务的决议所依据的事实是否属实，理由是否成立，不属公司法审查的范围。

裁判结果：上海市第二中级人民法院于2010年6月4日作出（2010）沪二中民四（商）终字第436号民事判决：①撤销上海市黄浦区人民法院（2009）黄民二（商）初字第4569号民事判决；②驳回李某军的诉讼请求。

4. 问题讨论

（1）为什么公司会提起请求确认公司决议有效的诉讼

决议是公司作出的，当然公司认为决议有效。公司之所以提起请求确认决议有效的诉讼，是因为在许多情况下，只有公司的决议没有法院的判决，工商部门不予变更登记，公司决议就无法执行。比如公司股东会依法作出了解除抽逃全部出资股东的资格，这需要去工商局作公司股东变更登记并对修改公司章程进行备案，如果公司的全体股东包括被除名的股东都在股东会决议上签字，工商局可以给予变更登记和备案，如果被除名的股东没有在股东会决议上签字或者持反对意见，工商局就不能给予变更登记和备案。而不变更登记就不能对抗第三人，如果被除名的股东将股权给出让了，质押了，公司的决议就更难落实了。如此，出于无奈，公司只好向法院提起确认股东会决议有效的诉讼，如果公司的诉讼请求得到法院的支持，公司就可以凭法院的判决书向工商部门申请变更登记。这大概就是为什么公司会提起确认自己决议效力诉讼的原因。

（2）股东能否诉请法院判令召开股东会或者股东大会

《公司法》第四十条规定："有限责任公司设立董事会的，股东会会议由董事会召集，董事长主持；董事长不能履行职务或者不履行职务的，由副董事长主持；副董事长不能履行职务或者不履行职务的，由半数以上董事共同推举一名董事主持。

"有限责任公司不设董事会的，股东会会议由执行董事召集和主持。

"董事会或者执行董事不能履行或者不履行召集股东会会议职责的，由监事会或者不设监事会的公司的监事召集和主持；监事会或者监事不召集和主持的，代表十分之一以上表决权的股东可以自行召集和主持。”

《公司法》第一百零一条第一款规定：“股东大会会议由董事会召集，董事长主持；董事长不能履行职务或者不履行职务的，由副董事长主持；副董事长不能履行职务或者不履行职务的，由半数以上董事共同推举一名董事主持。”第二款规定：“董事会不能履行或者不履行召集股东大会会议职责的，监事会应当及时召集和主持；监事会不召集和主持的，连续九十日以上单独或者合计持有公司百分之十以上股份的股东可以自行召集和主持。”

股东会或者股东大会的召开纯粹是公司的内部事务，公司法已经为个别股东主张召开股东会或者临时股东大会设计了全部流程，股东再向法院请求判令公司召开相关会议，实属多余。对此，《全国法院民商事审判工作会议纪要》明确，公司召开股东（大）会本质上属于公司内部治理的范围。股东请求判令公司召开股东（大）会的，人民法院应当告知其按照《公司法》第四十条或者第一百零一条规定的程序自行召开。股东坚持起诉的，人民法院应当裁定不予受理；已经受理的，裁定驳回起诉。

二、关于公司决议不成立的诉讼

《公司法》第二十二条规定了股东会或者股东大会、董事会的会议召集程序和表决方式违反法律、行政法规或者公司章程，或者决议内容违反公司章程的，股东可以提起诉讼，请求人民法院撤销该公司决议。但由于规定股东提起撤销公司决议诉讼的时效只有自决议作出之日起60日内，很难满足股东依法救济自己权益的需要。故《公司法解释（四）》独辟蹊径增补了股东从会议程序上起诉公司决议不成立这种新的诉讼权利，从而突破了公司法关于撤销公司决议60日的时效限制。如果股东知道公司相关决议时已经超过了决议生成后的60日，股东可以相关决议不成立为诉讼请求提起诉讼。另根据《公司法》第二十二条的规定，只有股东可以对公司决议提起撤销之诉，而

《公司法解释（四）》增加了董事和监事对公司决议提起不成立诉讼的权利。

1. 诉讼方案

（1）如果公司的有关决议尚未执行，股东可以向法院提起请求确认公司决议不成立的诉讼，其他股东可以申请作为共同原告加入诉讼，该种诉讼以公司为被告，可以列与决议有利害关系的人为第三人，诉讼请求为确认公司决议不成立。

（2）如果公司的有关决议尚未执行，董事会或者不设董事会的有限责任公司的董事可以向法院提起诉讼，被告、第三人，诉讼请求与上相同。

（3）如果公司的有关决议尚未执行，监事会或者不设监事会的有限责任公司的监事也可以向法院提起诉讼，被告、第三人，诉讼请求与上相同。

（4）如果公司的有关决议已经执行到签订合同但尚未执行合同的阶段，股东可以向法院提起诉讼，其他股东可以申请作为共同原告加入诉讼，该种诉讼以公司和合同相对人为共同被告，诉讼请求为确认公司的相关行为无效或者撤销公司的相关行为。

（5）如果公司的有关决议已经执行到签订但尚未执行合同阶段，董事会或者不设董事会的有限责任公司的董事可以向法院提起诉讼，该种诉讼以公司和合同相对人为共同被告，诉讼请求为确认公司的相关行为无效或者撤销公司的相关行为。

（6）如果公司的有关决议已经执行到签订但尚未执行合同阶段，监事会或者不设监事会的有限责任公司的监事可以向法院提起诉讼，该种诉讼以公司和合同相对人为共同被告，诉讼请求为确认公司的相关行为无效或者撤销公司的相关行为。

2. 审判依据

《公司法解释（四）》第一条规定："公司股东、董事、监事等请求确认股东会或者股东大会、董事会决议无效或者不成立的，人民法院应当依法予以受理。”

《公司法解释（四）》第五条规定：“股东会或者股东大会、董事会决议存在下列情形之一，当事人主张决议不成立的，人民法院应当予以支持：

“（一）公司未召开会议的，但依据公司法第三十七条第二款或者公司章程规定可以不召开股东会或者股东大会而直接作出决定，并由全体股东在决定文件上签名、盖章的除外；

“（二）会议未对决议事项进行表决的；

“（三）出席会议的人数或者股东所持表决权不符合公司法或者公司章程规定的；

“（四）会议的表决结果未达到公司法或者公司章程规定的通过比例的；

“（五）导致决议不成立的其他情形。”

3. 相似判例

虚构股东会决议法院判决不成立。

来源：2015年第5期《最高人民法院公报》上海市第二中级人民法院——黄某忠诉陈某庆等股东资格确认案

裁判要旨：未经公司有效的股东会决议通过，他人虚假向公司增资以“稀释”公司原有股东股份，该行为损害原有股东的合法权益，即使该出资行为已被工商行政机关备案登记，仍应认定为无效，他人不能取得股东资格，公司原有股东股权比例应保持不变。

法院查明：黄某忠、陈某庆、陈某、张某、顾某平、王某英作为宏冠公司的前股东未就宏冠公司增资1100万元事宜召开过股东会。在未召开股东会的情况下，所谓宏冠公司增资1100万元的行为，违反了宏冠公司的章程及法律的规定，是无效的行为。

此外，从结果上来看，宏冠公司用于所谓增资的1100万元，在完成验资后，就以“借款”的形式归还给新宝公司，此种情形不能认定新宝公司已经履行了出资的义务。因此法院认定，宏冠公司并未在2006年10月20日完成实质上的增资，宏冠公司以增资为名，降低原告的持股比例，侵犯了原告的合法权益。

4. 问题讨论

（1）如何认识《公司法解释（四）》增补公司决议不成立诉权的意义

《公司法》只在第二十二条规定了股东对公司决议的司法救济权，根据该条的规定，股东会或者股东大会、董事会的会议召集程序、表决方式违反法律、行政法规或者公司章程，或者决议内容违反公司章程的，股东可以自决议作出之日起60日内，请求人民法院撤销。从实务中看，《公司法》的这一规定存在两个问题：第一，救济权利人单一，只有股东享有司法救济权，董事会或者董事、监事会或者监事不享有司法救济权，不能满足客观需要；第二，时效期间太短，在大股东控制公司的情况下，小股东往往不知道公司的相关决议的生成和内容，知道了往往早已经超过了60天，限制了小股东的诉权。

《公司法解释（四）》正好丰富了《公司法》第二十二条，使对公司决议的诉权享有人除股东外还包括董事和监事，使行使权利的期限从60天延长到3年。从此之后，股东、董事、监事认为股东会或者股东大会、董事会的会议召集程序、表决方式违反法律、行政法规或者公司章程的，都可以在3年之内提起决议不成立的诉讼。

（2）如何理解《公司法解释（四）》第五条规定的公司决议不成立的情形

第一，无论是股东会、股东大会还是董事会都应当召开相关会议形成会议决议，除非公司章程根据《公司法》第三十七条规定，可以不召开会议通过签署文件的方式形成决议，而将决议送达全体股东或者董事，并且全体股东或者董事在相关决议上有效签署，且赞成票达到《公司法》或者公司章程规定的票数。否则没有召开相关会议，无论在决议上签字的股东代表的表决权多少或者签字的董事多少，都不能产生会议决议。而召开会议必须有有效且符合章程规定的会议通知，并保证通知的有效送达，使应参会者知道会议的地点、时间和内容。

第二，无论是股东会还是董事会，公司章程都会规定有效会议的标准，也就是说出席会议的股东所持的表决权达到公司股东全部表决的多少比例股东会会议才有效，参加董事会会议的董事达到公司全体董事的多少比例董事会会议才有效。如果相关会议无效，会议通过的决议当然不成立。只有会议有效通过的决议才可能有效。

第三，会议必须对决议事项进行了表决。尽管会议有效，但是有关决议事项没有列入会议日程，或者虽列入了日程但只进行了讨论没有进行表决，相关决议无论是股东会决议、股东大会决议还是董事会决议，仍属未成立之列。只有在相关会议上进行表决的决议才可能成为有效的决议。

第四，赞成票必须达到公司法或者公司章程规定的比例，否则相关决议仍不能成立。根据《公司法》的规定，有限责任公司股东会会议通过决议应当由全体股东所持表决权的半数以上通过，关于作出修改公司章程、增加或者减少注册资本的决议，以及公司合并、分立、解散或者变更公司形式的决议，必须经代表三分之二以上表决权的股东通过。如果有限责任公司章程对决议事项和通过决议另有规定的，从其规定。股份有限公司股东大会通过决议应当由出席会议全体股东所持表决权的半数以上通过，关于作出修改公司章程、增加或者减少注册资本的决议，以及公司合并、分立、解散或者变更公司形式的决议，必须经出席会议代表三分之二以上表决权的股东通过。无论是股东会、股东大会还是董事会，要想通过会议决议，赞成票必须达到《公司法》或者公司章程规定通过相关决议的比例，否则仍为决议不成立。

综上，公司决议有效生成的程序必须做到：第一，会议召集程序符合《公司法》或者公司章程规定的程序；第二，根据《公司法》或者公司章程的规定，会议为有效会议；第三，会议必须对决议事项进行了表决；第四，表决结果必须达到《公司法》或者公司章程规定的通过相关决议的比例。不符合上述条件之一的即为公司决议不成立。

三、关于撤销公司决议的诉讼

根据《公司法》第二十二条的规定，如果股东认为公司相关会议召集程序和表决方式违反法律、行政法规或者公司章程，或者决议内容违反公司章程，股东可以提起诉讼，请求法院撤销该决议。法院的相关判决对公司，全体股东、董事和监事有效。

1. 诉讼方案

（1）如果公司的有关决议尚未执行，股东可以向法院提起请求撤销公司决议的诉讼，其他股东可以申请作为共同原告加入诉讼，该种诉讼以公司为被告，可以列与决议有利害关系的人为第三人，诉讼请求为撤销公司的相关决议。

（2）如果公司的有关决议已经执行到签订合同但尚未执行合同阶段，股东可以向法院提起诉讼，其他股东可以申请作为共同原告加入诉讼，该种诉讼以公司和合同相对人为共同被告，诉讼请求为撤销确认相关合同无效或者撤销相关合同。

2. 审判依据

《公司法》第二十二条第二款规定："股东会或者股东大会、董事会的会议召集程序、表决方式违反法律、行政法规或者公司章程，或者决议内容违反公司章程的，股东可以自决议作出之日起六十日内，请求人民法院撤销。"

《公司法解释（四）》第四条规定："股东请求撤销股东会或者股东大会、董事会决议，符合公司法第二十二条第二款规定的，人民法院应当予以支持，但会议召集程序或者表决方式仅有轻微瑕疵，且对决议未产生实质影响的，人民法院不予支持。"

3. 相似判例

股东会召集程序违反法律和公司章程被撤销案例。

案号：上海市闵行区人民法院（2016）沪0112民初8355号

基本案情：原告上海聚焦运输有限公司与被告上海环亚工程咨询监理有限公司公司决议撤销纠纷一案，法院于2016年3月18日立案受理后，依法由审判员杨亦兵适用简易程序公开开庭进行了审理。本案现已审理终结。

原告向法院提出诉讼请求：撤销被告于2016年1月29日作出的全部股东会决议。

事实和理由：原告是被告股东之一，持有被告29%的股权。案外人上海东渡房地产开发有限责任公司持有被告71%的股权。2015年1月15日，原告收到被告监事龚某权寄来的召开临时股东会会议通知及相关议案，被告定于2016年1月29日召开临时股东会，讨论被告注册资本增加和吸收新股东；变更董事、董事长和法定代表人及修订公司章程等事项。因该临时股东会的召集程序严重违反公司章程及《公司法》的相关规定，在原告多次提出反对意见但收效甚微的情况下，原告只能以拒绝出席的方式来抵制该违背召集程序的非法会议。2016年1月29日，被告召开了股东会议，并形成相关股东会决议。但在原告催促下，被告拒绝将该股东会决议的副本提供给原告，决议的内容亦拒不告知原告。原告认为，涉案股东会议的召集程序严重违反《公司法》和公司章程的规定，所形成的股东会决议应当依法予以撤销。当事人围绕诉讼请求依法提交了证据，闵行区人民法院组织当事人进行了证据交换和质证。当事人对所有证据均无异议，闵行区人民法院予以确认并在卷佐证。

经审理，闵行区人民法院查明如下事实：被告成立于1999年4月2日，为有限责任公司。涉案临时股东会议召开前，被告注册资本为人民币（下同）300万元，登记股东为上海东渡房地产开发有限责任公司（占71%股权）及原告（29%股权）。公司章程修订于2008年8月。其中第十条规定："股东会会议由董事会召集，董事长主持……董事会不能履行或者不履行召集股东会会议职责的，由监事召集和主持……”第十一条规定：“召开股东会会议，应于会议召开十五日前通知全体股东。”2016年1月14日，被告监事龚某权作为召集人向原告邮寄临时股东会会议通知及相关议案，通知原告于同年1月29日参加临时股东会会议。原告于次日收到书面通知。之后，被告按通知时间召开了临时股东会议，并形成决议：“①同意吸收上海浦祥房地产开发有限公司为新股东，公司注册资本由300万元增至3000万元。其中，上海东渡房地产开发有限责任公司认缴2613万元，上海浦祥房地产开发有限公司认缴300万元，原告认缴87万元，出资方式均为货币。②通过公司新章程。③选举李某林、张某华、赵某茂、李某为公司董事会董事，免去吕某熙、张某堃、袁某、曾某华董事职务。④选举赵某茂为公司董事长，免去吕某熙董事长职务，成立新一届董事会。⑤公司法定代表人由董事长赵某茂担任，洪某铄不再担任法定代表人。”该决议的落款股东为上海东渡房地产开发有限责任公司、上海浦祥房地产开发有限公司。会后，被告按决议内容至工商行政管理部门办理了变更登记，但未向原告送达决议内容。

法院认为，根据《公司法》的规定，有限责任公司的股东会会议由董事会行使召集权，只有在董事会未履职的情况下，不设监事会的监事才有权行使召集权，被告的章程亦有相同的规定。现被告设有董事会，故监事无权径行召集临时股东会。此外，就涉案临时股东会议的书面通知而言，亦未按章程的规定在会议15日前送达原告。因此，涉案临时股东会议的召集程序违反了《公司法》及公司章程的规定。现原告依据《公司法》的规定在决议作出之日起60日内行使撤销权，于法有据，法院予以支持。

据此，依照《公司法》（2013年）第二十二条第二款、第四十条、第四十一条第一款的规定，判决如下：撤销被告上海环亚工程咨询监理有限公司于2016年1月29日作出的《上海环亚工程咨询监理有限公司2016年临时股东会决议》。案件受理费减半收取计40元，由被告上海环亚工程咨询监理有限公司负担，于本判决生效之日起10日内直接支付给原告上海聚焦运输有限公司。

4. 问题讨论

如何理解会议召集程序或者表决方式仅有轻微瑕疵，且对决议未产生实质影响。

笔者认为《公司法解释（四）》的相关规定非常必要，在实务中应当从以下几个方面去把握该规定：

第一，通知方法上不影响股东知晓会议时间、地点、议题；

第二，通知时间上不影响股东参加会议；

第三，表决方式上不影响表决结果；

第四，表决瑕疵不足以推翻表决结果。

四、公司决议赔偿责任引发的诉讼

如果公司决议已经执行，公司或者某个股东、董事、高管、监事已经遭受损失，或者虽然公司决议被法院认定无效、不成立或者被法院依法撤销，但公司执行该决议形成的民事法律关系仍然需要执行，公司决议导致的损失已经无法避免，面对公司已经发生的损失或者即将发生的损失，公司、股东、监事可以就公司因执行相关决议产生的损失要求负有责任的股东、董事对公司承担赔偿责任；面对股东、董事、监事个人遭受的损失，股东、董事、监事可以提起自益诉讼，要求公司赔偿自己的损失。此类诉讼可以与请求撤销公司决议或者确认公司决议无效、不成立的诉讼一并提起，也可以单独提起。

1. 诉讼方案

（1）面对公司因执行相关决议遭受的损失，公司可以提起诉讼，以负有责任的股东或者董事为被告，可以列与公司决议有利害关系的人为第三人，诉讼请求为赔偿公司因执行相关决议遭受的损失。

（2）面对公司因执行相关决议遭受的损失，股东可以提起诉讼，被告为负有责任的股东、董事，诉讼请求与上相同。不过股东提起此类诉讼，应当列公司为第三人，胜诉利益归于公司。

（3）面对公司因执行相关决议遭受的损失，董事会或者不设董事会的有限责任公司的董事可以向法院提起诉讼，该种诉讼以负有责任的股东或者董事为被告，列公司为第三人，诉讼请求为由被告赔偿公司因相关执行决议遭受的损失。

（4）面对公司因执行相关决议遭受的损失，监事会或者不设监事会的有限责任公司的监事可以向法院提起诉讼，该种诉讼以负有责任的股东或者董事为被告，列公司为第三人，诉讼请求为由被告赔偿公司因执行相关决议遭受的损失。

（5）如果公司因执行相关决议使股东遭受损失，股东可以向法院提起诉讼，该种诉讼以公司为被告，诉讼请求为赔偿因执行相关决议使股东遭受的损失。

（6）如果公司因执行相关决议使董事遭受损失，董事可以向法院提起诉讼，该种诉讼以公司为被告，诉讼请求为赔偿因执行相关决议使董事遭受的损失。

（7）如果公司因执行相关决议使监事遭受损失，监事可以向法院提起诉讼，该种诉讼以公司为被告，诉讼请求为赔偿因执行相关决议使监事遭受的损失。

2. 审判依据

《公司法》第二十条第一款规定："公司股东应当遵守法律、行政法规和公司章程，依法行使股东权利，不得滥用股东权利损害公司或者其他股东的利益；不得滥用公司法人独立地位和股东有限责任损害公司债权人的利益。"第二款规定："公司股东滥用股东权利给公司或者其他股东造成损失的，应当依法承担赔偿责任。"

《公司法》第二十二条第四款规定："公司根据股东会或者股东大会、董事会决议已办理变更登记的，人民法院宣告该决议无效或者撤销该决议后，公司应当向公司登记机关申请撤销变更登记。”

《公司法》第一百四十九条规定：“董事、监事、高级管理人员执行公司职务时违反法律、行政法规或者公司章程的规定，给公司造成损失的，应当承担赔偿责任。”

《公司法》第一百五十二条规定：“董事、高级管理人员违反法律、行政法规或者公司章程的规定，损害股东利益的，股东可以向人民法院提起诉讼。”

《公司法解释（四）》第六条规定：“股东会或者股东大会、董事会决议被人民法院判决确认无效或者撤销的，公司依据该决议与善意相对人形成的民事法律关系不受影响。”

3. 问题讨论

关于公司决议无效的善后处理问题。

关于公司决议被法院认定无效、不成立或者被撤销后的处理问题，《公司法》第二十二条的规定和《公司法解释（四）》第六条的规定有很大差异。《公司法》第二十二条第四款规定了“公司根据股东会或者股东大会、董事会决议已办理变更登记的，人民法院宣告该决议无效或者撤销该决议后，公司应当向公司登记机关申请撤销变更登记”，显然该规定没有顾及公司以外民事主体的损失，没有考虑公司外部事项对公司内部程序的对抗问题，不利于民事法律关系的稳定。《公司法解释（四）》第六条规定：“股东会或者股东大会、董事会决议被人民法院判决确认无效或者撤销的，公司依据该决议与善意相对人形成的民事法律关系不受影响。”笔者认为这里的善意相对人不同于《物权法》第一百零六条规定的善意第三人，后者要求三项条件，即对公司内部程序存在的问题不知情；交易价格合理；交付或者已经变更登记，前者只要求对公司内部程序存在的问题不知情和交易价格合理。正基于此，有关公司决议被法院认定无效、不成立或者撤销的，基于相关决议建立的民事法律仍需履行下去，赔偿问题必须被提上日程。

五、请求查阅、复制公司特定文件的诉讼

根据《公司法》的规定，股东有权查阅和复制公司章程、股东会会议记录、董事会会议决议、监事会会议决议和财务会计报告，有权向公司申请查阅公司的会计账簿。这是由股东作为公司的投资人身份决定的，是公司制度的重要组成部分，统称为股东知情权。当股东知情权不能实现时，股东有权通过诉讼请求法院判令公司提供查阅和复制。当然如果股东主张查阅、复制公司章程、股东会会议记录、董事会会议决议、监事会会议决议和财务会计报告以外的文件资料的，应当向公司提交书面请求，公司有正当理由的可以拒绝查阅。股东可以通过诉讼行使自己的知情权。

1. 诉讼方案

股东知情权诉讼以公司为被告，诉讼请求为查阅、复制公司的特定文件。这里需要注意，股东知情权诉讼最好在起诉书中列明要查阅、复制文件的名录。股东知情权诉讼为股东的自益诉讼，法院判决只对原、被告有约束力，由原告股东享有胜诉利益。

2. 审判依据

《公司法》第三十三条第一款规定："股东有权查阅、复制公司章程、股东会会议记录、董事会会议决议、监事会会议决议和财务会计报告。"第二款规定："股东可以要求查阅公司会计账簿。股东要求查阅公司会计账簿的，应当向公司提出书面请求，说明目的。公司有合理根据认为股东查阅会计账簿有不正当目的，可能损害公司合法利益的，可以拒绝提供查阅，并应当自股东提出书面请求之日起十五日内书面答复股东并说明理由。公司拒绝提供查阅的，股东可以请求人民法院要求公司提供查阅。"

《公司法》第九十七条规定："股东有权查阅公司章程、股东名册、公司

债券存根、股东大会会议记录、董事会会议决议、监事会会议决议、财务会计报告，对公司的经营提出建议或者质询。”

《公司法解释（四）》第七条第一款规定：“股东依据公司法第三十三条、第九十七条或者公司章程的规定，起诉请求查阅或者复制公司特定文件材料的，人民法院应当依法予以受理。”第二款规定：“公司有证据证明前款规定的原告在起诉时不具有公司股东资格的，人民法院应当驳回起诉，但原告有初步证据证明在持股期间其合法权益受到损害，请求依法查阅或者复制其持股期间的公司特定文件材料的除外。”

3. 相似判例

法院判令公司提供特定资料供有竞争关系的股东查阅案例。

2006 年 9 月 20 日，原告刘某与两位新加坡籍自然人以及荷兰籍法人 MJF 共同出资 100 万美元设立苏州华瑞腾航空设备有限公司（以下简称华瑞腾公司），企业类型为有限责任公司，其中刘某出资 20 万美元，占 20% 股份。公司登记营业项目为研发和生产飞机客舱服务车、飞机客舱餐箱及其他插件、飞机单元装载装置、地面用无动力餐饮服务车，销售本公司所生产的产品并提供售后服务。从公司设立到 2011 年 9 月 5 日，原告刘某一直担任华瑞腾公司董事和总经理。2011 年 9 月，刘某被公司股东会先后免去上述职务。

另，2011 年 11 月 7 日，刘某出资设立苏州鹭翔航空设备有限公司（以下简称鹭翔公司），并担任公司执行董事、总经理，该公司的经营范围与被告华瑞腾公司的经营范围重合。

2012 年 3 月 22 日，原告委托律师事务所致函被告，请求被告于 2012 年 4 月 15 日前安排原告及其指定的会计师查阅公司会计账簿和凭证。被告收函后，于 2012 年 4 月 5 日回函原告称：（1）根据《公司法》的相关规定，刘某作为股东有权查阅、复制华瑞腾公司财务会计报告，但查阅会计账簿应向公司说明目的，而在原告律师函中未明确说明查阅目的；（2）华瑞腾公司高层管理者于 2012 年 3 月 30 日方知悉发函具体内容，时间仓促，难以对该函要求内容进行考量和安排，将于2012年4月14日前答复。2012年4月8日，原告再次委托律师致函被告，明确查阅会计账簿的目的在于：调查公司的财务状况，是否存在虚增成本、转移利润行为，调查公司经营管理层的不法行为、董事失职及关联交易等损害公司利益的行为等，并再次限期被告安排原告及其指定的会计师查阅会计账簿及相关凭证资料。其后，被告未再回复原告，亦未安排原告查阅相关会计账簿。

华瑞腾公司与同一投资方控制的AFI、ETC存在关联交易，具体为：2010年度，与AFI发生销售金额为2391686.04美元，应收账款为255029美元；2011年度，与AFI发生销售金额为1188675美元，应收账款为511290.5美元；2012年度，与AFI发生销售金额为789904.86美元，应收账款为486629.5美元；与ETC发生销售金额为863299.7美元，应收账款为609899美元。另，被告在诉讼前提供给原告的两份公司利润表记载的利润额不一致，且数额相差较大。

刘某遂将华瑞腾公司诉至苏州工业园区人民法院，认为被告与其大股东MJF设立的AFI及ETC之间存在大额关联交易，这些关联公司经营与被告相同的业务并限制被告在市场上直接销售产品，剥夺了本应属于被告的商业机会，其行为严重侵害了原告的利益。为调查上述交易，原告请求法院判令被告提供自公司成立以来的公司章程、股东会会议记录、董事会会议决议和财务报告供原告查阅并复制。

华瑞腾公司辩称：首先，根据股东间合营合同的约定，竞业禁止的限制不适用于MJF和AFI在中国境内购买航空和非航空相关产品的交易，原告诉称的关联交易并不侵害原告利益；其次，被告已向原告定期提供了会计报告，并不存在侵犯原告知情权的事实；最后，原告设立了鹭翔公司，从事与被告相竞争的业务，招揽被告员工，妨碍了被告的正常生产经营，损害了被告的合法利益，被告有理由相信原告查阅会计账簿有不正当目的，故被告有权拒绝提供查阅。

江苏省苏州工业园区人民法院一审认为，该案争议焦点为：（1）刘某对公司章程、股东会会议记录、董事会会议决议和财务会计报告的知情权是否已经实现；（2）刘某要求查阅华瑞腾公司的所有会计账簿及原始凭证的请求是否成立。

对于焦点（1），法院认为，《公司法》（2013年）第三十三条第一款规定："股东有权查阅、复制公司章程、股东会会议记录、董事会会议决议、监事会会议决议和财务会计报告。"因此，股东对于上述内容享有绝对知情权，公司不得以任何理由拒绝。本案中，虽然原告基于之前在被告公司所任的职务，其确有可能接触其离职前被告财务会计报告等信息，但时间的流逝会使其对信息的掌握逐渐淡忘或碎片化，不能以之前的了解来否定原告再次要求知情的权利。而且，股东实现知情权要求公司必须提供真实、完整的信息，而完整的会计报告包括会计报表、会计报表附注和财务情况说明书，会计报表一般包括资产负债表、利润表、现金流量表、资产减值准备明细表、利润分配表等。本案中，被告仅证明其向原告提供过部分月度财务报表、审计报告等相关资料的复印件，且部分模糊不清，有的还是英文文件，故在被告未提供原件供股东查阅的情况下，股东无法判断相关资料的真实性，股东要求查阅、复制财务报告等资料的请求应予支持。

对于焦点（2），法院认为，其一，原告对被告会计账簿及原始凭证行使知情权的目的兼具正当性和不正当性，需要通过举证责任的分配来平衡股东和公司的利益，对正当性目的的举证由股东完成，对不正当性的举证则由公司完成。本案中，原告已举证证明被告与AFI、ETC存在大额关联交易以及被告提供的两份利润表记载不一致且数额相差巨大，为判断关联交易是否不当以及财务报告的真实性，原告只有通过查阅会计账簿和原始凭证才能实现。

据此，可认定原告行使账簿查阅权具有目的正当性。另外，原告新设立的鹭翔公司的经营范围与华瑞腾公司的经营范围重合，可认定两者具有竞争关系。而华瑞腾公司的会计账簿和原始凭证中必然会涉及其以往产品的销售渠道、客户群、客户交易习惯、销售价格、原材料成本、原材料来源等经营信息，此种信息中有可能还包含商业秘密。现原告不仅是鹭翔公司的股东，还是该公司的执行董事和总经理，其一旦掌握了被告的商业秘密，在经营过程中，极可能故意或过失地使用之，取得不应有的竞争优势，从而损害被告公司的利益，因此，可认定原告行使账簿查阅权的目的具有不正当性。

其二，应将股东知情权的范围限于其正当目的的范围内。股东账簿查阅权的行使在一定程度上会与公司的商业秘密保护形成紧张关系，而问题的关键在于如何控制股东知情的范围。本案中，原告行使知情权的主要目的之一是调查关联交易是否损害公司利益，要满足该目的只要向其披露与AFI、ETC有关的会计账簿和原始凭证即可，而AFI、ETC与华瑞腾公司为同一投资方控制的关联公司，原告不可能使用华瑞腾公司的商业秘密帮助鹭翔公司取得竞争优势，从而直接与AFI、ETC进行交易。因此，即使将与AFI、ETC有关的会计账簿和原始凭证向原告披露，亦不存在损害被告利益的可能。而其他会计账簿，如向原告披露，有可能会造成鹭翔公司使用被告的商业秘密，直接从事与被告相竞争的业务，故不适合向原告披露。

因此，苏州工业园区人民法院一审判决支持了原告查阅并复制被告所有公司章程、股东会会议记录、董事会会议决议和财务会计报告以及查阅被告所有与AFI、ETC有关的会计账簿和原始凭证的请求；驳回了原告其他诉讼请求。

刘某不服一审判决，提起上诉。

江苏省苏州市中级人民法院二审认为：根据《公司法》（2013年）第三十三条第二款的规定，股东查阅目的正当与否是判定股东是否有权查阅公司账簿的基础之一。而目的正当性要求股东查阅公司账簿具有善意，即其所要查阅的资料应与其意图直接相关。

本案中，刘某行使查阅权的主要目的在于调查华瑞腾公司与关联公司之间的交易是否损害公司利益，这种查阅具有目的正当性，应予以肯定，但除此之外的公司账簿和原始凭证则其无权查阅。首先，从社会常识和商业管理看，会计账簿和原始凭证必然反映公司的重大经营信息，该类信息一旦泄露，势必对公司竞争产生不利影响。其次，刘某辞任华瑞腾公司董事、总经理职务后又另行设立了经营范围与被告重合的鹭翔公司，该公司与被告存在竞争关系，不能排除刘某获知被告经营信息后再行利用这些信息为鹭翔公司服务，进而取得不应有的竞争优势，从而损害华瑞腾公司利益。最后，当公司有合理根据认为股东查阅账簿有不正当目的，可能损害公司合法利益时，即可拒绝提供账簿供其查阅，但目的不正当性的举证应由公司完成。本案中，被告已证明刘某设立了与其有直接竞争关系的鹭翔公司，再允许刘某查阅公司账簿和原始凭证显然有可能损害被告利益，被告行使拒绝权符合法律规定。

苏州市中级人民法院二审判决：驳回上诉，维持原判。

4. 问题讨论

（1）如何理解绝对知情权和相对知情权及差异

《公司法》第三十三条第一款规定："股东有权查阅、复制公司章程、股东会会议记录、董事会会议决议、监事会会议决议和财务会计报告。"这一款规定的是股东享有绝对知情权，只要是股东就享有这项权利，公司不得以任何理由剥夺。如果股东的这项权利不能实现，股东可以径行向法院提起诉讼，不必举证证明曾履行请求查阅、复制的前置程序，只要能够证明自己是股东，法院就应当支持其主张。而且根据《公司法解释（四）》第七条第二款的规定，即使是在提起诉讼时原告已经不再是股东，只要能够提供初步证据证明其在持股期间合法权益受到损害（应当包括公司利益受到损害），人民法院就应当支持原告查阅持股期间公司的有关文件。

《公司法》第三十三条第二款规定："股东可以要求查阅公司会计账簿。股东要求查阅公司会计账簿的，应当向公司提出书面请求，说明目的。公司有合理根据认为股东查阅会计账簿有不正当目的，可能损害公司合法利益的，可以拒绝提供查阅，并应当自股东提出书面请求之日起十五日内书面答复股东并说明理由。公司拒绝提供查阅的，股东可以请求人民法院要求公司提供查阅。"这是股东知情权中的一项相对知情权，股东要行使相对知情权须先向公司提交书面申请说明理由，公司有合理理由的可以拒绝。股东要通过诉讼行使相对知情权，应当举证证明其曾向公司提出书面申请遭到公司的拒绝，并且公司拒绝的理由不成立。如果法院认为公司拒绝的理由合法合理就会支持公司拒绝查阅、复制的主张，如果法院认为公司拒绝的理由不合法不合理就会支持股东的主张，判令公司向股东提供查阅和复制。

（2）如何判定股东为不正当目的行使知情权

股东要求查阅、复制公司章程、股东会会议记录、董事会会议决议、监事会会议决议和财务会计报告以外的公司文件资料，公司可以股东有不正当目的进行抗辩，那么，何为不正当目的呢？对此《公司法解释（四）》第八条明确如下："有限责任公司有证据证明股东存在下列情形之一的，人民法院应当认定股东有公司法第三十三条第二款规定的'不正当目的'：

"（一）股东自营或者为他人经营与公司主营业务有实质性竞争关系业务的，但公司章程另有规定或者全体股东另有约定的除外；

"（二）股东为了向他人通报有关信息查阅公司会计账簿，可能损害公司合法利益的；

"（三）股东在向公司提出查阅请求之日前的三年内，曾通过查阅公司会计账簿，向他人通报有关信息损害公司合法利益的；

"（四）股东有不正当目的的其他情形。"

（3）提起股东知情权诉讼应当注意的问题

第一，根据《公司法解释（四）》第七条和第十条的规定，股东知情权诉讼的标的最好不要笼统地表述为公司的财务账册或者会计账簿，而应当列明具体的文件名称，比如公司与谁交易的财务凭证、发票等，法院的判决也要列明公司需要提供股东查阅、复制的文件的目录。股东要求查阅、复制的文件越宽泛，理由的合理性也就越差，得到法院支持的可能性就越小，反之，股东要求查阅、复制的文件范围越窄，理由的合理性就越强，得到法院支持的可能性越大。

第二，查阅、复制会计账簿的同时一定要查阅、复制会计凭证，只有会计凭证中的交易票据才是判断交易真实性、合法性的证据，只看账册不看凭证意义不大。

第三，只查阅不复制意义不大，股东行使知情权一般为有关诉讼的准备阶段，查阅只能解决股东知道的问题，不能解决法官认可的问题，而使法官认可才最重要，只有复制才能作为诉讼的证据。

第四，最好聘请专业人员进行查阅和复制，专业人员包括会计师和律师，只有聘请专业人员查阅，才能发现问题。对此，《公司法解释（四）》第十条明确规定："人民法院审理股东请求查阅或者复制公司特定文件材料的案件，对原告诉讼请求予以支持的，应当在判决中明确查阅或者复制公司特定文件材料的时间、地点和特定文件材料的名录。股东依据人民法院生效判决查阅公司文件材料的，在该股东在场的情况下，可以由会计师、律师等依法或者依据执业行为规范负有保密义务的中介机构执业人员辅助进行。"

六、股东行使知情权后侵犯公司商业秘密赔偿责任的诉讼

股东在行使知情权之后泄露公司的商业秘密，包括对外泄露公司的商业秘密、自己在生产经营上使用公司的商业秘密，或者准许他人使用公司的商业秘密等行为。商业秘密包括专有技术；业务、财务、投资、发展规划、计划、信息等；客户、合作伙伴的信息。股东侵犯公司的商业秘密是一种违法侵权行为，与股东知情权无关，不能用股东知情权进行抗辩。这里说的是股东泄露、使用、传播通过行使股东知情权获得的公司的商业秘密。股东行使知情权侵犯公司利益的诉讼，应当归入本书第四章讨论的损害公司利益赔偿责任诉讼。

1. 诉讼方案

（1）公司可以提起诉讼，以行使知情权后泄露公司商业秘密的股东为被告，有相对人的列相对人为共同被告，诉讼请求为赔偿公司的损失或者连带赔偿公司的损失。

（2）公司不提起诉讼的，股东可以行使知情权后泄露公司商业秘密的股

东为被告提起诉讼，有相对人的可以将相对人列为共同被告，诉讼请求为赔偿公司的损失或者连带赔偿公司的损失。股东提起的是股东代表诉讼，应当履行《公司法》第一百五十一条规定的前置程序，并列公司为第三人，由公司享有胜诉利益。

2. 审判依据

《公司法解释（四）》第十一条第一款规定："股东行使知情权后泄露公司商业秘密导致公司合法利益受到损害，公司请求该股东赔偿相关损失的，人民法院应当予以支持。"

七、董事、高管损害股东知情权赔偿责任的诉讼

董事、高管是受托管理公司事务的人，股东知情权是股东不可或缺的权利之一，特别是《公司法》第三十三条和第九十七条规定的股东享有绝对知情权的内容。制作并保存相关资料文件是有关董事、高管的法定义务。如果董事、高管失职没有制作或者保管法律规定的文件资料，股东就无法行使自己的绝对知情权，对此，股东享有通过诉讼要求负有责任的董事、高管赔偿的权利。

1. 诉讼方案

原告为要求查阅、复制《公司法》第三十三条和第九十七条规定的资料文件的股东，被告为负有制作、保管该等资料文件的董事、高管，诉讼请求为赔偿损失。

2. 审判依据

《公司法解释（四）》第十二条规定："公司董事、高级管理人员等未依法履行职责，导致公司未依法制作或者保存公司法第三十三条、第九十七条

规定的公司文件材料，给股东造成损失，股东依法请求负有相应责任的公司董事、高级管理人员承担民事赔偿责任的，人民法院应当予以支持。”

参考判例

1. 个别股东虚构股东会决议法院判决决议不成立

原告张某某因与被告江苏万某工贸发展有限公司（以下简称万某工贸公司）、万某（董事，原告张某某之夫）、吴某某（法定代表人）、毛某某发生股权纠纷，向江苏省南京市玄武区人民法院提起诉讼。

原告张某某诉称：

①原告作为被告公司的股东，从未被通知参加该次股东会会议，也未见到过该次会议的决议。因此，原告认为该次股东会议实际并未召开，会议决议及出资转让协议均属虚假无效，侵犯了原告的合法股东权益。

②该次股东会会议决议以及出资转让协议中原告的签名并非原告本人书写。原告既没有转让过自己的股权，也不同意万某向公司股东以外的人转让股权。万某与吴某某之间的股权转让行为也违反了万某工贸公司章程中关于“股东不得向股东之外的人转让股权”的规定，并且未征得其他股东的同意。

故原告请求法院确认所谓的2004年4月6日万某工贸公司股东会决议无效，确认原告与毛某某之间的股权转让协议无效，确认万某与吴某某之间的股权转让协议无效，或者撤销上述股东会会议决议和股权转让协议。

被告万某工贸公司辩称：其于2004年4月6日通过的股东会决议内容并无违反法律之处，因而该决议是合法有效的。

原告张某某认为自己未收到会议通知，没有参加该次股东会议，即使其主张成立，原告起诉时已超过申请撤销决议的60天法定期限，故2004年4月6日的万某工贸公司股东会决议已然生效。原告无权否定该次股东会决议的效力。

此外，原告不是本案的适格原告，因为2004年4月6日原告的全部股权已转让给了被告毛某某，原告已不再具有股东资格，故无权提起本案诉讼。

请求法院驳回原告的诉讼请求。

南京市玄武区人民法院一审认为：有限责任公司的股东会会议，应当由符合法律规定的召集人依照法律或公司章程规定的程序，召集全体股东出席，并由符合法律规定的主持人主持会议。股东会会议需要对相关事项作出决议时，应由股东依照法律、公司章程规定的议事方式、表决程序进行决议，达到法律、公司章程规定的表决权比例时方可形成股东会决议。本案中，虽然被告万某享有被告万某工贸公司的绝对多数的表决权，但并不意味着万某个人利用控制公司的便利作出的个人决策过程就等同于召开了公司股东会会议，也不意味着万某个人的意志即可代替股东会决议的效力。根据本案事实，不能认定2004年4月6日万某工贸公司实际召开了股东会，更不能认定就该次会议形成了真实有效的股东会决议。万某工贸公司据以决定办理公司变更登记、股权转让等事项的所谓“股东会决议”，是当时该公司的控制人万某虚构的，实际上并不存在，因而当然不能产生法律效力。

被告万某工贸公司、万某、吴某某主张原告张某某的起诉超过了修订后《公司法》（2005年）第二十二条规定的申请撤销股东会决议的期限，故其诉讼请求不应支持。对此法院认为，《公司法》（2005年）第二十二条是针对实际召开的公司股东会会议及其作出的决议的规定，即在此情况下股东必须在股东会决议作出之日起60日内请求人民法院撤销，逾期则不予支持。而本案中，2004年4月6日的万某工贸公司股东会及其决议实际上并不存在，只要原告在知道或者应当知道自己的股东权利被侵犯后，在法律规定的诉讼时效内提起诉讼，人民法院即应依法受理，不受修订后《公司法》（2005年）第二十二条关于股东申请撤销股东会决议的股东向其他股东或股东之外的其他人转让其股权，系股东（股权转让方）与股权受让方协商一致的民事合同行为，该合同成立的前提之一是合同双方具有转让、受让股权的真实意思表示。本案中，不能认定原告张某某与被告毛某某之间实际签署了股权转让协议，亦不能认定被告万某有权代理张某某转让股权，毛某某既未实际支付受让张某某股权的对价，也没有受让张某某股权的意愿，甚至根本不知道自己已受让了张某某等人的股权，诉讼中也明确表示对此事实不予追认，因此该股权转让协议依法不能成立。据此，被告万某工贸公司、万某、吴某某关于张某某已非万某工贸公司股东，不能提起本案诉讼的主张不能成立，依法不予支持。

关于被告万某与吴某某签订的股权转让协议，根据修订前《公司法》及万某工贸公司章程的相关规定，股东向股东以外的人转让股权的，须经全体股东过半数同意。本案中，万某向吴某某转让股权既未通知其他股东，更未经过全体股东过半数同意，因此该股权转让行为无效。

综上，南京市玄武区人民法院根据《民事诉讼法》（1991年）第六十四条第一款、第一百二十八条，《民法通则》第五十七条，修订前《公司法》第三十五条第二款、第三十七条、第三十九条、第四十条、第四十一条、第四十三条、第四十四条，《公司法解释（一）》（2006年）第一条之规定，于2007年4月2日判决如下：

①2004年4月6日的被告万某工贸公司股东会决议不成立。

②2004年4月6日原告张某某与被告毛某某的股权转让协议不成立。

③2004年4月6日被告万某与被告吴某某签订的股权转让协议无效。

一审宣判后，各方当事人在法定期间内均未提出上诉，一审判决已发生法律效力。

2. 最高人民法院公告股东知情权纠纷案例

原告李某君、吴某、孙某、王某兴诉称：四人为被告佳德公司合法股东。因佳德公司在经营形势大好的情况下却拖欠大量债务，四人作为股东对佳德公司情况无法知悉，故依法要求行使股东知情权，了解公司的实际情况，但佳德公司对此非法阻挠，严重侵犯了四人作为股东的合法权益。请求法院判令四人对佳德公司依法行使知情权，查阅、复制佳德公司的会计账簿、议事录、契约书、通信、纳税申报书等（含会计原始凭证、传票、电传、书信、电话记录、电文等）所有公司资料。

被告佳德公司辩称：佳德公司从未不同意四原告查阅、复制公司章程、股东会会议记录和财务会计报告，但鉴于四原告具有不正当目的，请求驳回其要求查阅、复制佳德公司会计账簿的诉讼请求。

江苏省宿迁市宿城区人民法院一审查明：被告佳德公司是成立于2003年10月15日的从事房地产开发的有限责任公司。截至2004年8月7日，该公司的股东持股情况为：施某生460万元、王某兴250万元、张某林160万元、孙某65万元、吴某65万元。2007年9月7日，张某林将其持有的全部股份转让给李某君。

2009年4月8日，四原告向被告佳德公司递交申请书，称："申请人李某君、吴某、孙某、王某兴作为佳德公司股东，对公司经营现状一无所知。公司经营至今没有发过一次红利，并对外拖欠大量债务，使四申请人的股东权益受到了严重侵害。四申请人为了解公司实际情况，维护自己合法权益，现依据《公司法》(2005年)，依法行使股东对佳德公司的知情权。现四申请人准备于2009年4月23日前，在佳德公司住所地依据公司法的规定查阅或复制公司的所有资料（含公司所有会计账簿、原始凭证、契约、通信、传票、通知等)，特对佳德公司提出书面申请。申请人：王某兴、孙某、吴某、张某林(代)。"

2009年4月20日，被告佳德公司函复四原告："本公司已于2009年4月8日收到……《申请书》以及《授权委托书》。对于《申请书》以及《授权委托书》中所述事项，因涉及较多法律问题，我公司已授权委托律师代表我公司依法予以处理。请你直接与律师联系。"被告佳德公司复函之前，2009年4月14日，四原告诉至法院，并提出上述诉求。同日，法院受理该案。2009年4月27日，法院向佳德公司送达应诉材料。

另查明：被告佳德公司和广厦建设集团有限责任公司（以下简称广厦公司）于2005年5月26日签订《宿迁市"颐景华庭"住宅工程建设工程施工合同》，广厦公司派驻管理工程的项目经理为张某林。2009年2月18日，广厦公司以佳德公司拖欠其19954940.05元工程款为由，向宿迁仲裁委员会提请裁决。

本案一审争议的焦点是：①四原告行使知情权的范围是否有法律依据；②四原告要求查阅、复制公司会计账簿是否具有不正当目的。

宿迁市宿城区人民法院一审认为：

根据《公司法》（2005年）第三十三条第二款的规定，股东可以要求查阅公司会计账簿。股东要求查阅公司会计账簿的，应当向公司提出书面请求，说明目的。公司有合理根据认为股东查阅会计账簿有不正当目的，可能损害公司合法利益的，可以拒绝提供查阅，并应当自提出书面请求之日起15日内答复股东并说明理由。公司拒绝提供查阅的，股东可以请求人民法院要求公司提供查阅。因此，除会计账簿及用于制作会计账簿的相关原始凭证之外，四原告的诉讼请求已超出法律规定的股东行使知情权的范围，对超出范围的部分不予审理。此外，该条还明确规定股东对公司会计账簿行使知情权的范围仅为查阅，且不能有不正当目的。但被告佳德公司原股东张某林现为“颐景华庭”工程承包人广厦公司派驻管理工程的项目经理，因佳德公司和广厦公司之间涉及巨额工程款的仲裁案件未决，与佳德公司之间存在重大利害关系。申请书和四原告的民事起诉状及授权委托书上均有张某林签字，四原告对此不能做出合理解释，证明张某林与本案知情权纠纷的发动具有直接的关联性，也证明四原告在诉讼前后与张某林之间一直保持密切交往，其提起知情权诉讼程序不能排除受人利用，为公司的重大利害关系人刺探公司秘密，进而图谋自己或第三人的不正当利益的重大嫌疑。

固然股东调查公司的财务状况是其正当权利，然而一方面从被告佳德公司的工商登记材料来看，四原告声称“对公司经营现状一无所知”显然不属实；另一方面，即使四原告查阅会计账簿具有了解公司经营状况的正当目的，但同时四原告的查阅很可能具有放任损害公司正当利益的主观故意，而目前正在审理的佳德公司的仲裁案件，标的额巨大，对比四股东的知情权，在二者发生冲突时，两者相害取其轻，应优先保护公司的权益。四原告可以在仲裁案件结案后或者在证明已经排除查阅会计账簿与张某林的关联性之后，再行主张自己对会计账簿的知情权。

此外，《公司法》（2005年）第三十四条第二款还规定股东提起知情权诉讼的前置程序，即股东必须有证据证明公司在其提出书面请求并说明目的后，明确拒绝其查询会计账簿，或在法定的期间内（15日）未予答复，方能提起知情权诉讼。具体到本案而言，四原告在2009年4月8日递交公司的《申请书》中称“四申请人准备于2009年4月23日前”至公司行使知情权，但2009年4月14日四原告即至法院起诉，其间仅6天时间，因此，四原告的起诉不符合法定的前置要件。

综上所述，四原告要求行使知情权不仅超出法定范围，且其关于查阅会计账簿的起诉违反法定前置程序，同时被告佳德公司有合理根据表明四原告行使该权利可能损害公司合法利益，故对四原告的诉讼请求不予支持。据此，宿迁市宿城区人民法院依照《民事诉讼法》（2007年）第一百二十八条、《公司法》（2005年）第三十三条之规定，于2009年7月28日判决：

驳回原告李某君、吴某、孙某、王某兴的诉讼请求。

案件受理费减半收取40元，由四原告负担。

李某君、吴某、孙某、王某兴不服一审判决，向江苏省宿迁市中级人民法院提起上诉，请求撤销一审判决，判令四上诉人依法查阅或复制被上诉人佳德公司的所有资料（含公司所有会计账簿、原始凭证、契约、通信、传票、通知等）。其主要理由是：

第一，一审判决认定四上诉人的诉讼请求超出法律规定的股东行使知情权的范围是错误的。①一审法院没有明确“相关原始凭证”的具体内容。②会计账簿必须全面、真实、客观、合法，才能真实反映公司资产经营状况。股东行使知情权不是只知道一个数额，而是要知道这些数额的真实性。因此上诉人请求查阅公司的全部资料没有超出法律规定的范围。

第二，一审判决认定四上诉人提起知情权诉讼具有不正当目的及可能存在放任损害公司正当利益的主观故意，无合法合理根据。①被上诉人佳德公司对外拖欠巨额债务，房产销售巨额资金不知去向，从未分过红利，股东会和董事会无法正常召开等，上诉人对此存在怀疑并要求行使股东知情权目的完全正当。②一审判决仅通过张某林在申请书及授权委托书上签名，而张某林是广厦公司项目经理、广厦公司和佳德公司正在进行关于工程款的仲裁，就认定四上诉人具有不正当目的或可能具有放任损害公司正当利益的主观故意，没有充分证据证明，只是法官的主观臆想，不能成为剥夺股东最基本权利的理由。③上诉人在一审庭审中明确说明，因李某君不能及时赶回南京，故临时紧急委托张某林代其签署相关文件，对张某林签名一事作出了充分合理的解释。李某君虽委托他人签字，但行使知情权的主体只能是其个人。且张某林只是受李某君一人委托，并不是四上诉人共同委托，一审也没有证据证明四上诉人和张某林有紧密联系。④广厦公司和佳德公司目前虽是利益冲突方，但不存在竞争关系。工程款是依据工程承包合同和工程资料，严格依照法律规定进行审计决算的，四上诉人行使知情权而需要查阅的公司资料即使泄露出去也不可能使得施工方因此多获取利益。⑤一审判决认定四上诉人可以在仲裁案件结案后或者在证明已经排除查阅会计账簿与张某林的关联性之后再行主张自己对会计账簿的知情权，但仲裁案件结案是不确定的概念，一审判决也没有明确指出与张某林关联性指的是什么。要求上诉人举证证明排除以上关联性违反了民事诉讼的举证规则，应由被上诉人举证证明和张某林有关联性且会损害公司利益。⑥一审判决通过工商登记资料认定上诉人对公司经营状况知悉，从而成为剥夺上诉人知情权的理由之一。但工商登记资料是公司对社会公众应尽的披露义务，不能以此认定股东知悉公司的经营状况。

第三，一审法院把诉讼前置程序和公司法规定的股东行使知情权的内部程序混为一谈。《公司法》（2005 年）第三十四条规定的是股东在公司内部行使知情权要经过的程序和期限。“十五天”是规定公司对股东应当履行答复义务的期限。被上诉人佳德公司在一审法院开庭审理之日已经超过 15 天没有做出任何答复，依照一审法院的说法，是否要上诉人撤诉再行起诉。如是诉讼前置程序，则在立案阶段应作出不予受理的裁定，在审判阶段也应作出驳回起诉的裁定，而不是作出实体审理并作出实体判决。

被上诉人佳德公司答辩称：一审判决认定事实清楚，适用法律正确，请求驳回上诉，维持原判。其理由是：

第一，关于股东行使知情权的范围，一审判决认定正确。本案中，不论是四上诉人申请书所要求查阅、复制的内容还是民事起诉状所诉请查阅、复制的内容和范围均不符合法律规定。①申请书及诉状中均有张某林签名，而张某林早已不是公司股东，无权行使知情权。②根据《公司法》（2005 年）及其司法解释规定，股东可以要求查阅、复制的资料包括公司章程、股东会会议记录、董事会会议决议、监事会会议决议和财务会计报告。但是法律和司法解释并未规定可以复制会计账簿及相关原始凭证，也未规定可以查阅并复制“契约、通信、传票、通知”以及“议事录、契约书、通信、纳税申报书”等公司“所有资料”。③四上诉人在起诉状中声称要查阅、复制的是“会计原始凭证”，而不是所谓的其他凭证。据此，一审判决认定“除会计账簿及用于制作会计账簿的相关原始凭证之外，原告的诉讼请求已超出法律规定的股东行使知情权的范围”正确。④被上诉人佳德公司已全面履行配合股东行使知情权的法定义务，向四上诉人提交了公司重大经营事项有关的必要资料，足以说明佳德公司自成立至今有关经营数据的真实性、合法性、合理性。

第二，一审判决认定四上诉人行使知情权具有不正当目的，认定事实清楚，适用法律正确。①四上诉人行使知情权无正当理由，被上诉人佳德公司在经营中遇到的银行拍卖土地、房产被保全等问题均是四上诉人配合张某林不正当目的而损害公司合法利益的后果。②张某林与广厦公司具有一致的利益关系，与佳德公司具有对立的利益关系。张某林在四上诉人的申请书及诉状中提出“查阅并复制佳德公司所有资料”的要求显然是为广厦公司服务，意在收集对佳德公司不利的证据。四上诉人在明知的情况下仍配合并放任张某林签字、起诉，目的明显不正当。③四上诉人对诉状中出现张某林签名的解释缺乏事实依据。知情权诉讼具有特定身份性，任何人均不得代替股东行使这一权利。④在仲裁案中，张某林方面罔顾事实，提出了超额的诉讼主张。为证明其合法性，便穷尽一切方式收集有力证据。⑤佳德公司已提交充分证据证明四上诉人具有不正当目的，则举证责任已转移至四上诉人。若四上诉人不能举证排除其查阅会计账簿与张某林的关联性，只要仲裁案件未结案，其就不能查阅公司会计账簿。⑥佳德公司已向四上诉人提交了公司全部工商设立、变更、年检登记文件及审计报告，全面履行了配合股东行使知情权的法定义务。

第三，关于诉讼前置程序。①佳德公司不存在“拒绝提供查阅”的情形，在一审中还向四上诉人提供了公司经营过程中形成的重要资料。因此，四上诉人无权依据公司法请求人民法院要求公司提供查阅。②四上诉人在申请书中将2009年4月23日设定为向佳德公司承诺的最后期限，而其起诉时尚处于其设定的承诺期限内，佳德公司4月17日还向四上诉人发出通知书，特别提示了有关事项。据此，四上诉人的起诉不符合法律规定的条件，相关主张不具备法定成立要件，一审判决将其驳回并无不当。

江苏省宿迁市中级人民法院经二审，确认了一审查明的事实。

本案二审的争议焦点是：(1) 四上诉人提起知情权诉讼是否符合法律规定的前置条件；(2) 四上诉人要求行使知情权是否具有不正当目的；(3) 四上诉人主张行使知情权的范围是否符合法律规定。

宿迁市中级人民法院二审认为：关于四上诉人起诉要求行使知情权是否符合《公司法》规定的前置条件。股东知情权是指法律赋予股东通过查阅公司的财务会计报告、会计账簿等有关公司经营、管理、决策的相关资料，实现了解公司的经营状况和监督公司高管人员活动的权利。股东知情权分为查阅权、检查人选任请求权和质询权。本案中，四上诉人诉请的性质为查阅权。

《公司法》(2005年) 第三十四条第二款规定：“股东可以要求查阅公司会计账簿。股东要求查阅公司会计账簿的，应当向公司提出书面请求，说明目的。公司有合理根据认为股东查阅会计账簿有不正当目的的，可能损害公司合法利益的，可以拒绝提供查阅，并应当自股东提出书面请求之日起十五日内书面答复股东并说明理由。公司拒绝提供查阅的，股东可以请求人民法院要求公司提供查阅。”依据上述法律规定，股东提起账簿查阅权诉讼的前置条件是股东向公司提出了查阅的书面请求且公司拒绝提供查阅。这一前置条件设定的目的在于既保障股东在其查阅权受侵犯时有相应的救济途径，也防止股东滥用诉权，维护公司正常的经营。本案中，四上诉人于2009年4月8日向佳德公司提出要求查阅或复制公司的所有资料（含公司会计账簿、原始凭证、契约、通信、传票、通知等）以了解公司实际财务状况的书面请求，虽然4月14日四上诉人至一审法院起诉时佳德公司尚未作出书面回复，但佳德公司在4月20日的复函中并未对四上诉人的申请事项予以准许，且在庭审答辩中亦明确表明拒绝四上诉人查阅、复制申请书及诉状中所列明的各项资料。至此，四上诉人有理由认为其查阅权受到侵犯进而寻求相应的法律救济途径，此时不宜再以四上诉人起诉时15天答复期未满而裁定驳回其起诉，而应对本案做出实体处理，以免增加当事人不必要的诉累。

关于四上诉人要求行使知情权是否具有不正当目的。由于股东的知情权涉及股东和公司之间的利益冲突，在保护股东利益的同时也应适当照顾公司的利益，使双方利益衡平，故知情权的行使应当符合一定的条件并受有一定的限制。本案中，四上诉人向被上诉人佳德公司提出书面请求说明其行使知情权的目的是了解公司实际经营现状，显属其作为有限责任公司股东应享有的知情权。佳德公司以四上诉人具有不正当目的为由拒绝其查阅，则应对四上诉人具有不正当目的并可能损害其合法利益承担举证责任。

被上诉人佳德公司认为四上诉人查阅会计账簿的目的是收集并向广厦公司提供工程款纠纷仲裁一案中对佳德公司不利的证据，损害佳德公司及其他股东的合法利益，其主要证据是四上诉人提交的申请书、诉状及授权委托书中均有张某林代李某君的签名，而张某林的身份系广厦公司派驻佳德公司工程的项目经理，且直接参与了广厦公司与佳德公司的仲裁一案。佳德公司所举证据不足以证明四上诉人查阅公司会计账簿具有不正当的目的，且可能损害佳德公司合法利益。理由如下：①因李某君的股份系受让自张某林，故其临时委托张某林代为签名也在情理之中。其后李某君本人在诉状及授权委托书上亲自签名，表明提起知情权诉讼系其真实意思表示。张某林之前受李某君委托在诉状及授权委托书中代为签名，其法律效力及法律后果应由李某君承担，张某林本身不是本案主张行使知情权的主体，并非如佳德公司所主张的系代替李某君行使知情权。最终能够实际行使知情权的也只能是佳德公司股东李某君，而非张某林。②四上诉人合计持有佳德公司54%的股权，其与佳德公司的利益从根本上是一致的。佳德公司如在与广厦公司仲裁一案中失利，客观上将对四上诉人的股东收益权造成不利影响。且提起本案诉讼的系上诉人李某君、吴某、孙某、王某兴四名股东，而非李某君一名股东，佳德公司仅以张某林代李某君签名，而认为四上诉人提起本案诉讼的目的在于为其利益冲突方广厦公司收集仲裁一案的不利证据，显然依据不足。③佳德公司虽有四上诉人在查阅公司会计账簿后可能会为广厦公司收集到直接导致佳德公司在仲裁一案中多支付工程款的相关证据，但未明确证据的具体指向。法院认为，《公司法》（2005年）第三十四条规定的公司拒绝查阅权所保护的是公司的合法利益，而不是一切利益。基于诚实信用原则，案件当事人理应对法庭或仲裁庭如实陈述，并按法庭或仲裁庭要求提供自己掌握的真实证据，以拒不出示不利于己的证据为手段而获得不当利益为法律所禁止。如佳德公司持有在仲裁一案中应当提供而未提供的相关证据，则不能认定股东查阅公司账簿可能损害其合法利益。综上，股东知情权是股东固有的、法定的基础性权利，无合理根据证明股东具有不正当目的，则不应限制其行使。佳德公司拒绝四上诉人对公司会计账簿行使查阅权的理由和依据不足，不予采信。

关于四上诉人主张行使知情权的范围是否符合法律规定。四上诉人请求查阅、复制被上诉人佳德公司的会计账簿、议事录、契约书、通信、纳税申报书等（含会计原始凭证、传票、电传、书信、电话记录、电文等）所有公司资料。被上诉人佳德公司辩称其已向四上诉人提交了自公司成立起的全部工商设立、变更、年检登记文件及审计报告等资料，履行了配合股东行使知情权的法定义务。对此，法院认为，股东知情权是股东享有对公司经营管理等重要情况或信息真实了解和掌握的权利，是股东依法行使资产收益、参与重大决策和选择管理者等的基础性权利。从立法价值取向上看，其关键在于保护中小股东合法权益。《公司法》（2005年）第三十四条第二款规定了股东可以要求查阅公司会计账簿，可见账簿查阅权是股东知情权的重要内容。股东对公司经营状况的知悉，最重要的内容之一就是通过查阅公司账簿了解公司财务状况。《会计法》（1999 年）第九条第一款规定：“各单位必须根据实际发生的经济业务事项进行会计核算，填制会计凭证，登记会计账簿，编制财务会计报告。”第十四条规定：“会计凭证包括原始凭证和记帐凭证。办理本法第十条所列的经济业务事项，必须填制或者取得原始凭证并及时送交会计机构。……记帐凭证应当根据经过审核的原始凭证及有关资料编制。”第十五条第一款规定：“会计帐簿登记，必须以经过审核的会计凭证为依据，并符合有关法律、行政法规和国家统一的会计制度的规定。会计帐簿包括总帐、明细帐、日记帐和其他辅助性帐簿。”因此，公司的具体经营活动只有通过查阅原始凭证才能知晓，不查阅原始凭证，中小股东可能无法准确了解公司真正的经营状况。根据会计准则，相关契约等有关资料也是编制记账凭证的依据，应当作为原始凭证的附件入账备查。据此，四上诉人查阅权行使的范围应当包括会计账簿（含总账、明细账、日记账和其他辅助性账簿）和会计凭证（含记账凭证、相关原始凭证及作为原始凭证附件入账备查的有关资料）。对于四上诉人要求查阅其他公司资料的诉请，因超出了《公司法》（2005 年）第三十四条规定的股东行使知情权的查阅范围，不予支持。关于查阅时间和地点，公司法赋予股东知情权的目的和价值在于保障股东权利的充分行使，但这一权利的行使也应在权利平衡的机制下进行，即对经营效率、经营秩序等公司权益未形成不利影响。因此，四上诉人查阅的应当是和其欲知情的事项相互关联的材料，而并非对公司财务的全面审计，故查阅应当在公司正常的业务时间内且不超过 10 个工作日，查阅的方便地点应在佳德公司。

关于四上诉人要求复制被上诉人佳德公司会计账簿及其他公司资料的诉讼请求，法院认为，公司法赋予了股东获知公司运营状况、经营信息的权利，但同时也规定了股东行使知情权的范围。《公司法》（2005 年）第三十四条第一款将股东有权复制的文件限定于公司章程、股东会会议记录、董事会会议决议、监事会会议决议和财务会计报告。第二款仅规定股东可以要求查阅公司财务会计账簿，但并未规定可以复制，而佳德公司章程亦无相关规定，因此四上诉人要求复制佳德公司会计账簿及其他公司资料的诉讼请求既无法律上的规定，又超出了公司章程的约定，不予支持。

综上，一审判决认定四上诉人行使股东知情权具有不正当目的错误，导致实体处理不当，依法应予纠正。江苏省宿迁市中级人民法院依照《公司法》（2005 年）第三十四条、《民事诉讼法》（2007 年）第一百五十三条第一款第（三）项之规定，于 2010 年 1 月 6 日判决：

①撤销宿迁市宿城区人民法院（2009）宿城民二初字第 00448 号民事判决；

②被上诉人佳德公司于本判决生效之日起 10 日内提供自公司成立以来的公司会计账簿（含总账、明细账、日记账、其他辅助性账簿）和会计凭证（含记账凭证、相关原始凭证及作为原始凭证附件入账备查的有关资料）供上诉人李某君、吴某、孙某、王某兴查阅。上述材料由四上诉人在佳德公司正常营业时间内查阅，查阅时间不得超过 10 个工作日；

③驳回上诉人李某君、吴某、孙某、王某兴的其他诉讼请求。

一审案件受理费 40 元、二审案件受理费 80 元，合计 120 元，由被上诉人佳德公司承担。

第六章　关于股权代持和股权转让引发的诉讼

股权是股东对公司享有的各项权利的简称，也是股东的一种财产。股东可以委托他人并以他人的名义对公司进行投资，此时即构成股权代持。股东可以出让自己的股权，民事主体可以购买他人持有的股权，统称为股权转让。股权是一种既抽象又复杂的财产，因此股权代持和股权转让也比其他财产的委托和转让复杂得多。

关于股权代持和股权转让诉讼的管辖问题，基本上都应当适用原告就被告的原则，但实际投资人要求登记为股东、股权转让请求公司变更登记和涉及公司决议的诉讼由公司住所地人民法院管辖。

关于股权代持和股权转让的诉讼时效问题，未见法律、行政法规和司法解释有特别规定，应当适用民事诉讼一般诉讼时效 3 年的规定，但如果涉及公司决议或者合同效力的则由特殊时效规定。

本章我们讨论受公司法和司法解释调整的有关股权代持和股权转让的诉讼。

一、请求确认股权代持关系的诉讼

股权代持关系是一种近似财产委托关系的借名投资关系，如果实际出资人和名义股东就是否存在代持关系发生争议，或者对代持协议是否有效产生异议，就可能引发是否存在代持关系的诉讼。如果法院审理确认存在代持关系，相关股权项下的财产权和收益权就归实际出资人拥有，如果法院审理确认不存在代持关系，相关股权项下的财产权和收益权就归登记股东拥有。

1. 诉讼方案

（1）主张自己是实际出资人的人提起诉讼的，以登记股东为被告，以确认代持关系，以原告是实际出资人应当享有股权项下的财产权和收益权为诉讼请求。

（2）登记股东提起诉讼的，以主张自己是实际出资人的人为被告，以确认不存在代持关系，以自己是实际出资人应当享有股权项下的财产权和收益权为诉讼请求。

2. 审判依据

《公司法解释（三）》第二十四条第一款规定："有限责任公司的实际出资人与名义出资人订立合同，约定由实际出资人出资并享有投资权益，以名义出资人为名义股东，实际出资人与名义股东对该合同效力发生争议的，如无合同法第五十二条规定的情形，人民法院应当认定该合同有效。"

3. 相似判例

（1）只有资金往来不能认定股权代持的案例。

案号：（2015）民申字第2044号

裁判要旨：根据《公司法解释（三）》的相关规定，认定股东为名义股东，除了要证明该股东未实际出资外，还要证明实际出资人与该股东之间已达成关于实际出资人出资并享有投资权益、以名义出资人为名义股东的约定。本案被告仅提交了拟证明其是原告名下出资实际提供者的证据，未证明其与原告之间有关于实际出资与名义持股的约定，不能认定原告为名义股东。此外，被告提交的《公司股东名册》与公司登记机关登记的股东信息不一致，且未提供证据证明公司登记机关登记的信息有误，不能依据该《公司股东名册》认定公司股东情况。即使有证据证明出资财产是被告提供的，也不能认定原告就是名义股东，还必须证明出资财产不是被告借贷给原告的。

（2）代持股权不是委托投资的判例。

案号：（2013）民四终字第20号

裁判要旨：股权归属关系与委托投资关系是两个层面的法律关系，前者因合法的投资行为而形成，后者则因当事人之间的合同行为而形成，保监会的规章仅仅是对外资股东持股比例所做的限制，而非对当事人之间的委托合同关系进行限制。因此，实际出资人不能以存在合法的委托投资关系为由主张股东地位，受托人也不能以存在持股比例限制为由否定委托投资协议的效力。本案中，博智公司（外商）与鸿元公司签订的《委托投资及托管协议》《协议书》，不仅包括双方当事人关于委托投资的约定，还包括当事人之间关于股权归属以及股权托管的约定。根据双方当事人的约定，鸿元公司的前身亚创公司系代博智公司持有股权而非自己享有股权。虽然上述协议均系双方当事人真实意思表示，但股权归属关系应根据合法的投资行为依法律确定，不能由当事人自由约定。

因此，就此案例来看，即使当事人约定双方之间的关系是股权代持关系，也不能据此认定双方之间的关系属股权代持关系，而应认定双方之间系委托投资合同关系。

4. 问题讨论

（1）股权代持关系是一种什么性质的法律关系

在《公司法解释（三）》颁布以前，对股权代持没有明确认定，《公司法解释（三）》第一次给予股权代持合法的身份，自此以后法院开始受理股权代持案件，律师开展股权代持业务。那么，股权代持是一种什么性质的法律关系呢？明确这个问题对处理好股权代持关系非常重要。

股权代持与民事委托、商事信托很相近，但是绝对不同。从我们国家目前对股权代持的法律认定和司法态度看，笔者认为股权代持实际是一种借名投资关系，与民法中的委托关系相近，与商事信托关系相远。股权投资既不同于民事委托，也不是委托投资，更不是投资信托。民事委托中受托人按照委托人的意志为委托人的利益行事。因委托事项给受托人造成损失的按照过错原则处理，因委托人的原因给受托人造成损失的由委托人赔偿。受托人可以向委托人要求支付报酬，委托人有义务按照约定向受托人支付报酬。而司法实践中对股权代持只承认投资利益应当由实际出资人享有，出资资产应当由实际出资人出，其他都是将名义股东作为股东对待。

（2）股权代持和股权信托的区别

股权代持是借名登记股东，与民法中的委托关系相近，这种关系多发生在自然人中间，无须政府许可，是一种营业资质，随时随地都可以发生。股权信托应当属于商法范畴，是商事委托关系，受托方必须拥有政府许可持有的营业资质，在我国，股权信托多发生在企业与企业之间。除主体和法律范畴不同外，两种法律关系的其他内容也有很大的区别。

二、实际出资人与登记股东关于投资权益的诉讼

投资权益包括相关股权项下的财产权、收益权和其他各项权利，如果股权是代持的，相关股权项下的财产权和收益权就应当归实际出资人享有，当然实际出资人是否应当向名义股东支付报酬，应当尊重当事人的意思。投资权益归属的诉讼可能独立于确认股权代持关系的诉讼，也可能依附于请求确认股权代持关系的诉讼。

1. 诉讼方案

（1）主张自己是实际出资人的人提起诉讼的，以名义股东为被告，以给付投资利益为诉讼请求。

（2）名义股东提起诉讼的，以实际出资人为被告，以支付代持报酬或者赔偿因代持股权所致的损失（或者以不存在代持关系，投资收益归自己所有）为诉讼请求。

2. **审判依据**

《公司法解释（三）》第二十四条第二款规定："前款规定的实际出资人与名义股东因投资权益的归属发生争议，实际出资人以其实际履行了出资义务为由向名义股东主张权利的，人民法院应予支持。名义股东以公司股东名册记载、公司登记机关登记为由否认实际出资人权利的，人民法院不予支持。"

三、名义股东处分代持股权引发的诉讼

名义股东虽被记载于公司章程和股东名册，并在工商机关备案，但却不是股权的实际所有人，对股权既不享有所有权，也不享有处分权。名义股东处分代持股权，包括转让、质押和其他方式的处分，应当征得实际出资人的同意并取得其书面授权。如果名义股东未征得实际出资人同意而处分代持股权，可能损害实际出资人的利益进而引发诉讼。

1. **诉讼方案**

（1）如果名义股东对代持股权的处分已经签订合同，实际出资人可以提起诉讼，以股权代持人为被告，处分相对人为第三人，诉讼请求为认定处分行为无效或者撤销处分行为。

（2）如果名义股东对代持股权的处分已经履行且无法恢复原状，或者处分行为的相对人被法院认定为《物权法》第一百零六条规定的善意第三人，实际出资人提起诉讼的，以股权代持人为被告，以处分相对人和公司为第三人，以名义股东赔偿实际投资人的损失为诉讼请求。

（3）处分相对人也可以提起诉讼，处分相对人提起诉讼的以股权代持人为被告，以实际出资人和公司为第三人，一般以请求确认处分股权行为有效或者维持处分行为为诉讼请求，或者主张缔约赔偿权。

2. 审判依据

《公司法解释（三）》第二十五条第一款：“名义股东将登记于其名下的股权转让、质押或者以其他方式处分，实际出资人以其对于股权享有实际权利为由，请求认定处分股权行为无效的，人民法院可以参照物权法第一百零六条的规定处理。”

《物权法》第一百零六条：“无处分权人将不动产或者动产转让给受让人的，所有权人有权追回；除法律另有规定外，符合下列情形的，受让人取得该不动产或者动产的所有权：

“（一）受让人受让该不动产或者动产时是善意的；

“（二）以合理的价格转让；

“（三）转让的不动产或者动产依照法律规定应当登记的已经登记，不需要登记的已经交付给受让人。

“受让人依照前款规定取得不动产或者动产的所有权的，原所有权人有权向无处分权人请求赔偿损失。

“当事人善意取得其他物权的，参照前两款规定。”

3. 相似判例

代持人破产代持股权认定为破产财产案例。

案号：（2013）民申字第758号

裁判要旨：广诚公司虽为案涉股权的实际出资人，其与飞越集团签订协议约定该股权为广诚公司所有，但该股权登记在飞越集团名下，且经中国证券登记结算有限责任公司予以确认，飞越集团、棱光公司亦向社会予以公告，对外具有公示效应。因此，在对内关系上，广诚公司与飞越集团之间应根据双方的协议约定，广诚公司为该股权的权利人；在对外关系上，即对广诚公司与飞越集团以外的其他人，应当按照公示的内容，认定该股权由记名股东飞越集团享有。

2008年7月9日，法院受理闽发证券有限责任公司申请飞越集团破产还债一案，2009年10月28日，裁定宣告飞越集团破产。闽发证券有限责任公司根据登记及公告的公示公信力，有理由相信飞越集团持有棱光公司的股份，有权利就该股权实现其债权。如果支持广诚公司确认股权的诉讼请求，必然损害飞越集团其他债权人的利益。因此，一、二审判决虽认可广诚公司与飞越集团之间存在代持股权事实，但对广诚公司的诉讼请求不予支持，是正确的。至于广诚公司作为实际出资人如何实现其债权的问题，一审判决已经明确告知其应通过破产程序申报债权解决。

4. 问题讨论

关于代持股权项下股东权益的分享问题。

股权包括股东对公司享有的财产权、参与决策权、人事权、知情权和诉讼权，是这五项权利的集合。那么，在股权代持的情况下，代持股权项下的这五项权利如何分配呢？从《公司法解释（三）》的规定和商事外观主义的原则及实务来看，实际出资人只能直接享有财产权，而其他权利只能由登记股东享有。当然实际投资人和名义股东之间如何处理财产权以外的股东权利，则由实际出资人和登记股东自行约定，不属于公司法管辖的范畴。不过从公司治理规范和司法实务来看，财产权以外的权利只能由登记股东享有。

四、债权人关于名义股东补充赔偿责任的诉讼

名义股东以实际出资人的财产对公司进行出资，并将自己登记为公司的股东。如果实际出资人没有履行出资义务或者没有全面履行出资义务，又或者抽逃出资，债权人可以名义股东为被告提起股东补充赔偿的诉讼。如果名义股东被登记为公司的发起人股东，其他发起人股东没有履行出资义务或者没有全面履行出资义务时，公司、股东、债权人可以提起诉讼要求名义股东承担连带责任。

1. 诉讼方案

（1）面对登记股东没有履行或者没有全面履行出资义务，公司可以提起诉讼，被告为登记股东，诉讼请求为向公司履行出资义务。

（2）面对登记股东没有履行或者没有全面履行出资义务，股东可以提起诉讼，被告为登记股东，诉讼请求为向公司履行出资义务。

（3）面对登记股东没有履行或者没有全面履行出资义务，公司债权人可以登记股东为被告提起股东补充赔偿责任诉讼，诉讼请求为对公司不能清偿的债务承担补充赔偿责任。

（4）如果登记股东是公司的发起人股东，如果有其他发起人股东没有履行出资义务或者没有全面履行出资义务，前述公司、股东、债权人提起诉讼的，可以登记股东为共同被告，要求其承担连带责任。

2. 审判依据

《公司法解释（三）》第二十六条第一款规定："公司债权人以登记于公司登记机关的股东未履行出资义务为由，请求其对公司债务不能清偿的部分在未出资本息范围内承担补充赔偿责任，股东以其仅为名义股东而非实际出资人为由进行抗辩的，人民法院不予支持。"第二款规定："名义股东根据前款规定承担赔偿责任后，向实际出资人追偿的，人民法院应予支持。"

3. 相似判例

名义股东的债权人申请强制执行代持股权的案例。

案号：（2013）民二终字第111号

裁判要旨：《公司法》第三十三条第三款规定："公司应当将股东的姓名或者名称向公司登记机关登记；登记事项发生变更的，应当办理变更登记。未经登记或者变更登记的，不得对抗第三人。"依据该条规定，依法进行登记的股东具有对外公示效力，隐名股东在公司对外关系上不具有公示股东的法律地位，不能以其与显名股东之间的约定为由对抗外部债权人对显名股东主张的正当权利。当显名股东因未能清偿到期债务而成为被执行人时，其债权人依据工商登记中记载的股权归属，有权向人民法院申请对该股权强制执行。因此，本案中，交易中心是否为三力期货公司的实际出资人，不影响科技支行实现其对三力期货公司股权进行强制执行的权利主张。故交易中心关于停止对粮油集团和龙粮公司所持有三力期货公司股权强制执行的请求，没有事实和法律依据，法院不予支持。

4. 问题讨论

关于股权代持项下股东义务的分配问题。

股东的主要义务包括出资义务，出资违约连带填补义务，不得抽逃出资义务，股东连带补充赔偿义务，尊重公司独立性和财产独立义务等。在股权代持的情况下，代持股权项下的这些义务，从商事外观主义原则和审判实践来看，都由登记股东承担。当然登记股东承担这些义务后有权向实际出资人追偿。

但是根据《全国法院民商事审判工作会议纪要》（征求意见稿）的规定，公司债权人以名义股东未履行或者未完全履行出资义务为由，请求实际出资人在未出资范围内对公司债务不能清偿的部分承担补充赔偿责任，其提供的股权代持协议等证据如足以证明名义股东仅是代实际出资人持股的，根据权利义务相一致的原则，人民法院应予支持。

五、实际投资人要求显名的诉讼

实际出资人是出资义务的履行者，也是相关股东权益的享有者，但限于有限责任公司股东人合性的要求，实际出资人要想显名将自己登记为公司的股东，法律介入的能力非常有限，主要取决于公司其他股东的意思。只有公司多数股东同意，法院才支持实际出资人关于显名的诉讼请求。

1. 诉讼方案

原告为实际出资人，被告为公司，名义股东为第三人，以将原告变更登记为公司股东为诉讼请求。只有当实际出资人关于登记为公司股东的请求已经得到公司其他股东半数以上同意时，法院才会支持原告显名的请求，否则法院不支持实际出资人关于登记为公司股东的诉讼请求。

2. 审判依据

《公司法解释（三）》第二十四条第三款规定："实际出资人未经公司其他股东半数以上同意，请求公司变更股东、签发出资证明书、记载于股东名册、记载于公司章程并办理公司登记机关登记的，人民法院不予支持。"

3. 相似判例

隐名股东的隐名股东显名的判例。

案号：（2014）民二终字第185号

裁判要旨：和泰公司（目标公司）工商登记显示的三个股东为华纺公司、和城公司及利鑫达公司。根据相关协议，华纺公司、和城公司与源远公司之间成立股权代持关系，前者为目标公司的名义股东；而根据相关协议，王某甲、张某甲等自然人就涉案项目的开发权益及和泰公司的股权与源远公司亦成立股权代持关系，源远公司为名义出资人。虽然王某乙与和泰公司之间并不存在直接的出资关系，但一审中，华纺公司、和城公司、和泰公司表示，只要张某乙、王某乙等实际投资人达成一致意见，其可以按源远公司的要求将剩余的43%的股权变更至源远公司指定的人员名下；利鑫达公司对此亦不持异议。一审判决认定王某乙为和泰公司股东，确认其享有和泰公司14.33%的股权，不违反《公司法解释（三）》第二十四条第三款的规定，该项判决予以维持。实际投资人的实际投资人要求登记为公司股东的，经过其名义股东及公司其他股东半数以上同意的，法院予以支持。

4. 问题讨论

（1）有限责任公司涉及人合事项的决议股东以人数决

关于不涉及有限责任公司股东人合事项的股东会会议决议，《公司法》第四十二条规定："股东会会议由股东按照出资比例行使表决权，但是，公司章程另有规定的除外。"而涉及有限责任公司股东人合事项的，公司法和相关司法解释都没有规定由股东会会议做出决议，而是由股东按照人数做出决定。比如《公司法》第七十一条股东向股东以外的人转让股权的，由于涉及股东的人合问题，故规定"股东向股东以外的人转让股权，应当经其他股东过半数同意"。《公司法解释（三）》第二十四条第三款规定的实际出资人显名，也涉及有限责任公司股东的人合问题，故也规定"实际出资人未经公司其他股东半数以上同意，请求公司变更股东、签发出资证明书、记载于股东名册、记载于公司章程并办理公司登记机关登记的，人民法院不予支持。"请注意股东人数决和股东股数决的区别。

（2）有限责任公司其他股东过半数知道隐名投资的法院支持显名

《全国法院民商事审判工作会议纪要》明确，实际出资人能够提供证据证明有限责任公司过半数的其他股东知道其实际出资的事实，且对其实际行使股东权利未曾提出异议的，对实际出资人提出的登记为公司股东的请求，人民法院依法予以支持。公司以实际出资人的请求不符合《公司法解释（三）》第二十四条的规定为由抗辩的，人民法院不予支持。

六、因转让空股引起的诉讼

空股是指尚未履行出资义务的股权。股权是股东对公司享有的权利，但股东对公司的权利需要以履行出资义务为基础。如果股东没有履行出资义务或者没有全面履行出资义务，在转让其股权时又没有将实情告知受让方，该股东不仅对受让方不诚信，而且对公司也未尽应尽之义务。面对股东转让没有履行出资义务或者没有全面履行出资义务的股权，公司可以提起诉讼，其他股东可以提起诉讼，公司债权人可以提起诉讼，股权交易双方也可以提起诉讼。

1. 诉讼方案

（1）公司提起诉讼的，以股权的出让方和受让方为共同被告，诉讼请求根据情形而定，被告是未履行出资义务股东的，诉讼请求为履行出资义务，被告是没有全面履行出资义务股东的，诉讼请求为补足出资义务，股权出让方和股权受让方对此承担连带责任。

（2）其他股东提起诉讼的，被告和诉讼请求同上。但股东提起此类诉讼的要列公司为第三人，由公司享有胜诉利益。

（3）债权人提起股东补充赔偿责任诉讼的，以股权的出让方和受让方为共同被告，诉讼请求为被告在没有履行出资义务或者没有全面履行出资义务范围内，对公司不能清偿的债务承担连带补充赔偿责任。

（4）股权出让方提起诉讼的，以受让方为被告，列公司为第三人，诉讼请求为被告按照股权转让协议的约定向公司履行出资义务，如果股权出让方已经被迫履行了出资义务则为赔偿自己的损失。

（5）股权受让方提起诉讼的，以出让方为被告，列公司为第三人，诉讼请求为被告按照股权转让协议的约定向公司履行出资义务，如果股权受让方已经被迫履行了出资义务则为赔偿自己的损失。

2. 审判依据

《公司法解释（三）》第十八条第一款规定："有限责任公司的股东未履行或者未全面履行出资义务即转让股权，受让人对此知道或者应当知道，公司请求该股东履行出资义务、受让人对此承担连带责任的，人民法院应予支持；公司债权人依照本规定第十三条第二款向该股东提起诉讼，同时请求前述受让人对此承担连带责任的，人民法院应予支持。"第二款规定："受让人根据前款规定承担责任后，向该未履行或者未全面履行出资义务的股东追偿的，人民法院应予支持。但是，当事人另有约定的除外。”

3. 相似判例

（1）受让方对空股项下出资义务承担连带责任判例。

案号：湖北省高级人民法院（2018）鄂民申184号

基本案情：景发公司成立时的公司章程确定张某民出资额为300万元，其中40万元为货币，260万元为土地使用权。但张某民仅实际出资货币50万元，尚有250万元的出资义务没有履行。2006年10月11日，张某民将自己持有的景发公司的300万元出资股权转让给王某园，王某园知道张某民仅实际出资50万元。

争议焦点：被告王某园对张某民的欠缴出资，是否负有连带缴足的责任。

裁判要旨：根据《公司法解释（三）》第十八条第一款之规定，王某园作为受让人，对张某民的欠缴出资应当承担连带缴足责任。景发公司2006年10月11日的注册资本为600万元，而王某园实缴出资600万元，其实缴出资抵充张某民欠缴的250万元出资，视为张某民的出资义务履行完毕。至于王某园是否可向张某民追索，则属其二人之间的法律关系，与景发公司无关。景发公司诉请张某民继续履行250万元的出资义务，一、二审法院不予支持，并无不当。

（2）出让方对公司债权人承担补充赔偿责任判例。

裁判要旨：公司股东未全面履行出资义务即转让股权，公司债权人请求该股东在未出资本息范围内对公司债务不能清偿的部分承担补充赔偿责任的，人民法院应予支持。原告提供及法院在工商部门调取的证据可以证明，被告XX电器有限公司和被告YY散热器公司在未履行增资1200万元出资义务的情况下即先后转让股权，故对原告要求被告YY散热器公司和被告XX电器有限公司在未出资1200万元范围内对被告镇江AA电气有限公司上述债务承担补充赔偿责任的请求，法院予以支持。

依照《合同法》第四十四条第一款、第一百零九条、第一百一十四条第一款、第二百八十六条，《最高人民法院关于审理建设工程施工合同纠纷案件适用法律问题的解释》第十六条第一款、第十七条、第十八条，《公司法》第二十条第三款、第二十八条第一款，《公司法解释（三）》第十三条第二款、第十九条第一款和《民事诉讼法》第六十四条、第一百四十二条之规定，判决如下：

①被告镇江AA电气有限公司应于本判决生效之日起10日内向原告江苏天安建设有限公司给付工程款13004133.62元及欠付工程款的利息损失2932938.59元（从2015年7月1日至实际付清之日的利息损失计算方法为：500万元按24%/年计付，剩余8004133.62元工程款按中国人民银行同期同类贷款基准利率计付）；

②被告镇江AA电气有限公司应于本判决生效之日起10日内向原告江苏天安建设有限公司返还工程保证金133616.06元及利息损失22682元（从2015年7月1日至实际付清之日利息损失按中国人民银行同期同类贷款基准利率计付）；

③被告镇江YY散热器有限公司、被告镇江XX电器有限公司在未出资1200万元范围内对被告AA电气公司所欠原告江苏天安建设有限公司上述债务承担补充赔偿责任；

④驳回原告江苏天安建设有限公司的其他诉讼请求。案件受理费101378元、公告费300元、保全费5000元，合计106678元，由被告镇江AA电气有限公司、镇江YY散热器有限公司、江苏XX电器有限公司共同负担。

现一审判决已发生法律效力。

4. 问题讨论

（1）什么样的空股可以受让

随着公司注册资本制度的改革，非上市公司股东认缴尚未实缴出资的空股越来越多。关于空股、实股及股东权利问题，《公司法》第三十四条规定：“股东按照实缴的出资比例分取红利；公司新增资本时，股东有权优先按照实缴的出资比例认缴出资。但是，全体股东约定不按照出资比例分取红利或者不按照出资比例优先认缴出资的除外。”《公司法》第四十二条规定：“股东会会议由股东按照出资比例行使表决权；但是，公司章程另有规定的除外。”从这些规定及公司法实务来看，空股大致可以分为四种：有权空股，指持有该种空股的股东享有股东的完整权利；无权空股，指持有该种空股的股东不享有股东权利或者股东权利受到了限制；守约空股，指缴付期限尚未届满的空股；违约空股，指已经超过缴付期限的空股。这种四种空股往往是交叉的，比如违约空股可能是无权空股，也可能是有权空股。

哪种空股可以受让呢？守约有权空股可以受让，违约无权空股不能受让，违约有权空股谨慎受让。

（2）受让空股约定谁履行出资义务好

空股是尚未履行出资义务的股权，空股可以转让。转让空股的价格有两种情况：①由受让方履行空股项下的出资义务，空股的转让价格等于投后目标公司的估值乘以转让股权的比例减去空股项下的出资额；②由出让方履行空股项下的出资义务，空股的转让价格等于投后目标公司估值乘以转股比例。由此可见，对受让方来说两者的付出是一样的，不同的是由受让方履行出资义务的，出资款项不交付给股权的出让方，由股权的受让方直接向公司履行，对股权受让方的风险小；而由股权出让方向公司履行出资义务的，出资款项交给股权出让方，对股权受让方的风险大。既然出资相同，一个风险大一个风险小，当然应当选择风险小的。这是对股权受让方而言，如果对股权出让方而言则相反，对于股权出让方来说，自己没有拿到出资款项，如果受让方不按照公司章程和转股协议履行出资义务，自己还要依法先承担已经转让股权项下的出资义务。

七、股东出让股权后又另外处分引发的诉讼

股权转让后如果完成了工商登记，出让方就无法进行再处分，如果没有进行工商登记，出让方就有再处分的机会。再处分包括另外转让，设立质押

担保和其他处分。如果股东将转让的股权另外处分，就会损害受让方的利益，引起诉讼。

1. 诉讼方案

（1）先买人起诉的，以出让人为被告，以后处分的相对人和公司为第三人，诉讼请求为由原告买得。

（2）后处分相对人起诉的，以出让人为被告，以先买人和公司为第三人，诉讼请求为后处分行为有效。

（3）如果法院认定先买人买得，后处分相对人的合同目的就不能实现，后处分相对人可以提起诉讼，被告为股权出让人，先买人为第三人，诉讼请求为赔偿自己的损失或者承担违约责任。

2. 审判依据

《公司法解释（三）》第二十七条第一款规定："股权转让后尚未向公司登记机关办理变更登记，原股东将仍登记于其名下的股权转让、质押或者以其他方式处分，受让股东以其对于股权享有实际权利为由，请求认定处分股权行为无效的，人民法院可以参照物权法第一百零六条的规定处理。"

3. 问题讨论

（1）关于《物权法》第一百零六条的适用

《物权法》第一百零六条规定："无处分权人将不动产或者动产转让给受让人的，所有权人有权追回；除法律另有规定外，符合下列情形的，受让人取得该不动产或者动产的所有权：

"（一）受让人受让该不动产或者动产时是善意的；

"（二）以合理的价格转让；

"（三）转让的不动产或者动产依照法律规定应当登记的已经登记，不需要登记的已经交付给受让人。

“受让人依照前款规定取得不动产或者动产的所有权的，原所有权人有权向无处分权人请求赔偿损失。

“当事人善意取得其他物权的，参照前两款规定。”

根据《物权法》第一百零六条的规定，如果认定后处分相对人为善意第三人需要同时具备三个条件：一是对在先的转让不知情；二是价格合理；三是需要登记的已经登记，不需要登记的已经交付。如果后处分相对人满足这三项就构成善意第三人，维持后处分的效力。如果后处分也没有进行工商变更登记，则支持在先的股权转让。

（2）股权受让方何时取得股东权利

《公司法》第三十二条明确规定了记载于公司股东名册的股东可以依照股东名册主张行使股东权利，公司股东发生变更的应当向公司登记机关进行变更登记，未进行变更登记的不得对抗第三人。《全国法院民商事审判工作会议纪要》进一步明确，当事人之间转让有限责任公司股权，受让人以其姓名或者名称已记载于股东名册为由主张其已经取得股权的，人民法院依法予以支持，但法律、行政法规规定应当办理批准手续生效的股权转让除外。未向公司登记机关办理股权变更登记的，不得对抗善意相对人。

八、股权受让人请求赔偿的诉讼

股权是一种需要登记的权利型财产，股权转让没有进行相关股权变更登记，不仅使受让方的财产处于不确定的状态，也可能导致受让方的损失。出让方负有如约及时配合进行股权转让登记的义务，公司负有为股东及时完成股权转让变更登记的责任。如果出让方没有如约及时履行配合股权变更登记的义务，公司没有及时进行股权转让的变更登记，致使股权受让方遭受了损失，出让方和公司的有关责任人需要依法承担相应的责任，遭受损失的股权受让方可以通过诉讼提出赔偿的主张。

1. 诉讼方案

（1）在股权转让协议签订后，出让人又另外处分股权，而且法院认定后处分有效，先买人就无法实现自己的合同目的，先买人可以出让人为被告，以后处分相对人为第三人提起诉讼，诉讼请求为出让人承担违约责任或者赔偿自己的损失。

（2）如果股权转让双方及时向公司申请股东变更登记，如果因公司迟延变更登记使股权出让方有机会另外处分转让的股权，不能实现合同目的的先买人可以股权出让人和目标公司有过错的董事、高管或实际控制人为共同被告，诉讼请求为除要求股权出让人承担违约责任或者赔偿损失损失外，要求目标公司有过错的董事、高管或实际控制人承担相应的责任。

2. 审判依据

《公司法解释（三）》第二十七条第二款规定："原股东处分股权造成受让股东损失，受让股东请求原股东承担赔偿责任、对于未及时办理变更登记有过错的董事、高级管理人员或者实际控制人承担相应责任的，人民法院应予支持；受让股东对于未及时办理变更登记也有过错的，可以适当减轻上述董事、高级管理人员或者实际控制人的责任。"

3. 问题讨论

（1）股权转让价格有哪些类型

从实务来看，股权转让价格各种各样，但大致可以分三种类型。第一种是既定价格，即根据尽调和评估结果由交易双方在合同中确定股权的转让价格，不出现合同约定的重大情形，股权转让价格不作调整。国有产权转让采取的就是这种价格类型。第二种是生成价格，即在合同中约定一个股权转让的基础价格和价格生成的机制，待目标公司管理权移交时根据对目标公司资产和负债的稽核结果，按照价格生成机制确定最终的交易价格。跨国股权并购多采用这种价格类型。第三种是对赌价格，即在股权转让或者增资合同中约定目标公司的基础业绩及业绩增长率或者目标公司的成长指标比如上市，目标公司仍交由出让方管理，在约定的时间内目标没有实现对赌目标的，出让方或者目标公司的股东要按照约定向投资方承担赔偿责任。风投创投多采用这种类型价格对外投资。

(2)《全国法院民商事审判工作会议纪要》关于对赌价格的内容

实践中俗称的“对赌协议”，又称估值调整协议，是指投资方与融资方在达成股权性融资协议时，为解决交易双方对目标公司未来发展的不确定性、信息不对称以及代理成本而设计的包含了股权回购、金钱补偿等对未来目标公司的估值进行调整的协议。从订立“对赌协议”的主体来看，有投资方与目标公司的股东或者实际控制人“对赌”、投资方与目标公司“对赌”、投资方与目标公司的股东、目标公司“对赌”等形式。人民法院在审理“对赌协议”纠纷案件时，不仅应当适用合同法的相关规定，还应当适用公司法的相关规定；既要坚持鼓励投资方对实体企业特别是科技创新企业投资原则，从而在一定程度上缓解企业融资难问题，又要贯彻资本维持原则和保护债权人合法权益原则，依法平衡投资方、公司债权人、公司之间的利益。对于投资方与目标公司的股东或者实际控制人订立的“对赌协议”，如无其他无效事由，认定有效并支持实际履行，实践中并无争议。但投资方与目标公司订立的“对赌协议”是否有效以及能否实际履行，存在争议。对此，应当把握如下处理规则：

投资方与目标公司订立的“对赌协议”在不存在法定无效事由的情况下，目标公司仅以存在股权回购或者金钱补偿约定为由，主张“对赌协议”无效的，人民法院不予支持，但投资方主张实际履行的，人民法院应当审查是否符合公司法关于“股东不得抽逃出资”及股份回购的强制性规定，判决是否支持其诉讼请求。

投资方请求目标公司回购股权的，人民法院应当依据《公司法》第三十五条关于“股东不得抽逃出资”或者第一百四十二条关于股份回购的强制性规定进行审查。经审查，目标公司未完成减资程序的，人民法院应当驳回其诉讼请求。

投资方请求目标公司承担金钱补偿义务的，人民法院应当依据《公司法》第三十五条关于“股东不得抽逃出资”和第一百六十六条关于利润分配的强制性规定进行审查。经审查，目标公司没有利润或者虽有利润但不足以补偿投资方的，人民法院应当驳回或者部分支持其诉讼请求。今后目标公司有利润时，投资方还可以依据该事实另行提起诉讼。

（3）关于对赌价格的思考

第一，增资和受让股权都是目标公司股东和投资方的交易，都可以适用对赌价格。

第二，对赌价格属于价格范畴，是根据目标公司的业绩和成长调整股权交易双方利益关系的机制，对赌价格只能用来调整目标公司股东和投资方这两个股权交易主体之间的利益关系。

第三，目标公司不是股权交易（包括增资和受让股权）的主体，也不能成为对赌价格的主体，目标公司是股权交易的标的，股权交易的价格与目标公司没有直接的利益关系，目标公司既不能成为对赌价格的赢家也不能成为对赌价格的输家。

第四，如果把目标公司作为对赌价格的主体，一旦投资方赌赢了，就会出现股东先受益（无论是转让股权对赌还是增资对赌都是目标公司的股东受益），公司后付出的情况，这有悖公司企业制度，可能构成股东抽逃出资。

第五，《全国法院民商事审判工作会议纪要》提出的以公司利润和减资对价向投资方赔偿的问题，其实都是股东作为对赌价格的主体，而不是公司作为对赌价格的主体，都是股东赌输了用从公司合法取得的财产来赔偿投资方的损失，因为利润分配和减资对价都是股东的财产。

九、损害其他股东优先购买权引发的诉讼

有限责任公司章程大多规定股东向股东以外的人转让股权，其他股东享

有同等条件优先购买的权利。因此，除非公司章程另有规定，否则如果股东向股东以外的人转让股权，没有通知其他股东征得其同意，或者以欺诈、恶意串通手段损害其他股东优先购买权的，其他股东享有通过诉讼主张优先购买权的权利。

1. 诉讼方案

（1）主张股权优先购买权的诉讼，原告为其他股东，被告为对外转让股权的股东，可以列股权受让人为第三人，诉讼请求为由原告按照股权对外转让的条件购买对外转让的股权。

（2）如果股权受让人构成善意第三人或者因其他原因其他股东无法实现自己对股权的优先购买权，其他股东可以转让股东为被告提起赔偿之诉，请求法院判令转让股东赔偿原告因其违反公司法或者公司章程的规定使原告丧失股东优先购买权的损失。

（3）如果法院支持了其他股东的优先购买权，或者出让股权的股东反悔不再转让股权，股东以外的股权购买人将无法实现股权转让合同的目的，在这种情况下，股东以外的股权购买人可以提起诉讼，该诉讼以股权出让人为被告，以向原告赔偿不履行股权转让合同的违约金或者损失为诉讼请求。

2. 审判依据

《公司法》第七十一条规定："有限责任公司的股东之间可以相互转让其全部或者部分股权。

"股东向股东以外的人转让股权，应当经其他股东过半数同意。股东应就其股权转让事项书面通知其他股东征求同意，其他股东自接到书面通知之日起满三十日未答复的，视为同意转让。其他股东半数以上不同意转让的，不同意的股东应当购买该转让的股权；不购买的，视为同意转让。

"经股东同意转让的股权，在同等条件下，其他股东有优先购买权。两个以上股东主张行使优先购买权的，协商确定各自的购买比例；协商不成的，按照转让时各自的出资比例行使优先购买权。

“公司章程对股权转让另有规定的，从其规定。”

《公司法解释（四）》第二十一条第一款规定：“有限责任公司的股东向股东以外的人转让股权，未就其股权转让事项征求其他股东意见，或者以欺诈、恶意串通等手段，损害其他股东优先购买权，其他股东主张按照同等条件购买该转让股权的，人民法院应当予以支持，但其他股东自知道或者应当知道行使优先购买权的同等条件之日起三十日内没有主张，或者自股权变更登记之日起超过一年的除外。”第二款规定：“前款规定的其他股东仅提出确认股权转让合同及股权变动效力等请求，未同时主张按照同等条件购买转让股权的，人民法院不予支持，但其他股东非因自身原因导致无法行使优先购买权，请求损害赔偿的除外。”

3. 相似判例

来源：最高人民法院公报案例（2005 年第 2 期）——北京新奥特公司诉华融公司股权转让合同纠纷

裁判经过：原审法院（北京市高级人民法院）审理查明：2002 年 6 月 28 日，中国华融资产管理公司（以下简称华融公司，上诉人，原审被告）与案外人比特科技控股股份有限公司（以下简称比特科技）、北京新奥特集团有限公司（以下简称新奥特集团，上诉人，原审原告）签订关于北京北广电子集团有限责任公司（以下简称北广集团）的股权转让协议，协议的主要内容是：比特科技、新奥特集团共同组成收购团收购华融公司持有的北广集团 55.081% 的股权，股权转让的最终价格不低于 3 亿元。

2002 年北广集团的另一股东北京电子控股有限公司（以下简称电子公司）在临时股东会议上反对华融公司向外部转让股权。同年 9 月 23 日，电子公司作为申请人，以华融公司为被申请人，向北京仲裁委员会申请就电子公司作为北广集团股东有权享有优先购买权作出相关裁决。同年 12 月 9 日裁决：电子公司有权行使同等条件股权的优先购买权。2002 年 12 月 31 日前一次性将转让的总价款3亿元付给华融公司。依据上述裁决，同年12月20日，电子公司与华融公司签约；同年12月23日，电子公司向华融公司付款。

因华融公司与新奥特集团、比特科技签订的股权转让协议未能继续履行，新奥特集团于同年12月19日向原审法院提起诉讼，请求判令华融公司继续履行股权转让协议；赔偿因违反股权转让协议造成的损失19816077元；承担诉讼费和律师费用。

原审法院审理认为：华融公司与比特科技、新奥特集团于2002年6月28日签订的关于北广集团的股权转让协议为各方当事人的真实意思表示，签约各方本应依约履行。因北京仲裁委员会先于本案的生效裁决书裁决北广集团的另一股东电子公司对华融公司拟转让的股权享有同等条件的优先购买权，且电子公司与华融公司已就此在仲裁裁决指定的时间内，签订了协议并给付款项，故华融公司与比特科技、新奥特集团股权转让协议目的已不能实现，履行合同的基础条件已经不具备，该合同应终止履行。故对新奥特集团要求继续履行股权转让协议的诉讼请求不予支持。

华融公司明知股权转让协议可能发生履行不能的后果，仍与新奥特集团签订股权转让协议及多项附属协议，并于电子公司申请仲裁后，仍收取股权转让款，其对造成本案纠纷负有主要责任，应为此承担相应后果。

新奥特集团在与华融公司签约过程中对其所购股权处于不确定状态及风险已经知悉，亦应对因股权转让协议不能履行而形成的部分损失承担相应责任。

新奥特集团对于赔偿在股权转让协议正常履行情况下其可能取得的收益、收购项目组的相关费用等请求不予支持。新奥特集团为实现合同目的，促成双方协议的履行所支付的款项而形成的部分损失，应由华融公司予以赔偿。

一审判决：（1）华融公司与比特科技、新奥特集团签订的关于北广集团的股权转让协议及相关协议终止履行；（2）华融公司赔偿新奥特集团损失300万元；（3）一审案件受理费、财产保全费均由华融公司负担。

最高人民法院认为：华融公司与新奥特集团、比特科技签订的股权转让协议是当事人的真实意思表示，且不违反相关的法律、行政法规的禁止性规定，属有效合同。

股权转让协议未能继续履行的原因在于北京仲裁委员会生效的裁决书裁决案外人电子公司对华融公司拟转让的股权享有同等条件的优先购买权，且电子公司与华融公司已在仲裁裁决指定的时间内，签订协议并向华融公司给付了3亿元股权转让款。电子公司实际行使优先购买权的行为，使华融公司与新奥特集团签订的股权转让协议的标的不复存在，继续履行股权转让协议已不可能。原审判令该股权转让协议终止履行并无不当，双方当事人也未对此提起上诉，故法院对该项判决予以维持。

本案的争议焦点：（1）股权转让协议终止履行后，给新奥特集团造成的损失如何承担；（2）股权转让协议终止履行造成的损失的计算问题。

关于新奥特集团因支付的股权转让款所产生的损失问题。股权转让款如何筹集是新奥特集团自身的行为，资金的来源可能有多种，华融公司可以预见的合理损失只应是其实际占有资金期间的利息损失，而不应包括新奥特集团对外融资所产生的实际费用，故该部分损失应以华融公司实际占有资金的时间和金额，按照中国人民银行半年定期存款利率计算。新奥特集团为履行合同所支付的咨询费、审计费、财务顾问费、人员工资等，是其为实现合同目的，诚意履约而实际支付或必须对外支付的款项，应认定为合同不能履行所产生的损失。

最高人民法院二审判决：（1）原审判令该股权转让协议终止履行并无不当，双方当事人也未对此提起上诉，故法院对该项判决予以维持。（2）二审认定的新奥特集团损失双方各按50%承担。本案一、二审诉讼费双方各按50%承担。

裁判要旨：股东优先购买权是法律规定有限公司股东在同等条件下对其他股东拟对外转让股权享有优先购买的权利，是一种为保证有限公司的人合性而赋予股东的权利。优先权的规定并不是对拟转让股权的股东股权的限制或其自由转让股权的限制。其他股东依法行使优先权，并不能证明拟对外转让股权的股东对其持有股权不享有完全的、排他的权利。因此，即使股权转让方未告知优先权人或征得优先权人同意，股权转让协议依然具有确定的法律效力。

4. 问题讨论

（1）如何理解《公司法》第七十一条关于股东优先购买权的规定

《公司法》第七十一条是关于股东向股东以外的人转让股权其他股东享有同等条件优先购买权的规定，从其内容来看，以程序为主，以实体为辅，我们逐句解析如下：

《公司法》第七十一条第一款规定："有限责任公司的股东之间可以相互转让其全部或者部分股权。"通常理解为股东向股东转让股权其他股东无优先购买权之说，但如果公司章程另有规定的则从公司章程的规定。

《公司法》第七十一条第二款规定："股东向股东以外的人转让股权，应当经其他股东过半数同意。股东应就其股权转让事项书面通知其他股东征求同意，其他股东自接到书面通知之日起满三十日未答复的，视为同意转让。其他股东半数以上不同意转让的，不同意的股东应当购买该转让的股权；不购买的，视为同意转让。"

这是关于其他股东先买权的实体性规定和程序性规定。通常我们只注意同等条件优先购买权，不注意先买权。根据这一款的规定，股东拟对外转让股权应当首先询问其他股东是否同意，为此要向其他股东发出关于转让事项的书面通知征求其他股东的意见，如果其他股东过半数同意，可以无视不同意的股东，启动对外转让；如果其他股东半数以上不同意，出让方不能启动对外转让，出让方要与不同意对外转让的股东协商转让事宜。但是协商多长时间，以什么条件为基准（注意这时尚没有转让条件）协商，法条没有说，只规定不购买的，视为同意转让。视同是推定，没有时间限制的推定是永远也无法成立的推定。所以《公司法》第七十二条第二款规定的不同意对外转让的股东的先买权，在实务中是非常难操作的。如果公司的股东少，股东之间有矛盾，一方拟转让另一方憋着，就更难了。

现在我们再回过头来看看司法解释对先买权是怎么规定的，《公司法解释（四）》第十七条第一款规定："有限责任公司的股东向股东以外的人转让股权，应就其股权转让事项以书面或者其他能够确认收悉的合理方式通知其他股东征求同意。其他股东半数以上不同意转让，不同意的股东不购买的，人民法院应当认定视为同意转让。"只是增补了通知的方式。

《公司法》第七十一条第三款规定："经股东同意转让的股权，在同等条件下，其他股东有优先购买权。两个以上股东主张行使优先购买权的，协商确定各自的购买比例；协商不成的，按照转让时各自的出资比例行使优先购买权。"

这才是我们经常说的同等条件优先购买权，但这只是实体规定，没有程序上的内容。《公司法解释（四）》做了相应的补充，其第十七条第二款规定："经股东同意转让的股权，其他股东主张转让股东应当向其以书面或者其他能够确认收悉的合理方式通知转让股权的同等条件的，人民法院应当予以支持。"（经股东同意的对外转让，与股东以外的人谈妥交易条件后，应当将交易条件书面通知其他股东知悉）第三款规定："经股东同意转让的股权，在同等条件下，转让股东以外的其他股东主张优先购买的，人民法院应当予以支持，但转让股东依据本规定第二十条放弃转让的除外。"第十八条规定："人民法院在判断是否符合公司法第七十一条第三款及本规定所称的'同等条件'时，应当考虑转让股权的数量、价格、支付方式及期限等因素。"（关于同等条件优先购买权通知的内容）第十九条规定："有限责任公司的股东主张优先购买转让股权的，应当在收到通知后，在公司章程规定的行使期间内提出购买请求。公司章程没有规定行使期间或者规定不明确的，以通知确定的期间为准，通知确定的期间短于三十日或者未明确行使期间的，行使期间为三十日。"（关于其他股东主张同等条件优先购买权的规定及推定不购买的条件）第二十条规定："有限责任公司的转让股东，在其他股东主张优先购买后又不同意转让股权的，对其他股东优先购买的主张，人民法院不予支持，但公司章程另有规定或者全体股东另有约定的除外。其他股东主张转让股东赔

偿其损失合理的，人民法院应当予以支持。”（新增补的拟转让股东反悔权和其他股东赔偿权的规定）

《公司法》第七十一条第四款规定：“公司章程对股权转让另有规定的，从其规定。”第七十一条只是一个建议性规定。

(2)《全国法院民商事审判工作会议纪要》的意见

在审判实践中，部分人民法院对《公司法解释（四）》第二十一条规定的理解存在偏差，往往以保护其他股东的优先购买权为由认定股权转让合同无效。准确理解该条规定，既要注意保护其他股东的优先购买权，也要注意保护股东以外的股权受让人的合法权益，正确认定有限责任公司的股东与股东以外的股权受让人订立的股权转让合同的效力。一方面，其他股东依法享有优先购买权，在其主张按照股权转让合同约定的同等条件购买股权的情况下，应当支持其诉讼请求，除非出现该条第一款规定的情形。另一方面，为保护股东以外的股权受让人的合法权益，股权转让合同如无其他影响合同效力的事由，应当认定为有效。其他股东行使优先购买权的，虽然股东以外的股权受让人关于继续履行股权转让合同的请求不能得到支持，但不影响其依约请求转让股东承担相应的违约责任。

(3) 关于公司章程中股东优先购买权条款的建议

有限责任公司章程要对股东对外转让股权作出规定，这个问题不仅涉及出让方的财产权，也涉及有限责任公司股东的人合性，还要简单容易操作。从实务中看，先买权的确不好操作，且容易产生纠纷。好在公司法允许股东自由约定。为简化程序，减少纠纷，平衡双方股东的权利，只规定同等条件优先购买权，不规定先买权，足以维持股东财产权和有限责任公司人合性的平衡。笔者向读者推荐公司章程的相关条款，供读者参考。

股东拟向股东以外的人转让股权，应当在履行股权转让合同前把受让人、转让股权的数量、价格、支付方式和期限以书面形式通知其他股东，其他股东在同等条件下享有优先购买的权利。其他股东主张优先购买权的应当在接到该通知后30日内将具有约束力的行使优先购买权的书面通知送达拟出让股权的股东。如果至其他股东主张优先购买权的期限届满时，出让股权的股东没有收到其他股东行使优先购买权的通知，出让股权的股东可以履行股权转让合同出让股权；如果收到其他股东行使优先购买权的通知，出让股权的股东和主张优先购买权的股东应当按照通知的条件签订转让股权的合同，将股权转让给行使优先购买权的股东。如果有两个或两个以上股东主张优先购买权，按照各自的持股比例分别购买拟出让的股权。

十、股东请求公司收购股权的诉讼

有限责任公司是建立在股东人合性的基础之上的，而股东的人合也是有条件的，如果股东人合的条件被打破，而且打破是因为其他股东的共同利益，个别股东有权要求公司以合理的价格收购自己的股权。如果公司不收购或者双方不能就价格达成一致，个别股东可以提起诉讼。

1. 诉讼方案

原告为主张公司收购其股权的有限责任公司的个别股东，被告为公司，诉讼请求为判令公司以合理的价格收购其股权。

2. 审判依据

《公司法》第七十四条规定："有下列情形之一的，对股东会该项决议投反对票的股东可以请求公司按照合理的价格收购其股权：

"（一）公司连续五年不向股东分配利润，而公司该五年连续盈利，并且符合本法规定的分配利润条件的；

"（二）公司合并、分立、转让主要财产的；

"（三）公司章程规定的营业期限届满或者章程规定的其他解散事由出现，股东会会议通过决议修改章程使公司存续的。

"自股东会会议决议通过之日起六十日内，股东与公司不能达成股权收购协议的，股东可以自股东会会议决议通之日起九十日内向人民法院提起诉讼。”

3. 相似判例

基本案情：长江置业公司申请再审称：（1）长江置业公司提交《2009年第4次股东会议纪要》《2010年临时股东会决议》、公安机关出具的《说明》等六组新的证据，足以推翻原判决。（2）原审判决认为袁某晖有权要求长江置业公司回购股权，并依据《审计报告》确定股价，缺乏证据证明。（3）袁某晖提交的长江置业公司原财务人员杨某、刘某、严某君三人出具的《证明》系伪造，不应作为认定事实的依据。（4）袁某晖逾期提交的证据材料均未经质证，法院不应采信。（5）长江置业公司的财务档案被法院采取保全措施，长江置业公司无法自行收集，书面申请人民法院调查收集，人民法院未调查收集行为错误。（6）原审判决适用《公司法》（2013年，下同）第七十五条①，认为袁某晖有权行使股份回购请求权，适用法律错误。（7）本案一审法官存在违法情形，应当回避而没有回避。（8）沈某、钟某光作为公司财产共有权人，应当参加诉讼但未参加诉讼。

最高人民法院裁判意见：

（1）关于袁某晖是否有权请求长江置业公司回购股权的问题

2010年3月5日，长江置业公司形成股东会决议，明确由沈某、钟某光、袁某晖三位股东共同主持工作，确认全部财务收支、经营活动和开支、对外经济行为必须通过申报并经全体股东共同联合批签才可执行，对重大资产转让要求以股东决议批准方式执行。但是，根据长江置业公司与袁某晖的往来函件，在实行联合审批办公制度之后，长江置业公司对案涉二期资产进行了销售，该资产转让从定价到转让，均未取得股东袁某晖的同意，也未通知其参加股东会。根据《公司法》第七十五条之规定，对股东会决议转让公司主

---

① 经2013年12月28日第十二届全国人民代表大会常务委员会第六次会议第三次修正、2018年10月26日第十三届全国人民代表大会常务委员会第六次会议第四次修正，该条文序号变更为第七十四条，条文内容不变。

要财产投反对票的股东有权请求公司以合理价格回购其股权。从形式上看，袁某晖未参加股东会，未通过投反对票的方式表达对股东会决议的异议。但是，《公司法》第七十五条的立法精神在于保护异议股东的合法权益，之所以对投反对票作出规定，意在要求异议股东将反对意见向其他股东明示。本案中袁某晖未被通知参加股东会，无从了解股东会决议，并针对股东会决议投反对票，况且，袁某晖在2010年8月19日申请召开临时股东会时，明确表示反对二期资产转让，要求立即停止转让上述资产，长江置业公司驳回了袁某晖的申请，并继续对二期资产进行转让，已经侵犯了袁某晖的股东权益。因此，二审法院依照《公司法》第七十五条之规定，认定袁某晖有权请求长江置业公司以公平价格收购其股权，并无不当。

同时，长江置业公司《公司章程》中规定，股东权利受到公司侵犯，股东可书面请求公司限期停止侵权活动，并补偿因被侵权导致的经济损失。如公司经法院或公司登记机关证实：公司未在所要求的期限内终止侵权活动，被侵权的股东可根据自己的意愿退股，其所拥有的股份由其他股东协议摊派或按持股比例由其他股东认购。本案中，长江置业公司在没有通知袁某晖参与股东会的情况下，于2010年5月31日作出股东会决议，取消了袁某晖的一切经费开支，长江置业公司和其股东会没有保障袁某晖作为股东应享有的决策权和知情权，侵犯了袁某晖的股东权益，符合长江置业公司《公司章程》所约定的“股东权利受到公司侵犯”的情形。因此，袁某晖有权根据《公司章程》的规定，请求公司以回购股权的方式让其退出公司。

从本案实际处理的效果看，长江置业公司股东之间因利益纠纷产生多次诉讼，有限公司人合性已不复存在，通过让股东袁某晖退出公司的方式，有利于尽快解决公司股东之间的矛盾和冲突，从而保障公司利益和各股东利益。如果长江置业公司有证据证明袁某晖存在侵占公司资产的行为，可以另行主张。综上，袁某晖请求长江置业公司收购其持有的20%股权符合《公司法》和长江置业公司《公司章程》的规定。长江置业公司提交的《2009年第4次股东会议纪要》《2010年临时股东会决议》、长沙市公安局岳麓分局经济犯罪侦查大队出具的《说明》、湖南省高级人民法院（2014）民二终字第29号《民事裁定书》以及股东钟某光、沈某的往来函件等证据材料，均不能构成推翻二审判决的新证据，最高人民法院不予采信。

（2）关于股权回购价格应如何确定的问题

长江置业公司在二审中提交了九组证据，拟证明《审计报告》中长江置业公司净资产的结论可据此调整，二审法院组织双方当事人对该九组证据进行了质证。经审查，上述证据所证明的款项均已纳入审计范围，不能达到长江置业公司所要证明的目的，不属于《审计报告》第五项“如出现新的证据或资料，由法院经过司法程序查证属实后，可据实调整审计结果”的情形。关于原审判决是否超出袁某晖诉讼请求的问题，袁某晖诉请长江置业公司回购其持有的20%股权，一审法院亦作出由长江置业公司以合理价格回购上述股权的判决，并未超出诉讼请求。至于依据《公司法》规定或《公司章程》约定系判决依据，并非诉讼请求。何况，袁某晖在起诉书正文部分明确提出根据《公司法》第七十五条以及《公司章程》的约定提出诉请，并非仅依据《公司法》提出诉讼请求。长江置业公司认为原审判决超出诉讼请求的主张，最高人民法院不予支持。

关于钟某光、沈某是否应当参加诉讼的问题。本案系异议股东与公司协商不成，异议股东向公司提出退股请求的诉讼，原告被告明确。其他股东对于异议股东所持股权既无独立请求，也无法律上的利害关系，并非必须参加诉讼的当事人，原审法院未予追加并无不当。

综上，驳回长江置业（湖南）发展有限公司的再审申请。

4. 问题讨论

如何确定公司收购股权的合理价格。

《公司法》第七十四条规定对股东会决议投反对票的股东可以请求公司按照合理的价格收购其股权。什么是公司收购股权的合理价格，实际上这是一个难以回答的问题，这里只提几个参考方法。

第一，市场参考法。这种方法就是根据最近发生的本公司股权转让价格来确定公司收购股权的合理价格。这种方法的优点是最接近市场价格，缺点是参考的可能性小，还有就是如果公司分配了利润，价格需要调整。

第二，净资产作价法。净资产等于股东权益，是指在公司总资产中有多少是属于股东的，其计算公式是公司某一时点资产价值总额减去公司负债的总额。净资产作价法就是用公司的净资产总额乘以转让的股权比例。这种方法的优点是容易使用，简便易行，缺点是只考虑公司的过去，没有考虑公司的未来，对成长性好的公司，比如安排上市、重大重组、被并购的公司可以与股权的市场价格偏离较多。

第三，评估作价方法。就是提起诉讼后，经申请或者协商由法院指定评估单位进行评估，根据评估结果确定公司收购股权的价格。这种方法的好处是法院会采用，诉讼双方也不会有异议，缺点是会增加诉讼的费用，耗时较长。

参考判例

1. 关于股权转让后股东出资义务如何处理的判例

案号：（2016）最高法民再 301 号

当事人：再审申请人（一审被告、二审上诉人）：绿能高科集团有限公司（原河南绿能控股集团有限公司，二审期间变更公司名称为现用名，以下简称绿能集团）。住所地：北京市朝阳区崔各庄乡南春路 1 号 023 室。

法定代表人：张某明，该公司董事长。

再审申请人（一审原告、二审被上诉人）：孙某科。

被申请人（一审被告、二审上诉人）：安徽投资控股股份有限公司（以下简称安徽控股）。

法定代表人：王某，该公司董事长。

被申请人（一审被告、二审上诉人）：濮阳濮范高速公路有限公司（以下简称濮范高速）。

法定代表人：王某，该公司董事长。

一审被告：北京中经远通高速公路投资有限公司（以下简称北京远通）。

法定代表人：周某蕾，该公司董事长。

一审被告：安投资本控股有限公司（以下简称安投资本）。

法定代表人：李某华，该公司董事长。

再审申请人绿能集团、孙某科因与被申请人安徽控股、濮范高速，一审被告北京远通、安投资本企业借贷纠纷一案，不服河南省高级人民法院（2015）豫法民一终字第00120号民事判决，向最高人民法院申请再审。法院经审查作出（2015）民申字第3056号民事裁定提审本案，并依法组成合议庭，公开开庭进行了审理。再审申请人绿能集团、孙某科到庭参加诉讼，被申请人安徽控股、濮范高速，一审被告北京远通、安投资本经传票传唤未到庭。本案现已审理终结。

一、再审申请

孙某科申请再审，请求依法撤销河南省高级人民法院（2015）豫法民一终字第00120号民事判决（以下简称二审判决），改判维持河南省濮阳市中级人民法院（2013）濮中法民一初字第29号民事判决（以下简称一审判决）。

事实和理由：

（1）二审判决将借款人在诉讼之前已经归还的利息调整为同期银行贷款利率的四倍没有法律依据。人民法院不应当对当事人已经履行完毕没有异议的事实进行审查，不应当将已经归还的1970万元扣除四倍的利息后冲抵本金。（2）二审判决免除安徽控股的出资责任缺乏证据支持。①申请人与安投资本形成担保关系是基于对安投资本现状的信任，而安徽控股转让股权的行为明显改变了现状，打破了申请人的信赖关系，如果让新的股权受让人承担责任，就会侵害其信赖利益，还存在安徽控股恶意逃避债务的风险。所以安徽控股提出的由新的股权受让人承担责任的理由不能成立。②安徽控股在本案审理期间转让了股权，而新的股权受让人至今没有履行出资义务，其逃避债务的目的一览无余。这说明其转让股权的行为确实侵害了申请人的信赖利益，其主张由新的股权受让人承担责任的理由更加不应当支持。③双方签订的股权转让协议第七条约定：安投资本在本次股权转让以前所发生的一切债务、纠纷或可能给乙方（受让方）造成不利影响的事件，甲方（转让方）已经在本协议生效前予以书面告知乙方，否则不利之法律后果由甲方独自承担。根据这一约定，安徽控股如果想免除责任，应当提供其向受让方中能新兴控股有限公司（以下简称中能控股）书面告知的书面证据。但是，本案的一审和二审中均没有这一方面的证据。（3）二审判决对冲抵利息后的本金数额计算错误。即使按照该判决确定的计算方式冲抵利息，冲抵利息后的本金也应当是1544.6265万元。（4）二审判决第二项确定的利息及违约金的计算时间错误。二审判决按照同期银行贷款利率的四倍计算利息和违约金至二审判决确定的还款之日，即二审判决生效后10日。那么，从二审判决生效后的第11天开始，申请人借款的利息就只能按照迟延履行期间的利息计算。而迟延履行期间的利息只有每月6.3‰。如果不履行或者拖延履行，义务人需要支付的利息反而比合同约定的更少，这显然不公平。所以，应当将二审判决确定的利息计算期间更改为“至被申请人实际付款之日止”。

绿能集团申请再审，请求撤销二审判决第二项，改判免除其担保责任。事实和理由为：（1）一审法院违反法律规定，立案程序存在严重瑕疵并超越职权审判。（2）二审判决认定本案《保证合同》有效错误。根据《公司法》（2013年）第十六条和《合同法》第五十二条，《保证合同》应当认定为无效。孙某科系濮阳市科考冶金资源再生有限公司法定代表人，长期从事社会融资业务已达716笔，具有丰富的公司管理经验和法律知识。《借款合同》与《保证合同》均由李某华签署，同一人签署不同类别的合同，理应引起孙某科的合理担心和质疑。结合2012年7月12日孙某科发出《催收贷款担保单位通知书》仅要求“请贵公司催促借款人归还借款本息”及2012年7月13日其向主债务人致函时，郑重要求主债务人提供新的还款担保，可推定孙某科对本案中的《保证合同》因系公司为股东担保且未经股东会决议而无效存在明知。孙某科的合同目的存在明显恶意。（3）《催收贷款担保单位通知书》

仅要求保证人“请贵公司催促借款人归还借款本息”，而非要求保证人承担保证责任，具有明确的变更和解除原担保的意思表示。（4）向案外人李某送达《催收贷款担保单位通知书》并不等于向绿能控股送达，《催收贷款担保单位通知书》未送达，诉讼时效不中断。

孙某科向一审法院起诉请求：北京远通承担还款责任；河南绿能控股集团有限公司（以下简称河南绿能）、濮范高速、安投资本对上述债务互负连带责任；安徽控股在未出资6930万元本息范围内，对安投资本不能清偿的债务，向孙某科承担补充赔偿责任；由北京远通承担孙某科的律师代理费147800元。

二、一审查明认定

一审法院经审理查明：2010年7月21日，孙某科与北京远通签订编号为（2010）第0716号的《借款合同》一份，主要内容是：借款金额2100万元；借款利率1.7%，借款期限为2010年7月16日至2010年8月15日（自贷款人银行打出贷款至甲方指定的账户之日起为借款期限、计息、居间费用计算日）；合同居间费用按照借款金额的月1.8%支付给居间人；如借款人逾期不能按照合同约定如期支付借款本金及利息，均属借款人违约，违约金按日万分之六加收；合同自贷款人打出贷款之日起合同各方签字盖章后生效；如发生争执所产生的所有费用由借款人承担。合同签订后，孙某科分三笔通过中国工商银行网上银行汇入北京远通账户2100万元。2010年7月21日，北京远通出具《借据》一份，主要内容为：根据借款合同［合同编号（2010）第0716号］，借款人北京远通2010年7月21日向孙某科借款人民币贰仟壹佰万元整（2100万元），借款期限一个月，月利率1.7%，利息、居间费用支付到借款合同指定账号。借款到期未还，按日万分之六加收违约金。

2010年7月21日，河南绿能与孙某科签订《保证合同》一份，主要内容为：保证人河南绿能，债权人孙某科；因贷款人孙某科向借款人北京远通提供借款，为确保借款人于2010年8月18日与贷款人所签订的（2010）第0716号借款合同项下借款人义务得到切实履行，保证人河南绿能愿意向贷款人提供连带责任保证；保证方式为连带责任保证；被保证的主债权数额及期限为：保证人担保的主要债权为贷款人依据主合同发放给借款人的贷款，本金为人民币2100万元及利息、违约金、实现债权的费用等，保证期限自2010年7月16日起至2010年8月15日止。如有变更，依据合同之约定确定的借款到期之次日起半年。保证人河南绿能法定代表人李某华以及孙某科分别在《保证合同》上签字，并加盖了保证人河南绿能的公章。

2010年8月21日北京远通（甲方）与孙某科（乙方）以及居间人姚某立（丙方）签订编号为补充（2010）第0716号《借款补充合同》，主要内容为：甲乙丙三方于2010年7月21日在濮阳签订了借款合同［合同编号：（2010）第0716号，甲方向乙方借款贰仟壹佰万元整，借款期限一个月2010年7月22日至2010年8月21日］，该借款合同由河南绿能提供保证和抵押，并与甲方签订了保证合同和抵押合同。经甲乙丙及河南绿能（保证方、抵押方）协商一致，共同约定签署本借款补充合同，约定如下：（1）2010年7月21日签订的借款合同［合同编号（2010）第0716号］，借款期限一个月（2010年7月22日至2010年8月21日），经各方协商同意，将借款期限展期一个月，即约定借款期限从2010年8月22日至2010年9月21日。（2）甲方向乙方、丙方支付已到期一个月借款利息及居间费用款73.5万元，由乙方提供汇款指定账户，同时由收款方向甲方开具收款收据。（3）河南绿能（保证方、抵押方）将保证、抵押期限随借款合同延长至2010年9月21日。（4）本合同未修订的事项条款，甲乙丙及河南绿能（保证方、抵押方）约定仍按借款合同［合同编号（2010）第0716号］、保证合同、抵押合同的约定执行。

2011年3月15日孙某科向河南绿能出具《催收贷款担保单位通知书》一份，主要内容为：河南绿能，出借人孙某科向借款人北京远通于2010年7月21日发放贷款一笔金额为2100万元，借款期限为一个月，担保人为河南绿能。2010年8月21日经出借人、借款人、担保人三方协商，签订了补充合同，合同编号为补充（2010）第0716号，现借款人北京远通贷款已逾期，请贵公司催促借款人归还借款本息。该《催收贷款担保单位通知书》已经河南绿能工作人员李某于2011年3月18日签收。2012年7月12日孙某科通过濮阳市邮政局向担保人河南绿能邮寄《催收贷款担保单位通知书》一份。

另查明：工商登记记载，安投资本在成立时，两个股东分别是安徽控股和北京远通，其中安徽控股认缴出资9900万元，北京远通认缴出资100万元。但是，安徽控股有6930万元出资未到位，其展期至2015年2月1日出资完毕。2013年5月28日，安徽控股与中能控股（该公司法定代表人李某华）签订《股权转让协议》，其中第二条约定：安徽控股同意将其持有的安投资本99%的股权转让给中能控股，中能控股同意受让安投控股99%股权，股权转让款折合人民币2970万元。

2012年7月13日，安投资本和濮范高速作为新增担保人，同意为北京远通向孙某科的借款提供连带还款担保。

（1）孙某科与北京远通在2010年7月21日签订的借款合同以及在2010年8月21日签订的借款补充合同是双方协商一致的真实意思表示，合法有效，法院予以确认。孙某科已经按照借款合同的约定履行完毕其出借资金2100万元的义务，故对于北京远通称中国工商银行网上银行汇款单无回执单日期，无法确定打款日期的辩解，法院不予采信。北京远通没有按照合同约定在2010年9月21日偿还借款本金，因此应当承担违约责任，故北京远通应当按照合同约定支付1.7%的利息，还要支付合同约定的1.8%的违约金。截至孙某科起诉日，北京远通共违约34个月，共应支付利息12138000元，违约金12852000元，两项合计2499万元。由于北京远通、濮范高速已支付了利息及违约金共计1970万元，实际上北京远通仍欠付孙某科自2012年10月21日之后的利息和违约金。根据绿能集团在开庭中提交的北京远通的明细分类账，可以证实北京远通自2010年9月21日之后，一直处于违约状态。北京远通在合同实际履行过程中每月支付的73.5万元，应当视为向孙某科支付的每月1.7%的利息和1.8%的违约金数额。北京远通辩称已归还借款本金因无证据支持，该院不予采信。

（2）孙某科于2011年3月15日向河南绿能送达的《催收贷款担保单位通知书》以及2010年7月12日孙某科通过濮阳市邮政局向担保人河南绿能

邮寄《催收贷款担保单位通知书》，一审法院认为，孙某科于2011年3月15日即在双方约定的保证期间届满之前，已要求绿能集团承担连带保证责任，虽然该《催收贷款担保单位通知书》中记载的催告内容为“请贵公司催促借款人归还借款本息”，但是也可以视为对绿能集团承担保证责任的主张，因此应从2011年3月15日开始计算保证合同的两年诉讼时效。孙某科在保证合同两年诉讼时效期间内提起诉讼，从而引起诉讼时效中断，故对于绿能集团称其不承担保证责任的辩称，没有证据支持，该院不予采信。

（3）孙某科在2012年7月13日向北京远通发出催收函，安徽控股、濮范高速作为新增加的担保人，在孙某科对北京远通催收借款函上签署公章，同意“为北京北京远通高速公路投资有限公司已借未还孙某科以上借款提供连带还款担保两年”。孙某科已在保证期间向法院提起诉讼，主张了权利，濮范高速与安徽控股应当承担保证责任。

（4）孙某科在庭审中提供的2013年4月27日北京市工商行政管理局出具的安投资本的注册登记信息证明，安徽控股系其控股股东，安投资本注册资本共计1亿元，在设立时，安徽控股认缴出资额9900万元，实缴出资2970万元（出资时间2010年2月24日），未出资额为6930万元。2012年1月18日，安投资本召开股东会，决议通过变更公司下期出资时间为2015年2月1日，并同时修改章程，且在北京市工商局办理了工商变更登记。以上事实说明，安徽控股作为安投资本的股东，至今未全面履行出资义务，应在未出资6930万元本息范围内，对安投资本不能清偿的债务承担补充赔偿责任。

（5）关于孙某科与北京远通、姚某立于2010年8月21日签订的《借款补充合同》的效力问题，虽然该合同缺少居间人姚某立的签字，因其双方已经实际履行，故不影响其合同的效力，因此对于绿能高科称合同缺乏一方相对人的签字，其效力不应予以认可的解释，不予采信。由于双方当事人签订的《借款合同》约定的利息和违约金已超过了中国人民银行规定的同期贷款利率的4倍，故依法应予以调整。

综上，一审法院作出（2013）濮中法民一初字第29号民事判决：（1）北京远通支付孙某科借款本金2100万元及利息（利息自2012年10月21日起，按照中国人民银行同期贷款利率的4倍计算至执行完毕之日止），于本判决生效后10日内履行完毕。濮范高速、安投资本、河南绿能对上述债务互负连带清偿责任。濮范高速、安投资本、河南绿能承担保证责任后，有权向北京远通追偿。(2) 安徽控股在其对安投资本成立时未出资到位的6930万元内对安投资本不能清偿的2100万元及利息债务承担补充赔偿责任。(3) 驳回孙某科的其他诉讼请求。案件诉讼费106565元，保全费5000元，共计111565元，由北京远通负担。

绿能集团、安徽控股、濮范高速不服上述一审判决，上诉请求二审法院查明事实，驳回孙某科的诉讼请求

三、二审查明认定

二审法院除对一审法院查明的事实予以确认外，另查明：

河南绿能在本案二审期间变更为绿能集团，注册地由河南省濮阳市迁至北京市。在签订借款合同和担保合同时，北京远通、安投资本、绿能集团三个公司的法定代表人均是李某华。本案一审诉讼前，借款人北京远通向孙某科分多次归还现金共计1396.5万元，在原审期间，濮范高速又支付给孙某科573.5万元，以上共计还款1970万元。安投资本和濮范高速在2012年7月13日孙某科向北京远通出具的函件上，加盖公章，并承诺同意作为涉案借款的新增担保人。该函件内容均为打印，但在“我公司同意为北京北京远通高速公路投资有限公司已借未还孙某科以上借款提供连带还款担保”中，将“高速公司”的“司”手写改为“路”，并在担保后手写添加“2年”字样，字体明显偏小。该函件只有一份，由孙某科保管。孙某科为证明自己于2012年7月12日向绿能集团的李某邮寄过通知书，向法院提交了特快专递底联和邮政通用凭证；在原审期间绿能集团提出异议，孙某科又到河南省邮政速递物流有限公司濮阳市分公司（以下简称濮阳邮递公司）把邮递公司留存的一联复印后提交法院，后于2014年3月27日濮阳邮递公司在该复印件上盖邮戳并加注“原件归档”，至2014年11月14日原审法院前去调取该原件时，该邮

递公司出具证明："该邮件为2012年7月收寄、投递、超过了规定保存期限，已经销毁，特此证明。"二审期间，绿能集团向法院提交濮阳市邮政局的信息公开回复及快递企业过期运单销毁清单等，证明濮阳市邮递公司仅于2014年6月19日，向濮阳邮政局申请过一次销毁过期运单，时间段位于2010年6月1日至2012年1月1日，说明该涉案的运单（2012年7月12日）不在销毁之列，进而证明孙某科2012年7月12日的邮寄通知是假的。2013年5月28日，安徽控股与中能控股签订《股权转让协议》一份，该协议第二条约定安徽控股将其持有的安投资本99%股权转让给中能控股，协议第四条约定本协议签字之日为本次股权转让的基准日，在该基准日之前的股东权利义务由安徽控股享有或承担，在该基准日之后的股东权利义务由中能控股享有或承担。

二审法院认为，本案共涉及三个担保人：绿能集团、安投资本、濮范高速。安投资本虽未上诉，但其二审庭审陈述意见时也提出了担保无效的主张；作为其原控股股东的安徽控股对该担保合同的效力提出了上诉。故二审法院对涉案的三个担保合同一并作出评价认为，借款人北京远通是三个担保人绿能集团、安投资本、濮范高速的股东，孙某科作为出借人无从知晓绿能集团、安投资本、濮范高速在为涉案借款提供担保时程序是否正当、是否完善；绿能集团、安投资本、濮范高速也无证据证明涉案的担保行为损害国家利益和社会利益。另外，当时李某华是北京远通的法定代表人，同时也是绿能集团、安投资本的法定代表人，其对外提供担保的行为能够代表公司，三个公司为涉案借款提供担保的意思表示真实。故一审认定涉案的担保合同有效是正确的，上诉人上诉认为担保合同因违反公司法而无效的理由不能成立，二审法院不予支持。孙某科在保证期间内向绿能集团主张了权利，要求绿能集团承担保证责任不超过诉讼时效。截至2013年12月31日，借款人已还清2100万元借款的利息及违约金之和（按银行同贷利率的4倍计算）1296.615万元，多余部分673.385万元应冲抵2100万元借款中的本金。故北京远通尚欠孙某科借款本金1426.615万元及2014年1月之后的利息及违约金。原审将已支付的1970万元均算作利息不当，二审法院予以纠正；绿能集团、濮范高速、安徽控股关于该问题的上诉理由部分成立，二审法院予以支持。安徽控股无须在出资资金不到位的范围内承担补充赔偿责任。

综上，二审法院认为，原审判决查明事实基本清楚，但部分实体处理不当，予以纠正。绿能集团、濮范高速、安徽控股的部分上诉理由成立，予以支持。依照《民事诉讼法》（2012 年）第一百七十条第一款第（二）项、第一百七十五条之规定，二审法院作出（2015）豫法民一终字第 00120 号民事判决：(1) 维持濮阳市中级人民法院作出（2013）濮中法民一初字第 29 号民事判决书第三项；(2) 变更濮阳市中级人民法院作出（2013）濮中法民一初字第 29 号民事判决书第一项为：北京远通支付孙某科借款本金 1426.615 万元及利息、违约金（利息及违约金之和的利率按中国人民银行同期同贷利率的 4 倍计算，从 2014 年 1 月起至本判决确定的还款之日止），于本判决生效后 10 日内履行完毕。绿能高科、濮范高速、安投资本对上述本息及违约金承担连带清偿责任；绿能高科、濮范高速、安投资本承担保证责任后，有权向北京远通追偿。(3) 撤销濮阳市中级人民法院（2013）濮中法民一初字第 29 号民事判决第二项。案件受理费 106565 元，由绿能高科和濮范高速各承担 53282.5 元。

四、再审查明认定

最高人民法院对原审法院查明的事实予以确认。

法院认为，孙某科的再审申请不符合《民事诉讼法》（2012 年）第二百条第（二）项、第（六）项规定的情形，其再审请求最高人民法院不予支持。孙某科主张二审判决将借款人在诉讼之前已经归还的利息调整为同期银行贷款利率 4 倍没有法律依据。但根据二审查明的事实，孙某科与北京远通约定的借款利息超过了同期人民银行贷款利率的 4 倍，二审法院按同期人民银行贷款利率的 4 倍计算利息，对超过部分不予保护并无不当。由于北京远通对还款对象、范围未予明确，一、二审法院根据先息后本的规定将还款先冲抵利息，再冲抵本金，并无不当。孙某科主张二审判决免除安徽控股的出资责任不当。安徽控股是安投资本的大股东，认缴出资 9900 万元，到 2015

年2月1日缴付完毕。2013年5月28日，安徽控股与中能控股签订《股权转让协议》，将其持有的安投资本99%的股权转让给中能控股，并将股东的权利义务一并转让。故安徽控股在出资义务尚未到期的情况下转让股权，不属于出资期限届满而不履行出资义务的情形，安徽控股不应再对公司承担出资责任。孙某科主张二审判决对冲抵利息后的本金数额计算错误，但无证据证明。孙某科主张二审判决第二项确定的利息及违约金计算时间错误，应当将判决确定的利息计算期间更改为“至被申请人实际付款之日止”。二审判决判令债务人在判决生效后10日内履行债务，超过该履行期限而未履行的，债务人应根据《民事诉讼法》（2012年）第二百五十三条的规定，加倍支付迟延履行期间的债务利息。该判决符合法律规定，并无不当。综上，孙某科的再审申请不能成立，最高人民法院予以驳回。

对于绿能集团的再审申请，争议的焦点问题是《保证合同》的效力如何，绿能集团应否承担保证责任。《保证合同》上有绿能集团的前身河南绿能法定代表人李某华的签字，并加盖了河南绿能的公章，该行为对外代表了河南绿能的真实意思表示。股东会决议程序属于公司内部程序，河南绿能未经股东会决议程序即为其股东提供担保，有违《公司法》第十六条规定，但内部程序的欠缺不影响公司对外行为的效力。因此，绿能集团关于《保证合同》无效的主张不能成立。孙某科于2011年3月15日已向保证人河南绿能出具《催收贷款担保单位通知书》，2011年3月18日又向河南绿能的财务经理李某当面送达《催收贷款担保单位通知书》，该通知书的名称中已包含了向贷款担保单位催收之意，故对绿能集团主张孙某科未向保证人催收、诉讼时效不中断、不应承担保证责任的主张，法院不予采信。

综上，最高人民法院认为，孙某科、绿能集团申请再审的理由均不能成立。法院依据《民事诉讼法》（2012年）第一百七十条第一款第（一）项、第二百零七条，《民事诉讼法解释》第四百零七条规定，判决如下：

维持河南省高级人民法院（2015）豫法民一终字第00120号民事判决。

2. 关于股权转让公司减资及股东补充责任的判例。

案号：上海市普陀区人民法院（2014）普民二（商）初字第5182号

基本案情：原告上海香通国际贸易有限公司（以下简称香通公司）与被告上海昊跃投资管理有限公司（以下简称昊跃公司）、徐某松、毛某露、接某建、林某雪股权转让纠纷一案，法院于2014年10月17日受理后，依法组成合议庭，并于2015年2月6日、2015年3月31日公开开庭进行了审理。本案现已审理终结。

原告香通公司诉称：2014年5月1日，原告与被告昊跃公司签订了《股权转让协议》。根据该协议，本案被告昊跃公司同意以人民币7960万元（以下币种均为人民币）的价格购买原告持有的上海卫运贸易有限公司（以下简称卫运公司）99.5%的股权，被告昊跃公司应于股权转让协议签订后30日内向原告支付全部股权转让款。2014年5月，原告依约完成了上述全部股权转让的工商变更登记手续，但被告昊跃公司迟迟未依约支付股权转让款。在原告的多次催促下，2014年7月1日，原告与被告昊跃公司签订补充协议，约定了股权转让款的具体分期支付计划，首期2000万元股权转让款被告应在2014年8月30日前支付。但直至起诉时，被告昊跃公司仍未能履行股权转让款的支付义务。被告徐某松、被告毛某露是被告昊跃公司在设立之初的发起人，被告接某建、被告林某雪是被告昊跃公司的现任股东，被告徐某松、被告毛某露、被告接某建、被告林某雪均未全面履行出资义务，被告接某建、被告林某雪在减资时未通知作为已知债权人的原告。故原告诉至法院，请求判令：（1）被告昊跃公司向原告支付股权转让款首期款2000万元；（2）被告接某建、被告林某雪在各自未出资本息范围内，就被告昊跃公司对上述转让款不能清偿的部分承担补充赔偿责任，被告徐某松、被告毛某露、被告接某建、被告林某雪之间承担连带责任；（3）被告接某建、被告林某雪在减资本息范围内，就被告昊跃公司对原告上述股权转让款不能清偿的部分承担补充赔偿责任，被告徐某松、被告毛某露在各自未出资范围内与被告接某建、被告林某雪承担连带责任；（4）诉讼费用由五被告共同承担。

被告昊跃公司对于原告的诉讼请求，未提出实质性的抗辩意见。

被告徐某松、被告毛某露辩称：不同意原告诉讼请求中的第二项、第三项。对于诉讼请求的第二项，两被告认为，昊跃公司从设立至今，其作为发起人股东已经履行了按期出资义务，并没有违反约定的出资时间。在向被告接某建、被告林某雪转让股权时，已经完成出资，并不负有对后面未到期认缴出资的履行义务。对于诉讼请求的第三项，两被告认为，在被告昊跃公司发生减资的时候，他们已经不再是公司股东，同时不再担任任何职务，已经与被告昊跃公司没有关系，昊跃公司的减资行为并非两被告主导，无论减资是否合法，均与自己没有关系。两被告自身并不存在对被告昊跃公司出资未到位的行为，因此，不存在承担连带责任的问题。

被告接某建、被告林某雪辩称：不同意原告诉讼请求的第二项、第三项。对于诉讼请求的第二项，他们认为，自己已经实际出资，其他认缴出资的时期尚未届满，没有法定的义务提前缴付出资。对于诉讼请求第三项，两被告认为，减资并非为逃避债务，而是公司投资发展的需要，且已经按照工商机关的要求办理了减资手续，减资并未造成公司资产的流失，也没有对债权人产生实际损害。未通知已知债权人系疏忽所致，故不同意承担相应责任。

裁判意见：本案事实虽然涉及多个股东、多个公司，但总体上可以分为购买目标公司卫运公司股权的协议，以及被告昊跃公司的注册资本、股东、股权变更两个方面：

一、有关目标公司卫运公司股权转让协议的签订及履行情况

2014 年 5 月 1 日，原告香通公司与被告昊跃公司签订一份有关目标公司卫运公司的股权转让协议，协议约定，原告香通公司将其持有的卫运公司 99.5% 股权转让给被告昊跃公司，昊跃公司应该于合同签订后的 30 日内，付清全部转让款。同日，卫运公司召开临时股东会决议，决议内容为：成立由昊跃公司、朱某组成的新一届股东会；同日，通过了公司章程修正案。

2014 年 5 月 22 日，目标公司卫运公司完成股权转让工商变更登记，由原先的香通公司享有卫运公司 99.5% 的股权，变更为由昊跃公司享有卫运公司

99.5%的股权。

2014年7月1日，原告香通公司与被告昊跃公司签订关于卫运公司股权转让的补充协议，约定被告昊跃公司于2014年8月30日前付款2000万，2014年11月30日前付款2000万，2014年12月31日前付款2000万，2015年1月31日前支付剩余的1960万。截至原告香通公司向法院起诉之日，被告昊跃公司未向原告支付过上述股权转让款。

二、关于被告昊跃公司的注册资本、股东及股权变更方面的情况

被告昊跃公司成立于2013年11月1日，注册资本为2000万，实缴金额为400万。其中原发起人即本案被告徐某松认缴出资额为1400万（占公司资本额的70%），实缴出资额为280万，原发起人即本案被告毛某露认缴出资额为600万（占公司资本额的30%），实缴出资额为120万。徐某松、毛某露的认缴出资期限均为2年。

2014年4月2日，被告毛某露与被告林某雪签订股权转让协议，由林某雪出资120万元受让毛某露持有的昊跃公司30%的股权，毛某露、林某雪在该股权转让协议上签字。2014年4月6日，被告昊跃公司通过股东会决议，同意由被告林某雪出资120万元受让被告毛某露的股权。同日，被告昊跃公司通过另一个股东会决议，决定成立新一届股东会，并将公司资本由2000万元增资到10亿元，被告徐某松与被告林某雪在公司的股东会决议上签字。同年4月17日，工商登记机关准予昊跃公司注册资本金由2000万元增至10亿元，实缴金额依然是400万元，章程约定，股东徐某松与林某雪在2024年12月31日之前缴纳出资。同日，工商登记机关核准昊跃公司的股东由徐某松、毛某露变更为徐某松、林某雪。

2014年7月，被告徐某松准备将其在昊跃公司拥有的股权转让给被告接某建。徐某松称，由于不想按照10个亿的注册资本交税，他希望减资和转让股权一起操作；徐某松在和接某建商量后认为，要先行减资。被告徐某松将减资事宜交给其工作人员办理。2014年7月20日，被告昊跃公司作出股东会决议，决定公司注册资本金由10亿元减至400万元；公司减资后，被告接某

建出资280万元，占70%，被告林某雪出资120万元，占30%。公司决议中的签字人为“接某建和林某雪”。2014年7月30日，昊跃公司在《上海商报》上刊登了一份减资公告，内容为“昊跃公司经股东会决议注册资本由10亿元减至400万元，特告”。对于昊跃公司在《上海商报》上刊登减资公告事宜，徐某松庭审中表示“自己是知道的，是叫下面的员工去办理的”。

2014年8月21日，几个被告之间签订了一系列与股权转让相关的协议及公司决议。昊跃公司通过股东会决议，同意被告接某建出资280万受让被告徐某松持有的70%股权；被告徐某松与被告接某建签订股权转让协议，由被告接某建出资280万受让被告徐某松持有的被告昊跃公司的70%股权；修改公司章程；成立新一届股东会，法定代表人由接某建担任。2014年9月3日，上海市工商行政管理局嘉定分局核准昊跃公司的股东由徐某松、林某雪变更为接某建、林某雪，并且核准了变更后的昊跃公司章程。

2014年9月22日，昊跃公司向工商登记机关申请注册资本金额由10亿元减至400万元，公司法定代表人一栏的签名为“接某建”。在提交给工商登记机关的“有关债务清偿及担保情况说明”这一材料中，昊跃公司的表述为：“根据2014年7月20日昊跃公司关于减资的股东会决议，本公司编制了资产负债表及财产清单，在该决议作出之日起的10日内通知了债权人，并于2014年7月30日在《上海商报》上刊登了减资公告。现就减资所涉及的债务清偿及担保问题作出如下说明：根据公司编制的资产负债表及财产清单，公司对外债务为0万元。至2014年9月22日，公司已向要求清偿债务或者提供担保的债权人清偿了全部债务或提供了相应的担保。未清偿的债务，由公司继续负责清偿，并由接某建和林某雪在法律规定的范围内提供相应的担保。”被告昊跃公司以及担保人接某建和林某雪均在该材料上面签名。

2014年10月10日，上海市工商行政管理局嘉定分局准予昊跃公司注册资本金额由10亿元减资至400万元的变更登记，并核准了公司章程。

普陀区人民法院认为，对于本案被告昊跃公司应该根据其与原告达成的股权转让协议支付股权转让款，被告昊跃公司在庭审过程中并没有提出实质性抗辩，法院也未发现有其他依法应该认定股权转让协议无效的事由，因此，原告针对被告昊跃公司的诉讼请求可予支持。同时，由于在原告与被告昊跃公司签订股权转让协议之前的2014年4月2日，被告毛某露已经将其持有的昊跃公司股权转让给了被告林某雪，昊跃公司也通过股东会同意了由被告林某雪受让被告毛某露的股权，毛某露与林某雪之间的股权转让行为发生在原告香通公司与昊跃公司签订股权转让协议之前，因此，已经不是昊跃公司股东的被告毛某露不应对原告香通公司主张的这一笔股权转让款承担责任。

本案的争议焦点可以概括为：被告徐某松、接某建和林某雪是否应该对被告昊跃公司的债务承担责任？

法院认为，有限责任公司的股东有权减少公司的注册资本，但是，这样的减资必须依照法律的规定进行。《公司法》（2013年）第一百七十七条规定："公司需要减少注册资本时，必须编制资产负债表及财产清单。公司应当自作出减少注册资本决议之日起十日内通知债权人，并于三十日内在报纸上公告。债权人自接到通知书之日起三十日内，未接到通知书的自公告之日起四十五日内，有权要求公司清偿债务或者提供相应的担保。"从《公司法》该条规定来看，公司如果想要在法律上有效进行减资，必须符合相应的条件：(1) 编制资产负债表及财产清单；(2) 在作出减少注册资本的决议之后，在法定时间内通知债权人；(3) 公司债权人要求进行清偿或者担保的，必须进行清偿或者担保。

根据本案查明的事实，被告昊跃公司的减资行为，尽管从表面上看经过了公司股东会决议、在报纸上公告、向工商机关申请这样的程序，但是，它在法律上存在严重瑕疵。首先，昊跃公司决定减资的股东会决议并不是由公司的实际股东作出。昊跃公司决定将公司注册资本由10亿元减至400万元的决议是于2014年7月20日作出的，当时昊跃公司的实际股东是被告徐某松和被告林某雪，在股东会决议上签字的却是"接某建、林某雪"，而接某建当时并不是昊跃公司的股东，接某建是在2014年8月21日才与被告徐某松签订股权转让协议的。之后，昊跃公司于2014年7月30日在《上海商报》上的公告、提交给工商登记的变更申请，都是以2014年7月20日的股东会决议作为基础。没有合法、有效的股东会减资决议，整个减资行为就没有法律基础。尽管被告昊跃公司在庭审中认为，股东会决议上落款日期“7月20日”是笔误，但是被告昊跃公司并没有提供决议上的日期为笔误的相关证据。从被告昊跃公司7月30日在《上海商报》上的公告内容来看，公告明确表示是“经股东会决议注册资本由10亿元减为400万元”。先有股东会减资决议，然后在报纸上进行公告才更合乎情理；而如果是先在报纸上进行减资公告，然后由股东会通过减资决议，显然与常理不符。其次，昊跃公司的减资行为并没有通知本案原告这样的已知债权人。由于公司减少注册资本可能损害公司债权人的利益，因此，我国《公司法》规定，公司在减少注册资本时必须通知已知债权人，同时对于未知债权人要进行公告。尽管有的学者将减资未通知债权人的后果分为内部效力与外部效力，但从国际上看，也有一些国家规定，公司未履行保护债权人程序，可能成为减资无效或者撤销的理由，债权人可在法定期限内提起减资无效之诉。

本案中的被告昊跃公司及股东徐某松在整个减资过程中是知道其对原告香通公司负有债务的。原告与被告昊跃公司的股权转让协议一开始确定的付款日期是在合同签订之后的30日（合同签订日期为2014年5月1日），随后变更的协议也明确，被告昊跃公司必须在2014年8月30日、11月30日、12月31日之前付款。被告昊跃公司在股权转让协议签订之后相当长的时间内并未主动与原告进行联系，直到被告昊跃公司在向工商机关提交变更登记申请时，仍然在申请材料中写明自己对外负债为“0万元”。

综上，我们认为，由于被告昊跃公司的减资行为违反了法律规定的必备条件，该减资行为属于无效的民事行为。某个民事行为被依法宣告无效之后，其法律后果就是恢复到无效行为之前的状态，就本案来说，被告昊跃公司的注册资本应该恢复到减资以前的状态，即恢复到公司注册资本为10亿元的状态。

我们对于本案的分析当然不应该停留在昊跃公司减资无效、注册资本应该恢复到减资以前的状态这一点。“恢复原状”是《民法通则》确定的民事主体承担民事责任的方式之一，权利人还可以根据案件具体情况，要求被告承担其他恰当的民事责任。如果仅仅是认定减资无效，被告昊跃公司的注册资本恢复到减资以前的状态，并不能解决原告的诉讼请求，我们必须进一步分析原告要求被告昊跃公司的自然人股东徐某松、林某雪，以及被告接某建是否应该承担责任。

股东对于公司负有缴纳出资的义务，这一点是没有疑问的。在《公司法》于 2013 年修订之前，由于当时《公司法》采取的是资本实缴制，股东如果没有如实缴纳出资，不但公司可以要求股东履行出资义务，公司的债权人也可以要求未全面履行出资义务的股东在未出资本息范围内对公司债务不能清偿部分承担补充赔偿责任。本案的被告昊跃公司在 2014 年 4 月进行增资时，其注册资本的缴纳与传统公司实缴注册资本已经有所不同，此时昊跃公司采取的是“实缴”（实缴资本为 400 万元）与“认缴”（9.96 亿元）相结合的方式，认缴期限为 10 年（2024 年 12 月 31 日之前）。从理论上讲，被告昊跃公司的股东徐某松、林某雪可以在 2024 年 12 月 31 日之前的任何时间缴纳余下的认缴出资。

普陀区人民法院认为，一方面，我们要尊重公司股东在《公司法》修订后采取的认缴出资方式；另一方面，对于资本认缴制下股东的出资义务，也必须结合案件的具体情况考量，以维护债权人的合法利益。对于本案而言，法院认为，被告昊跃公司的股东徐某松、林某雪应该履行其出资义务，以便能够对本案原告承担财产责任。这主要是基于以下几点理由：

首先，认缴制下公司股东的出资义务只是暂缓缴纳，而不是永久免除，在公司经营发生了重大变化时，公司包括债权人可以要求公司股东缴纳出资，以用于清偿公司债务。在注册资本认缴制下，公司股东在登记时承诺会在一定时间内缴纳注册资本（例如，在本案中被告昊跃公司的股东承诺在 10 年内缴纳），该承诺规定在公司章程中，备案在工商登记资料中，对外具有公示效力，公司股东这样的承诺，可以认为是其对社会公众包括债权人的一种承诺。

股东作出的承诺，对股东会产生一定的约束作用，同时对于相对人（例如债权人）来说，也会产生一定的预期。但是，任何承诺、预期都是在一定条件下作出的，这样的条件有可能会产生重大变化。在条件发生重大变化、足以改变相对人（债权人）预期的时候，如果再僵化地坚持股东一直到认缴期限届满时才负有出资义务，只会让资本认缴制成为个别股东逃避法律责任的借口。就本案来说，被告昊跃公司在经营中发生了重大变化，公司对外出现了巨额债务，被告昊跃公司对原告承担的债务总额已高达7960万元，这样一笔债务是依法已经到期的债务；该笔债务（7960万元）已经远远超过公司的实缴出资，实缴出资已经无法让公司承担债务。就本案而言，该笔债务已经是被告股东徐某松、林某雪实际缴纳资本（400万元）的近20倍。

其次，让昊跃公司的股东缴纳出资以承担本案中的责任，符合平衡保护债权人和公司股东利益这样的立法目的。《公司法》中的有限责任制度，原则上要求公司股东只以出资额为限，对公司债务承担有限责任，这样的原则是为更好地保护公司股东的利益，让股东可以安全地投入到生产经营中去。但是，公司有限责任制度，不应该成为股东逃避责任的保护伞。经过长期的司法实践和立法，法律规定在一定情形下可以“刺破法人的面纱”，否定公司法人人格，让公司股东个人承担责任。如果完全固守认缴制的股东一直要等到承诺的期限届满才负有缴纳出资的义务，则可能会让负债累累的股东悠然自得地待在公司有限责任这一保护伞之下，看着债权人急切而又无可奈何的样子暗自窃喜。当然，作为债权人来说，可以在法院判决公司承担债务之后，以公司无力清偿债务为由，要求公司进行破产清算。可是，问题是，在公司破产清算的过程中同样会面临着股东缴纳出资的期限问题。在1年、2年甚至更长的认缴时间内（本案中的认缴期限为10年），公司股东有充分的时间来转移公司财产，制造各种难题来对抗债权人、规避债务。这种只让股东享受认缴制的利益（主要是延期缴纳出资的期限利益），而不承担相应风险和责任的结果，不符合《公司法》修订时设立资本认缴制的初衷。在公司负有巨额到期债务的情况下，公司股东采取认缴制的期限利益就失去了基础。比较而言，在审理中直接判令股东缴纳出资以清偿债务，要比事后判决股东在破产程序中缴纳出资，更加能够保护债权人的合法利益，维护市场正常的经济秩序。

最后，责任财产制度也要求资本认缴制的公司股东在公司出现重大债务时缴纳出资，以用于对外承担责任。责任财产制度是民事责任中的一项重要制度，它是指任何民事主体应该以其全部财产对外承担债务。对于自然人来说，是以其个人全部财产承担全部债务，对于法人来说，是以法人的全部财产承担全部债务。责任财产制度是维持交易安全的重要保障，正因为有了责任财产制度，民事主体才可以比较放心地进行商事交易，因为他可以有合理的期待，一旦对方不履行合同或者侵犯自己的权益，对方将会以其全部财产承担法律责任。我国《公司法》（2013 年）有关公司责任财产制度的规定在第三条第一款，“公司以其全部财产对公司的债务承担责任”。这一条款在《公司法》修订前后是完全一样的，并没有任何改变。需要我们思考的是，在公司法进行修订、采取资本认缴制之后，应该如何来看待《公司法》的第三条第一款“在公司成立采取实缴制的情况下”这一规定，应该没有分歧。通俗地说，公司当下拥有多少财产（这样的财产包括公司股东的投入财产及公司经营增值的财产），就以多少财产承担责任。在公司成立采取认缴制的情况下，这一条款可能会有两种理解。一种理解是，以公司当下拥有的资产承担责任——也就是说以公司股东实际已经投入的资本及公司经营增值的财产承担责任。按照这一种理解，在当下就不能追究被告昊跃公司股东的个人责任。另一种理解是，债权人不仅可以要求公司以现在实际拥有的全部财产承担责任，而且在公司现有财产不足以清偿债务，而公司股东承诺在将来认缴出资的情况下，还可以要求公司股东提前出资，以清偿公司债务。两相比较，后面一种理解更加符合市场中商事主体的合理期待，也更加符合保护债权人合法利益的需要。

对“公司财产”的理解，也不能仅仅限于公司现有的财产。一般情况下，公司对外享有的债权也是公司的财产或者财产利益。在公司破产过程中，公司债权同样是作为公司财产的组成部分，在执行过程中，被执行人对他人享有的债权，也可以成为执行标的。对于实行认缴制的公司来说，股东个人尚未缴纳的注册资本，与一般的债务并无根本区别，同样可以看作公司股东对公司所负的债务。从最高人民法院有关《公司法》的司法解释来看，也能够得出公司债权人可以要求公司股东履行出资义务的结论。

确实，现行《公司法》及司法解释中对于公司违背法定程序和条件减资未通知已知债权人具体应该如何承担责任，没有作出明确规定。但是，这并不妨碍我们根据案件的具体情形参照适用相关的法律及司法解释。我国现行法律已经对参照适用法律作出了规定。

具体到本案，公司减资未通知已知债权人的行为，与《公司法》司法解释所规定的抽逃出资行为最为类似。最高人民法院关于《公司法》司法解释中界定的抽逃出资行为包括了“其他未经法定程序将出资抽回的行为”。公司没有按照《公司法》规定的条件和程序，从某种意义上说就是“未经法定程序将出资抽回的行为”，因为两者都是影响了公司对外偿债的能力，对债权人的债权带来了不能清偿的风险，同时，都是让公司及股东从各自行为中获取了利益。

综上，我们认为，被告昊跃公司作为目标公司股权的购买方，没有按照合同约定支付股权价款，构成了违约，应该以其全部财产对原告承担责任。昊跃公司及其股东在明知公司对外负有债务的情况下，没有按照法定的条件和程序进行减资，该减资行为无效，昊跃公司的注册资本应该恢复到减资以前的状态，即公司注册资本仍然为10亿元，公司股东为徐某松和林某雪。在昊跃公司负有到期债务、公司财产不能清偿债务的情况下，昊跃公司的股东徐某松和林某雪应该承担昊跃公司尚欠的债务即如果昊跃公司完全不能清偿债务，则徐某松和林某雪应该缴纳与昊跃公司债务相当的注册资本，以清偿原告债务。同时，被告昊跃公司未履行法定程序和条件减少公司注册资本，类似于抽逃出资行为，原告作为公司债权人也可以要求徐某松和林某雪对于昊跃公司不能清偿的部分承担补充赔偿责任。被告毛某露在本案系争股权转让协议签订之前已经退出昊跃公司，不应该对其退出之后昊跃公司的行为承担责任。由于减资行为被认定无效之后，应该恢复到减资行为以前的状态，因此被告接某建不应认定为昊跃公司的股东，接某建可以不承担昊跃公司对原告所承担的责任。综上，根据《合同法》第一百零七条，《公司法》（2013年）第三条、第一百七十七条，《公司法解释（三）》第十三条第二款、第十四条第二款之规定，判决如下：

（1）被告昊跃公司应于本判决生效之日起10日内支付原告香通公司股权转让款人民币2000万元；

（2）被告徐某松、被告林某雪对于被告昊跃公司不能清偿的股权转让款，在各自未出资的本息范围内履行出资义务，承担补充赔偿责任；

（3）驳回原告香通公司的其他诉讼请求。

如果未按照本判决指定的期间履行金钱给付义务，应当按照《民事诉讼法》（2012年）第二百五十三条之规定，加倍支付迟延履行期间的债务利息。

本案受理费人民币141800元（原告预付），由被告上海昊跃投资管理有限公司、被告徐某松、被告林某雪共同负担。

当事人未上诉，现一审判决已发生法律效力。

第七章　关于利润分配和公司解散的诉讼

股东向公司投资的目的是取得投资回报，股东取得投资回报的途径有两个：第一个是通过分配利润取得股息收入；第二个是通过出让股权获得转股收益。公司有利润的应当按照公司章程和公司法的规定向股东分配，以便股东及时取得投资回报。如果公司被大股东操纵资金或者在通过利润分配决议后长期不分配利润，就会损害股东利益，挫伤股东投资的积极性，对此，股东可以通过诉讼维护自己的权利。

公司应当在公司章程规定的期限届满或者解散事由出现后解散，或者通过股东会决议解散，但是根据《公司法》第一百八十二条的规定，持有公司全部股东表决权 10% 以上的股东，也可以请求人民法院解散公司。

请求公司分配利润的诉讼和请求解散公司的诉讼，都是股东的共益性诉讼，法院的判决对全体股东及公司均有法律约束力，当然在诉讼过程中，其他股东可以向法院申请加入诉讼。

《民事诉讼法》第二十六条规定："因公司设立、确认股东资格、分配利润、解散等纠纷提起的诉讼，由公司住所地人民法院管辖。"

本章我们讨论股东请求公司分配利润的诉讼和请求解散公司的诉讼。

一、股东请求公司分配利润的诉讼

根据《公司法》第三十七条和第九十九条的规定，公司分配利润需要股东会或者股东大会通过决议。如果股东会或者股东大会通过了分配利润的决议，但是公司不执行相关决议，不向股东分配公司利润，股东就可以向法院提起请求分配公司利润的诉讼。股东提起请求分配公司利润的诉讼，以公司股东会或股东大会通过分配公司利润的决议为前提，体现司法对公司事务有限介入的原则。请求利润分配之诉实际上是请求执行公司决议之诉。这是《公司法解释（四）》新增加的一项股东诉权。

1. 诉讼方案

请求分配公司利润的诉讼只能由公司股东提起，但是公司的其他股东可以申请作为共同原告加入诉讼，被告为公司，诉讼请求为执行公司关于分配利润的决议，向股东分配利润。股东关于分配公司利润的诉讼为股东共益诉讼，法院的判决对全体股东有约束力。

2. 审判依据

《公司法》第三十七条第一款规定的有限责任股东会职权中，第（六）项为审议批准公司的利润分配方案和弥补亏损方案。《公司法》第九十九条规定的股份公司股东大会职权与其相同。

《公司法》第一百六十六条规定："公司分配当年税后利润时，应当提取利润的百分之十列入公司法定公积金。公司法定公积金累计额为公司注册资本的百分之五十以上的，可以不再提取。

"公司的法定公积金不足以弥补以前年度亏损的，在依照前款规定提取法定公积金之前，应当先用当年利润弥补亏损。

"公司从税后利润中提取法定公积金后，经股东会或者股东大会决议，还可以从税后利润中提取任意公积金。

"公司弥补亏损和提取公积金后所余税后利润，有限责任公司依照本法第三十四条的规定分配；股份有限公司按照股东持有的股份比例分配，但股份有限公司章程规定不按持股比例分配的除外。

"股东会、股东大会或者董事会违反前款规定，在公司弥补亏损和提取法定公积金之前向股东分配利润的，股东必须将违反规定分配的利润退还公司。

“公司持有的本公司股份不得分配利润。”

《公司法解释（四）》第十三条规定：“股东请求公司分配利润案件，应当列公司为被告。

“一审法庭辩论终结前，其他股东基于同一分配方案请求分配利润并申请参加诉讼的，应当列为共同原告。”

《公司法解释（四）》第十四条规定：“股东提交载明具体分配方案的股东会或者股东大会的有效决议，请求公司分配利润，公司拒绝分配利润且其关于无法执行决议的抗辩理由不成立的，人民法院应当判决公司按照决议载明的具体分配方案向股东分配利润。”

《公司法解释（四）》第十五条规定：“股东未提交载明具体分配方案的股东会或者股东大会决议，请求公司分配利润的，人民法院应当驳回其诉讼请求，但违反法律规定滥用股东权利导致公司不分配利润，给其他股东造成损失的除外。”

《公司法解释（五）》第四条规定：“分配利润的股东会或者股东大会决议作出后，公司应当在决议载明的时间内完成利润分配。决议没有载明时间的，以公司章程规定的为准。决议、章程中均未规定时间或者时间超过一年的，公司应当自决议作出之日起一年内完成利润分配。

“决议中载明的利润分配完成时间超过公司章程规定时间的，股东可以依据公司法第二十二条第二款规定请求人民法院撤销决议中关于该时间的规定。”

3. 问题讨论

（1）如何理解司法对公司利润分配的介入

公司分配利润是比较深层的公司内部事务，司法对其干预程度非常有限。但是公司分配利润问题的确又是股东和公司争议多发的事情。从最高人民法院公司法解释来看，司法的介入只能局限在认定公司是否执行权力机构的决议层面和是否构成大股东滥用股东权利层面。就股东请求公司分配利润的诉讼而言，法院不能判令公司股东会或者股东大会通过分配利润的决议，只能判令公司执行权力机构关于分配利润的决议，因此原告必须向法院举证公司分配利润的有效决议。由此可见，法院对公司分配利润事宜的介入是非常有限的。

（2）公司利润分配

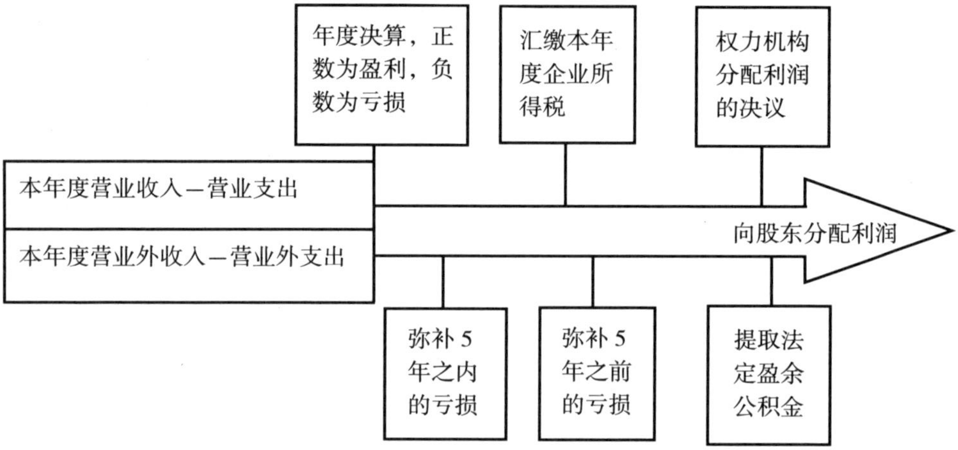

图2　公司利润分配流程图

二、对滥用权利损害股东利润分配权的诉讼

前边已经说过公司要分配利润必须先通过关于分配利润的股东会决议或者股东大会决议，即使股东提起诉讼要想得到法院的支持，也需要以公司通过利润分配决议为前提。因此，在实务中就会有个别控制公司的股东利用自己对股东会或者股东大会召集程序的控制，不召开股东会或者股东大会，或者虽召开股东会或者股东大会，但不把利润分配方案列入表决议程，或者违反公司章程的规定行使表决权，致使公司无法通过分配利润的决议。在这种情况下，公司股东可以提起诉讼，请求法院判令公司按照公司章程的规定或者股东会或者股东大会通过的方案分配利润。

1. 诉讼方案

股东为原告，其他股东可以申请作为共同原告加入诉讼，公司为被告，诉讼请求为按照公司章程的规定分配利润。

2. 审判依据

《公司法解释（四）》第十五条规定："股东未提交载明具体分配方案的股东会或者股东大会决议，请求公司分配利润的，人民法院应当驳回其诉讼请求，但违反法律规定滥用股东权利导致公司不分配利润，给其他股东造成损失的除外。"

《公司法》第二十条第一款规定："公司股东应当遵守法律、行政法规和公司章程，依法行使股东权利，不得滥用股东权利损害公司或者其他股东的利益；不得滥用公司法人独立地位和股东有限责任损害公司债权人的利益。"第二款规定："公司股东滥用股东权利给公司或者其他股东造成损失的，应当依法承担赔偿责任。"

3. 问题讨论

（1）何谓违反法律规定滥用股东权利导致公司不分配利润

《公司法解释（四）》在规范股东对公司有利润分配决议但不分配利润的诉权时，将股东违反法律滥用股东权利致使公司不能分配利润的情形排除在外，股东提起这类诉讼不需要举证公司股东会或者股东大会关于分配利润的决议，但需要举证证明个别股东滥用股东权利致使公司不分配利润。那么，什么情形可谓股东滥用股东权利致使公司不分配利润呢？笔者认为应当同时具备如下条件：

第一，公司已经没有未弥补的亏损并且有利润可分；

第二，大股东利用自己的优势地位使公司不召开股东会或者股东大会，或者虽召开会议但不将利润分配方案纳入表决程序，或者大股东利用自己的

三、股东请求解散公司的诉讼

解散公司与组织清算是两回事，前者是后者的前提和原因，后者是前者的后序工作和结果。公司因公司章程规定的经营期限届满或者解散事由出现而解散，因股东会或者股东大会通过决议而解散。在这些解散条件不存在的情况下，满足条件的股东也可以向人民法院提起诉讼，请求法院判令公司解散。股东关于解散公司的诉讼为股东共益诉讼，法院判决对全体股东均具有约束力。

1. 诉讼方案

提起解散公司诉讼的原告为单独或合计持有公司10%以上股权的股东，其他股东可申请作为第三人加入诉讼，被告为公司，诉讼请求为判令解散公司。

2. 审判依据

《公司法》第一百八十二条规定："公司经营管理发生严重困难，继续存续会使股东利益受到重大损失，通过其他途径不能解决的，持有公司全部股东表决权百分之十以上的股东，可以请求人民法院解散公司。"

《公司法》第一百八十条规定："公司因下列原因解散：

"（一）公司章程规定的营业期限届满或者公司章程规定的其他解散事由出现；

"（二）股东会或者股东大会决议解散；

"（三）因公司合并或者分立需要解散；

"（四）依法被吊销营业执照、责令关闭或者被撤销；

"（五）人民法院依照本法第一百八十二条的规定予以解散。"

《公司法解释（二）》第一条规定："单独或者合计持有公司全部股东表决权百分之十以上的股东，以下列事由之一提起解散公司诉讼，并符合公司法第一百八十三条规定的，人民法院应予受理：

“（一）公司持续两年以上无法召开股东会或者股东大会，公司经营管理发生严重困难的；

“（二）股东表决时无法达到法定或者公司章程规定的比例，持续两年以上不能做出有效的股东会或者股东大会决议，公司经营管理发生严重困难的；

“（三）公司董事长期冲突，且无法通过股东会或者股东大会解决，公司经营管理发生严重困难的；

“（四）经营管理发生其他严重困难，公司继续存续会使股东利益受到重大损失的情形。

“股东以知情权、利润分配请求权等权益受到损害，或者公司亏损、财产不足以偿还全部债务，以及公司被吊销企业法人营业执照未进行清算等为由，提起解散公司诉讼的，人民法院不予受理。”

《公司法解释（二）》第二条规定：“股东提起解散公司诉讼，同时又申请人民法院对公司进行清算的，人民法院对其提出的清算申请不予受理。人民法院可以告知原告，在人民法院判决解散公司后，依据公司法第一百八十三条和本规定第七条的规定，自行组织清算或者另行申请人民法院对公司进行清算。”

《公司法解释（二）》第四条规定：“股东提起解散公司诉讼应当以公司为被告。

“原告以其他股东为被告一并提起诉讼的，人民法院应当告知原告将其他股东变更为第三人；原告坚持不予变更的，人民法院应当驳回原告对其他股东的起诉。

“原告提起解散公司诉讼应当告知其他股东，或者由人民法院通知其参加诉讼。其他股东或者有关利害关系人申请以共同原告或者第三人身份参加诉讼的，人民法院应予准许。”

《公司法解释（二）》第五条规定：“人民法院审理解散公司诉讼案件，应当注重调解。当事人协商同意由公司或者股东收购股份，或者以减资等方式使公司存续，且不违反法律、行政法规强制性规定的，人民法院应予支持。当事人不能协商一致使公司存续的，人民法院应当及时判决。

“经人民法院调解公司收购原告股份的，公司应当自调解书生效之日起六个月内将股份转让或者注销。股份转让或者注销之前，原告不得以公司收购其股份为由对抗公司债权人。”

《公司法解释（二）》第六条规定：“人民法院关于解散公司诉讼作出的判决，对公司全体股东具有法律约束力。

“人民法院判决驳回解散公司诉讼请求后，提起该诉讼的股东或者其他股东又以同一事实和理由提起解散公司诉讼的，人民法院不予受理。”

《公司法解释（二）》第二十四条第一款规定：“解散公司诉讼案件和公司清算案件由公司住所地人民法院管辖。公司住所地是指公司主要办事机构所在地。公司办事机构所在地不明确的，由其注册地人民法院管辖。”

3. 相似判例

股东失去人合性法院判令解散公司。

来源：最高人民法院指导案例8号——林某清诉常熟市凯莱实业有限公司、戴某明公司解散纠纷案（2012年4月9日）

关键词：民事公司解散　经营管理严重困难　公司僵局

裁判要旨：《公司法》[①] 第一百八十二条将“公司经营管理发生严重困难”作为股东提起解散公司之诉的条件之一。判断“公司经营管理是否发生严重困难”，应从公司组织机构的运行状态进行综合分析。公司虽处于盈利状态，但其股东会机制长期失灵，内部管理有严重障碍，已陷入僵局，可以认定为公司经营管理发生严重困难。对于符合《公司法》及相关司法解释规定的其他条件的，人民法院可以依法判决公司解散。

相关法条：《公司法》第一百八十三条。

---

① 本案例提到的《公司法》指2005年《公司法》。

基本案情：原告林某清诉称：常熟市凯莱实业有限公司（以下简称凯莱公司）经营管理发生严重困难，陷入公司僵局且无法通过其他方法解决，其权益遭受重大损害，请求解散凯莱公司。

被告凯莱公司及戴某明辩称：凯莱公司及其下属分公司运营状态良好，不符合公司解散的条件，戴某明与林某清的矛盾有其他解决途径，不应通过司法程序强制解散公司。

法院经审理查明：凯莱公司成立于2002年1月，林某清与戴某明系该公司股东，各占50%的股份，戴某明任公司法定代表人及执行董事，林某清任公司总经理兼公司监事。凯莱公司章程明确规定：股东会的决议须经代表二分之一以上表决权的股东通过，但对公司增加或减少注册资本、合并、解散、变更公司形式、修改公司章程作出决议时，必须经代表三分之二以上表决权的股东通过。股东会会议由股东按照出资比例行使表决权。2006年起，林某清与戴某明两人之间的矛盾逐渐显现。同年5月9日，林某清提议并通知召开股东会，由于戴某明认为林某清没有召集会议的权利，会议未能召开。同年6月6日、8月8日、9月16日、10月10日、10月17日，林某清委托律师向凯莱公司和戴某明发函称，因股东权益受到严重侵害，林某清作为享有公司股东会二分之一表决权的股东，已按公司章程规定的程序表决并通过了解散凯莱公司的决议，要求戴某明提供凯莱公司的财务账册等资料，并对凯莱公司进行清算。同年6月17日、9月7日、10月13日，戴某明回函称，林某清作出的股东会决议没有合法依据，戴某明不同意解散公司，并要求林某清交出公司财务资料。同年11月15日、25日，林某清再次向凯莱公司和戴某明发函，要求凯莱公司和戴某明提供公司财务账册等供其查阅、分配公司收入、解散公司。

江苏常熟服装城管理委员会（以下简称服装城管委会）证明凯莱公司目前经营尚正常，且愿意组织林某清和戴某明进行调解。

另查明，凯莱公司章程载明监事行使下列权利：(1) 检查公司财务；(2) 对执行董事、经理执行公司职务时违反法律、法规或者公司章程的行为进行监督；（3）当董事和经理的行为损害公司的利益时，要求董事和经理予以纠正；（4）提议召开临时股东会。从2006年6月1日至今，凯莱公司未召开过股东会。服装城管委会调解委员会于2009年12月15日、16日两次组织双方进行调解，但均未成功。

裁判结果：江苏省苏州市中级人民法院于2009年12月8日以（2006）苏中民二初字第0277号民事判决，驳回林某清的诉讼请求。宣判后，林某清提起上诉。江苏省高级人民法院于2010年10月19日以（2010）苏商终字第0043号民事判决，撤销一审判决，依法改判解散凯莱公司。

裁判理由：法院生效裁判认为：首先，凯莱公司的经营管理已发生严重困难。根据《公司法》第一百八十三条和《公司法解释（二）》第一条的规定，判断公司的经营管理是否出现严重困难，应当从公司的股东会、董事会或执行董事及监事会或监事的运行现状进行综合分析。“公司经营管理发生严重困难”的侧重点在于公司管理方面存有严重内部障碍，如股东会机制失灵、无法就公司的经营管理进行决策等，不应片面理解为公司资金缺乏、严重亏损等经营性困难。本案中，凯莱公司仅有戴某明与林某清两名股东，两人各占50%的股份，凯莱公司章程规定“股东会的决议须经代表二分之一以上表决权的股东通过”，且各方当事人一致认可该“二分之一以上”不包括本数。因此，只要两名股东的意见存有分歧、互不配合，就无法形成有效表决，显然影响公司的运营。凯莱公司已持续4年未召开股东会，无法形成有效股东会决议，也就无法通过股东会决议的方式管理公司，股东会机制已经失灵。执行董事戴某明作为互有矛盾的两名股东之一，其管理公司的行为，已无法贯彻股东会的决议。林某清作为公司监事不能正常行使监事职权，无法发挥监督作用。由于凯莱公司的内部机制已无法正常运行、无法对公司的经营作出决策，即使尚未处于亏损状况，也不能改变该公司的经营管理已发生严重困难的事实。

其次，由于凯莱公司的内部运营机制早已失灵，林某清的股东权、监事权长期处于无法行使的状态，其投资凯莱公司的目的无法实现，利益受到重大损失，且凯莱公司的僵局通过其他途径长期无法解决。《公司法解释（二）》第五条明确规定了“当事人不能协商一致使公司存续的，人民法院应当及时判决”。本案中，林某清在提起公司解散诉讼之前，已通过其他途径试图化解与戴某明之间的矛盾，服装城管委会也曾组织双方当事人调解，但双方仍不能达成一致意见。两审法院也基于慎用司法手段强制解散公司的考虑，积极进行调解，但均未成功。

此外，林某清持有凯莱公司50%的股份，也符合公司法关于提起公司解散诉讼的股东须持有公司10%以上股份的条件。

综上所述，凯莱公司已符合《公司法》及《公司法解释（二）》所规定的股东提起解散公司之诉的条件。二审法院从充分保护股东合法权益，合理规范公司治理结构，促进市场经济健康有序发展的角度出发，依法作出了上述判决。

4. 问题讨论

（1）解散和清算是两个诉

解散是指公司股东决定不再继续经营公司，解除股东之间的共同投资关系和全体股东与公司之间的委托关系。清算是指在解除股东之间的共同投资关系和全体股东与公司之间的委托关系时，如何处理公司债权人与公司、公司与股东之间的财产关系。没有解散的决议就没有清算行为，有了解散公司的决议必须进行清算。因此，解散和清算不能并诉，股东只能先提起解散公司的诉讼，得到法院支持后，应当先自行清算，不在法定期间内自行组织清算的股东才可以向法院提起清算之诉，请求法院指定清算组组织清算。

（2）股东起诉解散公司最关键的证据

股东提起解散公司的诉讼，能不能得到法院的支持关键看其理由是否充分。那么，解散公司诉讼的最核心理由是什么呢？第一是股东之间已经失去人合性；第二是不解散公司将给股东造成更大的损失。

有限责任公司股东之间的人合性是公司赖以成立、运行的前提，如果股东之间失去了人合性，就会使什么问题都无法解决，股东的僵局会导致公司的僵局，公司的僵局会导致公司运营的败落，公司运营的败落会导致股东和债权人的损失。所以向法院提起解散公司诉讼的成败，关键看能否举证证明股东之间已经失去人合性。

（3）法院可能采取哪些方法使公司不解散

上面已经说到有股东向法院提起解散公司的诉讼，原因主要是公司股东之间失去了人合性。那么，面对如此情况法院可以采取哪些方法解决股东之间的分歧，使公司不至解散呢？《公司法解释（五）》第五条明确规定："人民法院审理涉及有限责任公司股东重大分歧案件时，应当注重调解。当事人协商一致以下列方式解决分歧，且不违反法律、行政法规的强制性规定的，人民法院应予支持：

"（一）公司回购部分股东股份；

"（二）其他股东受让部分股东股份；

"（三）他人受让部分股东股份；

"（四）公司减资；

"（五）公司分立；

"（六）其他能够解决分歧，恢复公司正常经营，避免公司解散的方式。"

四、请求法院指定清算组的诉讼

公司出现清算事由后应当及时成立清算组进行清算，公司在出现清算事由后没有在法律规定的期限内成立清算组，或者虽然成立清算组但迟迟不进行清算工作，会损害公司债权人的利益，也可能损害公司某些股东的利益。面对这种情形，公司债权人可以向人民法院提起请求指定清算组对公司进行清算的诉讼，公司股东也可以向人民法院提起指定清算组对公司进行清算的诉讼。

1. 诉讼方案

（1）债权人可以提起公司清算的诉讼，有限责任公司以公司、股东为被告，股份公司以董事、控股股东或实际控制人为被告，诉讼请求为由法院指定清算组对公司进行清算。

（2）股东可以提起公司清算的诉讼，被告和诉讼请求同上。

2. 审判依据

《公司法》第一百八十三条规定："公司因本法第一百八十条第（一）项、第（二）项、第（四）项、第（五）项规定而解散的，应当在解散事由出现之日起十五日内成立清算组，开始清算。有限责任公司的清算组由股东组成，股份有限公司的清算组由董事或者股东大会确定的人员组成。逾期不成立清算组进行清算的，债权人可以申请人民法院指定有关人员组成清算组进行清算。人民法院应当受理该申请，并及时组织清算组进行清算。"

《公司法解释（二）》第七条规定："公司应当依照公司法第一百八十三条的规定，在解散事由出现之日起十五日内成立清算组，开始自行清算。

"有下列情形之一，债权人申请人民法院指定清算组进行清算的，人民法院应予受理：

"（一）公司解散逾期不成立清算组进行清算的；

"（二）虽然成立清算组但故意拖延清算的；

"（三）违法清算可能严重损害债权人或者股东利益的。

"具有本条第二款所列情形，而债权人未提起清算申请，公司股东申请人民法院指定清算组对公司进行清算的，人民法院应予受理。"

3. 问题讨论

（1）什么情形下公司应当成立清算组进行清算

第一种情形是公司章程规定的营业期限届满，公司没有通过股东会或者股东大会决议延长公司的经营期限。公司章程可以规定公司的经营期限，也可以不规定，规定的经营期限届满就应当成立清算组对公司进行清算，当然在公司章程规定的经营期限届满前，公司可以通过股东会或者股东大会决议延长公司的经营期限，延长经营期限的除外。

第二种情形是公司章程规定的解散事由出现，公司通过股东会或者股东大会解散公司。公司章程可以不规定公司的经营期限，而规定公司解散的事由，当然也可以不规定解散的事由。当公司章程规定的解散事由出现后，公司可以通过股东会或者股东大会决议解散公司。

第三种情形是股东会或者股东大会决议解散。股东会或者股东大会是公司的权力机构，以三分之二以上赞成票通过决议可以解散公司，一旦公司权力机构通过解散公司的决议，公司就应当进入清算程序。

第四种情形是被依法被吊销营业执照。吊销营业执照是一种行政处罚，是强制公司停止营业进行清算的行政处罚。在公司收到吊销营业执照的行政处罚令后，应当立即停止营业并依法组织清算。

第五种情形是被责令关闭。责令关闭是一种行政命令，可以由政府或者行业主管部门做出。当公司收到责令关闭的命令后，应当立即停止营业并成立清算组进行清算。

第六种情形是被撤销。撤销是上级行政主管单位下达的行政指令，公司接到上级单位关于撤销的命令后，应当立即停止营业并组织清算组进行清算。

第七种情形是被人民法院依法判令解散。当股东关于解散公司的诉讼请求得到法院的支持后，一旦法院关于解散公司并判决生效，公司就应当立即停止营业并组织清算组进行清算。

（2）公司出现解散事由不及时清算股东的风险

公司出现清算事由后，有限责任公司的股东、股份公司的董事及股东大会指定的人应当及时组成清算组进行清算，所谓清算，简单地说就是清理公司的资产和债权债务，用公司的全部资产去清偿公司的全部债务，清偿后有剩余财产的向股东进行分配。因此，可以把清算理解为落实股东有限责任的最后一个环节。公司解散后不清算就会损害债权人的利益，就会打破股东和公司债权人之间的利益平衡关系，法律就会撤销赋予公司股东有限责任的待遇，轻则股东要就公司债务对债权人承担补充赔偿责任，重则股东要就公司债务向债权人承担连带责任。

五、因未履行通知义务清算组成员赔偿责任的诉讼

公司清算组应当依法通知已知债权人并公告，债权人接到通知后应当及时向清算组申报债权。如果清算组没有按照要求通知已知的债权人并公告，就可能导致债权人不能及时申报债权，从而致债权人受到损害的后果。在此情况下，债权人可以向法院提起诉讼，请求法院判令有过错的清算组成员赔偿自己的损失。

1. 诉讼方案

因清算组未尽通知义务，使债权人因未接到通知而未申报债权从而未受清偿的，债权人可以提起赔偿之诉，被告为清算组成员，诉讼请求为赔偿原告的损失。

2. 审判依据

《公司法》第一百八十五条规定："清算组应当自成立之日起十日内通知债权人，并于六十日内在报纸上公告。债权人应当自接到通知书之日起三十日内，未接到通知书的自公告之日起四十五日内，向清算组申报其债权。

"债权人申报债权，应当说明债权的有关事项，并提供证明材料。清算组应当对债权进行登记。

"在申报债权期间，清算组不得对债权人进行清偿。"

《公司法解释（二）》第十一条规定："公司清算时，清算组应当按照公司法第一百八十五条的规定，将公司解散清算事宜书面通知全体已知债权人，

并根据公司规模和营业地域范围在全国或者公司注册登记地省级有影响的报纸上进行公告。

"清算组未按照前款规定履行通知和公告义务，导致债权人未及时申报债权而未获清偿，债权人主张清算组成员对因此造成的损失承担赔偿责任的，人民法院应依法予以支持。"

3. 相似判例

未履行通知义务清算组成员承担赔偿责任判例。

基本案情：原告刘某诉称被告广东千面精密铸造有限公司（以下简称千面公司）欠原告72000元借款本金及利息，其有广州市白云区人民法院依法作出的（2013）某民初字第575号民事判决书为证。在执行过程中，千面公司股东张某杰证明该公司于2013年9月2日注销。该公司注销期间正是在原告的诉讼期间，但被告在庭审、判决期间一直未告知原告其公司已进入清算期。为维护原告合法权益，特诉至法院，请求依法判令被告张某杰赔偿借款72000元本金及利息；赔偿案件受理费800元、财产保全费740元；本案诉讼费用由被告承担。

被告张某杰辩称：对原告起诉的事实无异议，同意承担赔偿责任，但现在无偿还能力。同时称千面公司清算时登过声明，也口头告知过原告。

法院审理查明：千面公司欠原告刘某借款本金72000元。原告刘某曾因该笔欠款于2013年8月5日向广州市白云区人民法院起诉千面公司，广州市白云区人民法院于2013年9月9日作出（2013）某民初字第575号民事判决，判决广东千面精密铸造有限公司返还刘某借款本金72000元，并支付利息（自2013年8月5日至判决书确定的还款期限届满之日即2013年10月10日，按中国人民银行同期同类贷款基准利率计算），案件受理费1600元减半收取800元，财产保全费740元，由千面公司负担。后原告刘某申请强制执行，在执行过程中因发现千面公司已于2013年9月2日注销，广州市白云区人民法院对该案终结执行。在本案庭审过程中，被告张某杰对千面公司的欠款事实予以认可。

另查明：千面公司系有限责任公司，自2013年3月22日起被告张某杰为公司唯一股东及法定代表人。被告张某杰于2013年7月5日决定注销该公司，2013年7月6日在《广州日报》刊登注销公告，2013年7月15日成立清算组，清算组成员为张某杰、赵某方，张某杰为清算组负责人，2013年9月2日出具清算报告载明经清理和确认公司对外无债务，同日该公司取得注销登记。以上事实，有原被告方陈述、（2013）某民初字第575号民事判决书、（2013）某字第633号执行裁定书、千面公司注销手续、变更登记和股权转让协议等证据予以证实。

法院审理认为：千面公司欠原告刘某借款本金72000元及利息事实清楚。被告张某杰作为千面公司的股东及清算组负责人，在（2013）某民初字第575号案件审理过程中，千面公司已经进入清算程序的情况下，未将公司进入清算的事实告知原告刘某，导致原告刘某未能及时申报债权。而在原告刘某与千面公司民间借贷纠纷一案中，人民法院以千面公司注销为由终结执行，在原告的权利得不到保障的情况下，根据《公司法解释（二）》（2011年）第十一条的规定，清算组应将公司解散清算事宜书面通知全体已知债权人，并根据公司规模和营业地域范围在全国或者公司注册登记地省级有影响的报纸上进行公告，清算组未依法履行通知、公告义务损害债权人的利益，债权人有权要求清算组成员承担相应的赔偿责任。故被告张某杰虽辩称千面公司清算时已口头告知原告刘某千面公司进入清算，并在《广州日报》刊发了公告，履行了通知义务，但因不符合法律规定的通知及公告方式，属于未依法履行通知、公告义务。被告张某杰作为公司唯一股东及清算组负责人未尽到依法清算义务，给原告刘某造成损失，根据前述规定应承担赔偿责任，并且其在庭审中同意承担赔偿责任。综上，被告张某杰应对原告刘某的损失进行赔偿，赔偿范围包括：借款本金72000元及利息（自2013年8月5日至2013年10月10日，按中国人民银行同期同类贷款基准利率计算），案件受理费800元，财产保全费740元。

依照《公司法解释（二）》（2011年）第十一条、第二十三条的规定，判决如下：

被告张某杰于本判决生效之日起10日内赔偿原告刘某借款本金72000元及利息（自2013年8月5日至2013年10月10日，按中国人民银行同期同类贷款基准利率计算），案件受理费800元，财产保全费740元。

如未按判决指定的期间履行给付金钱义务，应当按照《民事诉讼法》第二百五十三条之规定，加倍支付迟延履行期间的债务利息。

双方当事人未上诉，现判决已发生法律效力。

4. 问题讨论

（1）公司清算的责任人

我国公司法没有明确规定谁是公司清算的责任人，但是根据《公司法》第一百八十三条关于"有限责任公司的清算组由股东组成，股份有限公司的清算组由董事或者股东大会确定的人员组成"的规定，及清算在公司企业制度中的意义和公司治理的规则，有限责任公司清算的责任人应当是公司的股东，特别是实际管控公司的股东，股份公司的清算责任人应当是公司的董事、控股股东及实际控制人。对此，《公司法解释（二）》予以进一步明确。《公司法解释（二）》第十八条第一款规定："有限责任公司的股东、股份有限公司的董事和控股股东未在法定期限内成立清算组开始清算，导致公司财产贬值、流失、毁损或者灭失，债权人主张其在造成损失范围内对公司债务承担赔偿责任的，人民法院应依法予以支持。"上述情形系实际控制人原因造成，债权人主张实际控制人对公司债务承担相应民事责任的，人民法院应依法予以支持。

（2）公司清算的财产条件

清算是指公司用全部资产清偿全部债务，并将清偿全部债务后的剩余财产在股东之间分配，从而解除全体股东之间的共同投资关系及股东与公司之间的委托经营关系。因此，公司清算的财产条件是公司的资产能够清偿公司的全部债务，如果公司的全部财产不足以清偿公司的全部债务，那就只能向人民法院申请破产清算了。当然有股东愿意填补公司的清算财产以清偿公司的债务，或者有债权人愿意放弃债权的除外。在清算过程中之所以首先要清产核资，制定清算方案，然后才能处理资产，对债权人进行清偿，就是要确定公司是否具备清算的条件，如果具备条件的执行清算方案，如果不具备条件的申请破产。

六、清算组擅自处分清算财产的赔偿责任诉讼

公司一旦进入清算程序，全部事务都将由清算组来处理，一方面，清算组要进行清产核资，确定公司有多少资产，可变现价值是多少；另一方面，要通知全体债权人，确定公司的负债有多少。在确定公司全部资产足以清偿全部债务后，制定清算方案。公司自行清算的清算方案报股东会或者股东大会批准，法院指定清算的清算方案报法院批准，之后方可执行清算方案，处分财产清偿债务。如果清算组在没有制定清算方案或者清算方案未经股东会或者股东大会或者人民法院批准的情况下，擅自处分清算财产就可能损害股东和债权人的利益，股东、债权人和公司可以提起赔偿之诉。

1. 诉讼方案

（1）清算组擅自处分清算财产或者执行未经批准的清算方案使清算财产遭受损失的，公司可以提起诉讼，被告为清算组成员，诉讼请求为赔偿清算财产的损失。

（2）清算组擅自处分清算财产或者执行未经批准的清算方案使债权人遭受损失的，债权人可以提起诉讼，被告为清算组成员，诉讼请求为按照清算财产损失额对公司债务承担补充赔偿责任。

（3）清算组擅自处分清算财产或者执行未经批准的清算方案使清算财产遭受损失的，股东可以提起代表诉讼，被告为清算组成员，诉讼请求为赔偿

表决权否决利润分配方案；

第三，公司章程对利润分配有规定，不分配利润违反公司章程的规定。

当然，如果大股东通过借贷、挪用及其他方法占用公司资金，使公司无法分配利润的，也构成股东违反法律滥用股东权利致使公司不能分配利润的情形。

（2）何谓公司拒绝分配利润的合理理由

《公司法解释（四）》第十四条规定："股东提交载明具体分配方案的股东会或者股东大会的有效决议，请求公司分配利润，公司拒绝分配利润且其关于无法执行决议的抗辩理由不成立的，人民法院应当判决公司按照决议载明的具体分配方案向股东分配利润。"那么，公司拒绝分配利润的合理理由是什么呢？笔者认为下列情形之一构成公司拒绝执行有关决议分配利润的合理理由：

第一，通过审计或者其他途径证明公司利润虚假；

第二，公司已通过决议派红股或者转增资；

第三，公司资金严重困难，分配利润会使公司陷入停产状态；

第四，公司作出分配利润决议后又出现严重亏损——无能力分配利润。

（3）为什么个别股东会反对公司分配利润

公司分配利润无论是大股东还是小股东都会按照持股比例获得收益，似乎对所有股东来说都是好事，那么为什么还会有股东反对分配利润呢？这是因为反对公司分配利润的股东都是实际控制公司或者超强控制公司的股东，他们否认公司的独立意志和财产的独立性，把公司完全看作自己的企业，如果公司分配利润，他们所控制、支配资产的规模就会减少，他们的利益就会受到减控。反之，如果公司不分配利润，他们就可以长期控制、利用其他股东在公司的利润资产，使自己获得更多的利益。所以，从实务中看反对公司分配利润的股东大多是实际控制公司的股东，并且与公司在资金、财产上有一定程度混同的股东。

清算财产的损失。股东提起的诉讼是股东代表诉讼，要履行前置程序，并列公司为第三人，胜诉利益归公司享有归入清算财产。

2. **审判依据**

《公司法解释（二）》第十五条规定："公司自行清算的，清算方案应当报股东会或者股东大会决议确认；人民法院组织清算的，清算方案应当报人民法院确认。未经确认的清算方案，清算组不得执行。

"执行未经确认的清算方案给公司或者债权人造成损失，公司、股东或者债权人主张清算组成员承担赔偿责任的，人民法院应依法予以支持。"

七、清算组成员"三违"赔偿责任的诉讼

公司一旦进入清算程序，清算组就代行公司董事会和高管的全部职权，清算组及其成员在履行职务时必须遵守《公司法》第一百四十七条关于董事、高管履行职务时必须遵守法律、行政法规和公司章程，对公司尽忠实义务和勤勉义务的规定，遵守《公司法》第一百四十八条关于董事、高管不得为行为的规定，否则应当按照《公司法》第一百四十九条的规定向公司承担赔偿责任。

1. **诉讼方案**

（1）如果因清算组及其成员在履行职务时违反《公司法》第一百四十七条关于董事、高管履行职务时必须遵守法律、行政法规和公司章程，对公司尽忠实义务和勤勉义务的规定给公司财产造成损失，公司可以提起诉讼，该诉讼以清算组成员为被告，诉讼请求为赔偿清算财产的损失。

（2）如果因清算组及其成员在履行职务时违反《公司法》第一百四十七条关于董事、高管履行职务时必须遵守法律、行政法规和公司章程，对公司尽忠实义务和勤勉义务的规定给公司造成损失，债权人可以提起诉讼，该诉

讼以清算组成员为被告，诉讼请求为按照损失额对公司债务承担补充赔偿责任。

（3）如果因清算组及其成员在履行职务时违反《公司法》第一百四十七条关于董事、高管履行职务时必须遵守法律、行政法规和公司章程，对公司尽忠实义务和勤勉义务的规定给公司造成损失，如果股东在公司注销之前提起诉讼，则以清算组成员为被告，诉讼请求为赔偿清算财产的损失。该诉讼为股东代表诉讼，要履行前置程序，并列公司为第三人。

（4）如果因清算组及其成员在履行职务时违反《公司法》第一百四十七条关于董事、高管履行职务时必须遵守法律、行政法规和公司章程，对公司尽忠实义务和勤勉义务的规定给公司造成损失，如果股东在公司注销之后提起诉讼，则以清算组成员为被告，以向股东赔偿损失为诉讼请求。这时因公司已经不存在股东提起的不再是代表诉讼，股东可以直接起诉，并列其他股东为第三人，由各股东按照持股比例分享胜诉利益。

2. 审判依据

《公司法解释（二）》第二十三条第一款规定："清算组成员从事清算事务时，违反法律、行政法规或者公司章程给公司或者债权人造成损失，公司或者债权人主张其承担赔偿责任的，人民法院应依法予以支持。"第二款规定："有限责任公司的股东、股份有限公司连续一百八十日以上单独或者合计持有公司百分之一以上股份的股东，依据公司法第一百五十一条第三款的规定，以清算组成员有前款所述行为为由向人民法院提起诉讼的，人民法院应予受理。"第三款规定："公司已经清算完毕注销，上述股东参照公司法第一百五十一条第三款的规定，直接以清算组成员为被告、其他股东为第三人向人民法院提起诉讼的，人民法院应予受理。"

3. 问题讨论

公司清算后的剩余利益归股东享有。

公司清算剩余利益是指公司清算注销后，发现的剩余公司财产。这种财产属于公司清算剩余财产的一部分，因为公司已经清偿了全部债务，应当补充分配给公司清算时的全体股东。故公司清算完成后股东对清算组成员赔偿责任的诉讼，列其他股东为第三人，胜诉利益由股东按照股份比例分享。

八、债权人请求确认债权额的诉讼

如果清算组和债权人就公司欠债权人债务的数额不能达成一致，债权人可以向人民法院提起诉讼。

1. 诉讼方案

债权人对公司清算组确认的债权额有异议的可以向人民法院提起诉讼，该诉讼以公司为被告，以确认债权额为诉讼请求。

2. 审判依据

《公司法解释（二）》第十二条规定："公司清算时，债权人对清算组核定的债权有异议的，可以要求清算组重新核定。清算组不予重新核定，或者债权人对重新核定的债权仍有异议，债权人以公司为被告向人民法院提起诉讼请求确认的，人民法院应予受理。"

九、因怠于清算承担补充赔偿责任的诉讼

公司一旦出现清算事由，有限责任公司的股东，股份有限公司董事和控股股东就应当及时组成清算组进行清算，因不及时成立清算组进行清算致使

公司财产贬值、流失、损毁或者灭失，给债权人造成损失的，债权人可以提起补充赔偿责任诉讼。

1. 诉讼方案

（1）有限责任公司股东怠于清算致公司财产损失损害债权人利益的，债权人可以提起诉讼，被告为公司股东，诉讼请求为在致公司财产损失的数额内对公司债务承担赔偿责任。

（2）股份有限公司董事、控股股东怠于清算致公司财产损失损害债权人利益的，债权人可以提起诉讼，被告为公司董事和控股股东，诉讼请求为在致公司财产损失的数额内对公司债务承担赔偿责任。

2. 审判依据

《公司法解释（二）》第十八条第一款规定："有限责任公司的股东、股份有限公司的董事和控股股东未在法定期限内成立清算组开始清算，导致公司财产贬值、流失、毁损或者灭失，债权人主张其在造成损失范围内对公司债务承担赔偿责任的，人民法院应依法予以支持。"第三款规定："上述情形系实际控制人原因造成，债权人主张实际控制人对公司债务承担相应民事责任的，人民法院应依法予以支持。"

3. 相似判例

因怠于清算股东承担连带责任判例。

基本案情：原告上海某公司诉称，其与深圳市某公司委托代理合同纠纷一案，经深圳市宝安区人民法院审理，已与深圳市某公司达成调解，调解确认深圳市某公司尚欠上海某公司款项约150万元。调解书签字后若深圳市某公司按时支付，上海某公司免除深圳市某公司的逾期付款利息。后深圳市某公司未按照调解协议约定的时间支付款项，上海某公司向法院申请强制执行，因深圳市某公司无财产可供执行，法院裁定终结本次执行程序。

原告调查得知，深圳市某公司于2009年11月6日被深圳市工商局吊销营业执照，深圳市某公司股东B公司以及香港公司至今未依法履行清算义务，导致该公司无法清算。深圳市某公司股东应当对公司债务承担连带清偿责任。

被告B公司辩称：(1)深圳市某公司为中外合资经营企业，不应当适用《公司法》，应当适用特别法《外商投资企业清算管理办法》；(2)深圳市某公司的清算义务人为公司董事会，不是股东；(3)清算责任为公司全体股东责任，应当追加深圳市某公司香港股东作为共同被告；(4)深圳市某公司已经于2009年11月6日被吊销营业执照，原告起诉超过了诉讼时效；(5)B公司仅是深圳市某公司的小股东，未委派任何管理人员，没有参与该公司的实际经营，公司财务、账册等都是由大股东香港股东进行保存，B公司不应当承担责任；(6)深圳市某公司在被吊销营业执照前已背负大量债务，早在2009年9月22日宝安法院关于深圳市某公司物品拍卖款分配通知书中已经明确说明，公司全部财产拍卖后，不足以支付工人工资等，公司已无财产可供执行。股东不清算并不导致公司财产贬值、流失、毁损或者灭失，因此，即使其怠于履行清算义务，也与公司财产灭失之间没有关联性，股东不清算对公司债权人的债权并不产生任何影响。

法院经审理查明：原告与深圳市某公司委托代理合同纠纷一案，经深圳市宝安区人民法院审理已作出民事调解书，调解确认深圳市某公司尚欠上海某公司款项约150万元。后深圳市某公司未按照调解协议约定的时间支付款项，上海某公司向法院申请强制执行，因深圳市某公司无财产可供执行，法院裁定终结本次执行程序。

深圳市某公司为合资经营企业，于2009年11月6日被深圳市工商局吊销营业执照，深圳市某公司股东B公司以及香港公司至今未依法履行清算义务。

一审判决：深圳市某公司营业执照被吊销应当进行清算，因《外商投资企业清算管理办法》已被废止，合营公司应按照《公司法》及其司法解释的相关规定进行清算。被告与香港公司作为深圳市某公司的股东，在法律上应一体成为公司的清算义务人，被告并不能以其不是实际控制人或者未实际参加公司经营管理为由而免除清算义务。深圳市某公司在另案执行过程中无财产可供执行而被裁定终结本次执行程序的情况，只能证明法院在执行中未能查找到属于深圳市某公司的财产，不能证明深圳市某公司的财产在股东清算义务产生之前已全部灭失。股东清算责任是股东的法定义务，应无诉讼时效限制。深圳市某公司营业执照被吊销至今，被告未履行清算义务，原告的债务未获清偿；被告称深圳市某公司的账册由香港公司保管，而香港公司现无法联系，被告无法提供公司的账册。故可以认定被告怠于履行清算义务，导致了公司主要财产、账册等均已灭失，判决B公司对深圳市某公司的债务承担连带清偿责任。

一审判决后，B公司不服，向深圳市中级人民法院提起上诉。称：(1) 不清算责任为侵权责任，应当适用诉讼时效。从深圳市某公司营业执照被吊销15日后开始计算，本案已过诉讼时效；(2) 深圳市某公司财产账册灭失，B公司对此没有责任，B公司没有转移、侵占公司财产的行为，原告也未提供证据证明公司财产损失情况，深圳市某公司的债务不应该由B公司承担；(3) 在B公司进入深圳市某公司不久后，某公司就已资不抵债，没有实际经营即倒闭，不应该承担责任。

二审法院认为：(1) 股东对被吊销营业执照的公司进行清算是股东的法定义务。深圳市某公司营业执照被吊销后，被告对公司的清算事宜无任何作为，即为怠于履行清算义务。被告主张公司的财务账册由香港公司保管，公司无法清算是香港公司逃匿所致，与被告是否怠于履行清算义务无关。但本案中被告没有证据证明其尽到了合理的保管、清算义务，故与公司无法清算有因果关系，应承担连带责任。(2) 诉讼时效应该从原告知道或者应当知道深圳市某公司股东不清算时起算，不应该从深圳市某公司营业执照被吊销15日后开始计算。被告无证据证明原告知道股东不清算的具体时间。(3) 被告承担责任是因为怠于履行清算义务造成深圳市某公司无法清算，不需要以股东有转移、侵占公司财产等行为为前提。故二审法院驳回上诉，维持原判。

十、因迟延清算承担连带责任的诉讼

前边讨论的怠于清算承担补充赔偿责任的诉讼说的是公司财产贬值、流失、毁损或者灭失，但还能够清算或者说包括补充赔偿责任在内，公司还具备清算的财产条件。现在讨论的是由于迟延清算使公司的主要财产、账册和重要文件灭失，无法进行清算的情况下，清算责任人要承担的连带清偿责任。

1. 诉讼方案

（1）如果有限责任公司股东因怠于清算致公司财产损失、账册文件遗失无法进行清算，债权人可以提起诉讼，被告为公司股东，诉讼请求为对公司债务承担连带清偿责任。

（2）如果因股份有限公司的董事、控股股东怠于清算致公司财产损失、账册文件遗失无法进行清算，债权人可以提起诉讼，被告为公司董事和控股股东，诉讼请求为对公司债务承担连带清偿责任。

2. 审判依据

《公司法解释（二）》第十八条第二款规定："有限责任公司的股东、股份有限公司的董事和控股股东因怠于履行义务，导致公司主要财产、账册、重要文件等灭失，无法进行清算，债权人主张其对公司债务承担连带清偿责任的，人民法院应依法予以支持。"第三款规定："上述情形系实际控制人原因造成，债权人主张实际控制人对公司债务承担相应民事责任的，人民法院应依法予以支持。"

3. 相似判例

有限责任公司被吊销执照不清算股东连带责任判例。

案号：上海市第一中级人民法院（2010）沪一中民四（商）终字第1302号

基本案情：被告房某福、蒋某和王某为被告拓恒公司的股东，所持拓恒公司股份比例分别为40%、30%、30%。2007年6月28日，原告存亮贸易公司与拓恒公司建立钢材买卖合同关系。存亮公司履行了价值7095006.6元的货物的供货义务，拓恒公司已付货款5699778元，尚欠货款1395228.6元。拓恒公司因未进行年检，于2008年12月25日被工商部门吊销营业执照，至今股东未组织清算。现拓恒公司无办公经营地，账册及财产均下落不明。拓恒公司在其他案件中因无财产可供执行已被中止执行。

裁判结果：上海市松江区人民法院于2009年12月8日作出（2009）松民二（商）初字第1052号民事判决：（1）拓恒公司偿付存亮公司货款1395228.6元及相应的违约金；（2）房某福、蒋某和王某对拓恒公司的上述债务承担连带清偿责任。宣判后，蒋某、王某提出上诉。上海市第一中级人民法院于2010年9月1日作出（2010）沪一中民四（商）终字第1302号民事判决：驳回上诉，维持原判。

4. 问题讨论

(1)《全国法院民商事审判工作会议纪要》对股东怠于清算责任的观点

关于有限责任公司股东清算责任的认定，极个别案件的处理结果不适当地扩大了股东的清算责任。特别是实践中出现了一些职业债权人，从其他债权人处大批量超低价收购僵尸企业的“陈年旧账”后，对批量僵尸企业提起强制清算之诉，在获得人民法院对公司主要财产、账册、重要文件等灭失的认定后，根据《公司法解释（二）》第十八条第二款的规定，请求有限责任公司的股东对公司债务承担连带清偿责任。法院如果没有准确把握上述规定的适用条件，判决没有“怠于履行义务”的小股东或者虽“怠于履行义务”但与公司主要财产、账册、重要文件等灭失没有因果关系的小股东对公司债务承担远远超过其出资数额的责任，就会出现利益明显失衡的现象。需要明确的是，上述司法解释关于有限责任公司股东清算责任的规定，其性质是因股东怠于履行清算义务致使公司无法清算所应当承担的侵权责任。在认定有限责任公司股东是否应当对债权人承担侵权赔偿责任时，应当注意以下问题：

①怠于履行清算义务的认定。《公司法解释（二）》第十八条第二款规定的“怠于履行义务”，是指有限责任公司的股东在法定清算事由出现后，在能够履行清算义务的情况下，故意拖延、拒绝履行清算义务，或者因过失导致无法进行清算的消极行为。股东举证证明其已经为履行清算义务采取了积极措施，或者小股东举证证明其既不是公司董事会或者监事会成员，也没有选派人员担任该机关成员，且从未参与公司经营管理，以不构成“怠于履行义务”为由，主张其不应当对公司债务承担连带清偿责任的，人民法院依法予以支持。

②因果关系抗辩。有限责任公司的股东举证证明其“怠于履行义务”的消极不作为与“公司主要财产、账册、重要文件等灭失，无法进行清算”的结果之间没有因果关系，主张其不应对公司债务承担连带清偿责任的，人民法院依法予以支持。

③诉讼时效期间。公司债权人请求股东对公司债务承担连带清偿责任，股东以公司债权人对公司的债权已经超过诉讼时效期间为由抗辩，经查证属实的，人民法院依法予以支持。

公司债权人以《公司法解释（二）》第十八条第二款为依据，请求有限责任公司的股东对公司债务承担连带清偿责任的，诉讼时效期间自公司债权人知道或者应当知道公司无法进行清算之日起计算。

（2）如何适用《公司法解释（二）》第十八条的规定

笔者认为，在适用《公司法解释（二）》第十八条时不必过多地纠缠不能清算的原因，也没有必要要求原告举证证明债务人主要财产、账册、重要文件灭失，只要原告能够证明债权的存在和有效，被告不能证明依法清算的事实，法院就应当判令被告对公司负债承担连带清偿责任。这是由公司企业制度及股东有限责任的前提决定的。

十一、股东恶意处分清算财产赔偿责任的诉讼

公司一旦决定解散或者被法院判令解散，公司的全部财产就转入公司的清算财产，任何人包括股东不得随意处分。公司清算财产应当遵循“先债权人，后股东”的原则进行处理。如果在向债权人清偿之前，股东分配、隐匿清算财产或者私自处分清算财产，该股东都可能构成恶意处分清算财产，都可能招致承担赔偿责任的诉讼。股东恶意处分公司清算财产是财产混同在清算期间的表现，债权人关于赔偿责任的诉讼是股东对公司负债承担连带责任的转化。

1. 诉讼方案

（1）股东恶意处分公司财产不仅损害其他股东利益，也损害公司债权人的利益，公司债权人可以提起诉讼，以恶意处分清算财产的股东为被告，如果公司为有限责任公司，则以其他股东为第三人，诉讼请求为对公司债务承担补充赔偿责任。

（2）如果公司为股份有限公司，债权人提起的诉讼仍以恶意处分清算财产的董事、控股股东或者实际控制人为被告，则以其他董事、控股股东为第三人，诉讼请求为对公司债务承担补充赔偿责任。

（3）面对股东恶意处分公司清算财产，其他股东可以提起诉讼，公司为有限责任公司的，该诉讼以恶意处分清算财产的股东为被告，公司为股份有限公司的该诉讼以恶意处分公司清算财产的董事、控股股东或者实际控制人为被告，该种诉讼的诉讼请求为赔偿因恶意处分给公司清算财产造成的损失或者返还恶意处分的财产，股东提起的该种诉讼要以公司为第三人，胜诉利益归公司享有。

2. 审判依据

《公司法解释（二）》第十九条规定："有限责任公司的股东、股份有限公司的董事和控股股东，以及公司的实际控制人在公司解散后，恶意处置公司财产给债权人造成损失，或者未经依法清算，以虚假的清算报告骗取公司登记机关办理法人注销登记，债权人主张其对公司债务承担相应赔偿责任的，人民法院应依法予以支持。"

《公司法》第二十条第一款规定："公司股东应当遵守法律、行政法规和公司章程，依法行使股东权利，不得滥用股东权利损害公司或者其他股东的利益……"第二款规定："公司股东滥用股东权利给公司或者其他股东造成损失的，应当依法承担赔偿责任。"

十二、骗取注销和注销保证人赔偿责任的诉讼

公司成立后凡从事过经营活动或者负有债务的，都应当依法进行清算，清算后方可注销登记，未经清算骗取注销登记，或者实际不从事经营活动后既不清算也不注销登记，给公司债权人造成损失的，都应当由公司清算责任人承担赔偿责任。公司有未清偿的债务，在公司注销申请中承担保证责任的人，应当依法对公司债权人承担赔偿责任。

1. 诉讼方案

（1）债权人对清算责任人提起诉讼的，有限责任公司以股东为被告，股份有限公司以董事、控股股东及实际控制人为被告，诉讼请求为对公司债务承担清偿责任。

（2）债权人对公司注销担保人提起诉讼的，以清算责任人和注销担保人为共同被告，诉讼请求为连带清偿公司债务。

2. 审判依据

《公司法解释（二）》第二十条第一款规定：“公司解散应当在依法清算完毕后，申请办理注销登记。公司未经清算即办理注销登记，导致公司无法进行清算，债权人主张有限责任公司的股东、股份有限公司的董事和控股股东，以及公司的实际控制人对公司债务承担清偿责任的，人民法院应依法予以支持。”第二款规定：“公司未经依法清算即办理注销登记，股东或者第三人在公司登记机关办理注销登记时承诺对公司债务承担责任，债权人主张其对公司债务承担相应民事责任的，人民法院应依法予以支持。”

3. 相似判例

虚假清算股东赔偿责任案例。

基本案情：2005 年 5 月，林某兄弟经工商行政管理部门批准，共同投资设立了某服饰公司。公司经营期间因缺少资金，于 2005 年 8 月，大林以服饰公司的名义向刘某借款 19 万元，并承诺以该公司的设备、办公设施等动产作为抵押，另一被告二林也在借条上注明“同意抵押”，借条没有约定还款时间。2006 年 5 月，二林再次向刘某借款 3 万元，并再次作出上述抵押承诺，但两次借款双方并没有进行抵押登记。借款后，服饰公司仅归还了刘某 4 万元，尚欠 18 万元未能归还。2006 年 6 月，林某兄弟以公司一直无业务为由召开股东会会议并形成决议，决定解散公司，对公司进行清算。同年 11 月，由林某兄弟组成的清算组作出清算报告，载明：公司成立以来生意萧条，银行无欠款，税务机关无欠税，无债权债务，如有债权债务由全体股东按出资比例承担责任。12 月，该公司经工商部门批准注销。

当刘某想向服饰公司索要借款时，才发现该公司已经解散，两股东也不知下落，更让他不能接受的是，林某兄弟在对公司进行清算时，未将他的 18 万元债权列入清算范围。刘某认为林某二人作为原服饰公司的股东和清算组成员，其行为致使他的债权无法实现，侵犯了他的合法权益，应当承担赔偿责任，遂起诉到法院要求两被告赔偿损失18万元。

案件受理后，两被告下落不明，未作答辩和举证，法院通过公告方式向两被告送达了应诉通知书、开庭传票等法律文书。

裁判意见：法院认为，两被告作为服饰公司股东，在公司经营期间以缺少资金为由向原告借款的事实清楚，证据充分，双方之间的借款合同合法有效，原告的债权依法应当予以保护。借款时虽然被告承诺以服饰公司的动产作为抵押，但双方并未订立书面抵押合同，也未进行抵押物登记，借条上关于同意抵押的约定内容不明确，根据《担保法》的相关规定，该抵押担保合同并不能成立。服饰公司经股东会（两被告）同意宣告解散后，成立清算组进行清算，按照法律规定，清算组依法负有对公司资产、债权债务等事项进行清算的法定义务，清算组成员在公司清算过程中应当履行积极的作为义务，对公司所涉各项清算项目全面进行核算，如果因为清算组成员故意或者重大过失给公司或债权人造成损失的，应当承担赔偿责任。本案两被告林某兄弟在对服饰公司进行清算时，未将原告的债权列入清算范围，致使其债权无法实现，对此后果两被告存在重大过失，因此，应当承担因该过失行为给原告造成的损失。

十三、公司清算时股东缴付出资和返还出资的诉讼

当公司清算时股东认缴的出资，无论出资期限是否届满，股东都应当向公司缴付，如果不缴付就可能引发诉讼。股东有抽逃出资未返还的也应当返还，不返还的也会引发诉讼。

1. 诉讼方案

（1）股东可以提起诉讼，以未缴出资或者抽逃出资未返还的股东为被告，列公司为第三人，以向公司履行出资义务或者返还抽逃出资本息为诉讼请求。

（2）债权人可以提起股东补充赔偿责任起诉，以未缴出资或者抽逃出资

未返还的股东为被告，以在未履行出资额内或者抽逃出资本息范围内对公司债务承担补充赔偿责任为诉讼请求。

（3）公司可以提起追缴和返还之诉，以未缴出资或者抽逃出资未返还的股东为被告，以向公司履行出资义务或者返还抽逃出资的本息为诉讼请求。

2. **审判依据**

《公司法解释（二）》第二十二条规定："公司解散时，股东尚未缴纳的出资均应作为清算财产。股东尚未缴纳的出资，包括到期应缴未缴的出资，以及依照公司法第二十六条和第八十条的规定分期缴纳尚未届满缴纳期限的出资。

"公司财产不足以清偿债务时，债权人主张未缴出资股东，以及公司设立时的其他股东或者发起人在未缴出资范围内对公司债务承担连带清偿责任的，人民法院应依法予以支持。"

十四、管理人对未履行出资义务和抽逃出资股东提起的诉讼

在法院裁定受理公司破产后，如果管理人发现尚有股东未履行出资义务，无论实缴出资的期限是否届满，都应当提起主张该股东履行出资义务的诉讼。如果发现股东有抽逃出资未返还的情形，应当提起请求返还出资的诉讼。

1. **诉讼方案**

原告为管理人，被告为没有履行出资义务的股东或者抽逃出资的股东，诉讼请求为缴付出资或者返还抽逃出资的本息。如果没有履行的出资义务是设立公司的出资义务，可以将设立公司的其他发起人列为共同被告，诉讼请求为连带履行出资义务。如果没有履行的出资义务是增资出资义务，可以将负有责任的董事、高管列为共同被告，要求其承担相应的责任。如果被告是抽逃出资的股东，可以将协助抽逃的股东、实际控制人、董事、高管列为共

同被告，要求其对返还出资承担连带责任。

2. 审判依据

《企业破产法解释（二）》第二十条第一款规定："管理人代表债务人提起诉讼，主张出资人向债务人依法缴付未履行的出资或者返还抽逃的出资本息，出资人以认缴出资尚未届至公司章程规定的缴纳期限或者违反出资义务已经超过诉讼时效为由抗辩的，人民法院不予支持。"第二款规定："管理人依据公司法的相关规定代表债务人提起诉讼，主张公司的发起人和负有监督股东履行出资义务的董事、高级管理人员，或者协助抽逃出资的其他股东、董事、高级管理人员、实际控制人等，对股东违反出资义务或者抽逃出资承担相应责任，并将财产归入债务人财产的，人民法院应予支持。"

十五、债权人的股东补充赔偿责任诉讼转变为共益诉讼

根据《企业破产法解释（二）》第二十一条第一款和第二款的规定，"破产申请受理前，债权人就债务人财产提起下列诉讼，破产申请受理时案件尚未审结的，人民法院应当中止审理：

"（一）主张次债务人代替债务人直接向其偿还债务的；

"（二）主张债务人的出资人、发起人和负有监督股东履行出资义务的董事、高级管理人员，或者协助抽逃出资的其他股东、董事、高级管理人员、实际控制人等直接向其承担出资不实或者抽逃出资责任的；

"（三）以债务人的股东与债务人法人人格严重混同为由，主张债务人的股东直接向其偿还债务人对其所负债务的；

"（四）其他就债务人财产提起的个别清偿诉讼。

"债务人破产宣告后，人民法院应当依照企业破产法第四十四条的规定判决驳回债权人的诉讼请求。但是，债权人一审中变更其诉讼请求为追收的相关财产归入债务人财产的除外。"

根据《企业破产法》的有关规定，企业一旦被法院受理破产，所有关于债务人的案件都要中止审理，债务人的债权人已经提起的关于债务人的股东及相关责任人员补充赔偿责任诉讼和连带责任诉讼也不例外。但是根据上述司法解释，如果债权人在一审中变更诉讼请求，将自益诉讼变更为共益诉讼，不再由原告自己享有胜诉利益，而是将胜诉利益归入公司的破产财产，相关诉讼可以继续进行。在如此情况下该等诉讼不应当受债权人对债务人诉讼时效的限制，也不应当受债权人对债务人债权额的限制。

第八章　关于股东赔偿诉讼和投资人赔偿诉讼

股东赔偿诉讼是指公司股东的利益受到公司、董事、高管履行职务时直接损害的，有权提起诉讼要求公司、董事、高管给予其赔偿。股东赔偿诉讼属于股东自益诉讼，在本书前面各章讨论过的股东知情权诉讼、要求公司以合理价格收购股权的诉讼，请求公司登记为股东的诉讼等都是股东自益诉讼。这里我们要讨论的是股东因自己的经济利益受到公司、董事、高管的直接损害而提起的要求赔偿的诉讼。

我们本章要讨论的投资人赔偿诉讼是指因发行人、上市公司、上市重大资产重组相对人虚假信息披露致投资人损失，投资人为要求赔偿提起的诉讼。

一、股东要求赔偿的诉讼

这是一种与股东共益诉讼相对的股东自益诉讼。案由是股东自己的利益受到公司、董事、高管的直接损害。这种诉讼由股东直接径行提起，最大特征是胜诉利益由股东自己享有。

1. 诉讼方案

当公司股东认为公司的行为或董事、高管在履行职务时直接损害了自己的利益就可以提起诉讼，被告为公司，诉讼请求为赔偿原告的损失，在特定情况下可以列公司、董事、高管为共同被告，主张各被告承担连带赔偿责任。

2. 审判依据

《公司法》第二十条第一款、第二款规定："公司股东应当遵守法律、行政法规和公司章程，依法行使股东权利，不得滥用股东权利损害公司或者其他股东的利益；不得滥用公司法人独立地位和股东有限责任损害公司债权人的利益。

"公司股东滥用股东权利给公司或者其他股东造成损失的，应当依法承担赔偿责任。"

《公司法》第一百五十二条规定："董事、高级管理人员违反法律、行政法规或者公司章程的规定，损害股东利益的，股东可以向人民法院提起诉讼。"

3. 问题讨论

股东赔偿诉讼的案由必须是股东的利益受到了公司或者董事、高管的直接损害，如果董事、高管直接损害的是公司利益，间接损害了股东的利益，股东只能提起股东代表诉讼，不能提起股东赔偿诉讼。股东赔偿诉讼是股东自益诉讼，不需要列公司为第三人，公司可能构成共同被告，胜诉利益由股东直接享有。而股东代表诉讼要列公司为第三人，诉讼利益由公司享有，属于股东共益诉讼中的一种。

二、上市公司投资人赔偿诉讼

这里说的投资人是指在证券市场上认购证券和在证券交易所交易证券的自然人、法人或者其他组织。证券市场投资不同于对有限责任公司投资，主要依靠相关信息披露作出投资决策。如果有关信息披露构成虚假记载、误导性陈述或者重大遗漏，并使投资人遭受损失，投资人有权提起诉讼，请求法院判令被告赔偿自己的损失。

1. **诉讼方案**

上市公司投资人的赔偿诉讼，以投资人为原告，多个投资人起诉的可以并列为共同原告，以上市公司、负有责任的董事、高管、重大资产重组的相对人、各中介机构为被告，诉讼请求为赔偿原告的损失。

2. **审判依据**

（1）《证券法》对虚假披露赔偿责任的规定

第七十八条：发行人及法律、行政法规和国务院证券监督管理机构规定的其他信息披露义务人，应当及时依法履行信息披露义务。

信息披露义务人披露的信息，应当真实、准确、完整，简明清晰，通俗易懂，不得有虚假记载、误导性陈述或者重大遗漏。

证券同时在境内境外公开发行、交易的，其信息披露义务人在境外披露的信息，应当在境内同时披露。

第八十五条：信息披露义务人未按照规定披露信息，或者公告的证券发行文件、定期报告、临时报告及其他信息披露资料存在虚假记载、误导性陈述或者重大遗漏，致使投资者在证券交易中遭受损失的，信息披露义务人应当承担赔偿责任；发行人的控股股东、实际控制人、董事、监事、高级管理人员和其他直接责任人员以及保荐人、承销的证券公司及其直接责任人员，应当与发行人承担连带赔偿责任，但是能够证明自己没有过错的除外。

（2）《上市公司重大资产重组管理办法》关于虚假披露赔偿责任的规定

第二十六条：上市公司全体董事、监事、高级管理人员应当公开承诺，保证重大资产重组的信息披露和申请文件不存在虚假记载、误导性陈述或者重大遗漏。

重大资产重组的交易对方应当公开承诺，将及时向上市公司提供本次重组相关信息，并保证所提供的信息真实、准确、完整，如因提供的信息存在虚假记载、误导性陈述或者重大遗漏，给上市公司或者投资者造成损失的，将依法承担赔偿责任。

……

(3)《首次公开发行股票并上市管理办法》规定的虚假披露赔偿责任

第四十条：发行人应当按照中国证监会的有关规定编制和披露招股说明书。

第四十一条：招股说明书内容与格式准则是信息披露的最低要求。不论准则是否有明确规定，凡是对投资者作出投资决策有重大影响的信息，均应当予以披露。

第四十三条：发行人及其全体董事、监事和高级管理人员应当在招股说明书上签字、盖章，保证招股说明书的内容真实、准确、完整。保荐人及其保荐代表人应当对招股说明书的真实性、准确性、完整性进行核查，并在核查意见上签字、盖章。

第四十七条：发行人及其全体董事、监事和高级管理人员应当保证预先披露的招股说明书（申报稿）的内容真实、准确、完整。

(4)《最高人民法院关于审理证券市场因虚假陈述引发的民事赔偿案件的若干规定》

第一条：本规定所称证券市场因虚假陈述引发的民事赔偿案件（以下简称虚假陈述证券民事赔偿案件），是指证券市场投资人以信息披露义务人违反法律规定，进行虚假陈述并致使其遭受损失为由，而向人民法院提起诉讼的民事赔偿案件。

第二条：本规定所称投资人，是指在证券市场上从事证券认购和交易的自然人、法人或者其他组织。

本规定所称证券市场，是指发行人向社会公开募集股份的发行市场，通过证券交易所报价系统进行证券交易的市场，证券公司代办股份转让市场以及国家批准设立的其他证券市场。

第三条：因下列交易发生的民事诉讼，不适用本规定：

（一）在国家批准设立的证券市场以外进行的交易；

（二）在国家批准设立的证券市场上通过协议转让方式进行的交易。

第六条：投资人以自己受到虚假陈述侵害为由，依据有关机关的行政处罚决定或者人民法院的刑事裁判文书，对虚假陈述行为人提起的民事赔偿诉讼，符合民事诉讼法第一百零八条规定的，人民法院应当受理。

投资人提起虚假陈述证券民事赔偿诉讼，除提交行政处罚决定或者公告，或者人民法院的刑事裁判文书以外，还须提交以下证据：

（一）自然人、法人或者其他组织的身份证明文件，不能提供原件的，应当提交经公证证明的复印件；

（二）进行交易的凭证等投资损失证据材料。

第十二条：本规定所涉证券民事赔偿案件的原告可以选择单独诉讼或者共同诉讼方式提起诉讼。

第十三条：多个原告因同一虚假陈述事实对相同被告提起的诉讼，既有单独诉讼也有共同诉讼的，人民法院可以通知提起单独诉讼的原告参加共同诉讼。

多个原告因同一虚假陈述事实对相同被告同时提起两个以上共同诉讼的，人民法院可以将其合并为一个共同诉讼。

第十四条：共同诉讼的原告人数应当在开庭审理前确定。原告人数众多的可以推选二至五名诉讼代表人，每名诉讼代表人可以委托一至二名诉讼代理人。

第十六条：人民法院判决被告对人数众多的原告承担民事赔偿责任时，可以在判决主文中对赔偿总额作出判决，并将每个原告的姓名、应获得赔偿金额等列表附于民事判决书后。

第十七条：证券市场虚假陈述，是指信息披露义务人违反证券法律规定，在证券发行或者交易过程中，对重大事件作出违背事实真相的虚假记载、误导性陈述，或者在披露信息时发生重大遗漏、不正当披露信息的行为。

……

虚假记载，是指信息披露义务人在披露信息时，将不存在的事实在信息披露文件中予以记载的行为。

误导性陈述，是指虚假陈述行为人在信息披露文件中或者通过媒体，作出使投资人对其投资行为发生错误判断并产生重大影响的陈述。

重大遗漏，是指信息披露义务人在信息披露文件中，未将应当记载的事项完全或者部分予以记载。

不正当披露，是指信息披露义务人未在适当期限内或者未以法定方式公开披露应当披露的信息。

第十八条：投资人具有以下情形的，人民法院应当认定虚假陈述与损害结果之间存在因果关系：

（一）投资人所投资的是与虚假陈述直接关联的证券；

（二）投资人在虚假陈述实施日及以后，至揭露日或者更正日之前买入证券；

（三）投资人在虚假陈述揭露日或者更正日及以后，因卖出该证券发生亏损，或者因持续持有该证券而产生亏损。

第十九条：被告举证证明原告具有以下情形的，人民法院应当认定虚假陈述与损害结果之间不存在因果关系：

（一）在虚假陈述揭露日或者更正日之前已经卖出证券；

（二）在虚假陈述揭露日或者更正日及以后进行的投资；

（三）明知虚假陈述存在而进行的投资；

（四）损失或者部分损失是由证券市场系统风险等其他因素所导致；

（五）属于恶意投资、操纵证券价格的。

第二十条：本规定所指的虚假陈述实施日，是指作出虚假陈述或者发生虚假陈述之日。

虚假陈述揭露日，是指虚假陈述在全国范围发行或者播放的报刊、电台、电视台等媒体上，首次被公开揭露之日。

虚假陈述更正日，是指虚假陈述行为人在中国证券监督管理委员会指定披露证券市场信息的媒体上，自行公告更正虚假陈述并按规定履行停牌手续之日。

第二十一条：发起人、发行人或者上市公司对其虚假陈述给投资人造成的损失承担民事赔偿责任。

发行人、上市公司负有责任的董事、监事和经理等高级管理人员对前款的损失承担连带赔偿责任。但有证据证明无过错的，应予免责。

第二十二条：实际控制人操纵发行人或者上市公司违反证券法律规定，以发行人或者上市公司名义虚假陈述并给投资人造成损失的，可以由发行人或者上市公司承担赔偿责任。发行人或者上市公司承担赔偿责任后，可以向实际控制人追偿。

实际控制人违反证券法第四条、第五条以及第一百八十八条规定虚假陈述，给投资人造成损失的，由实际控制人承担赔偿责任。

第二十三条：证券承销商、证券上市推荐人对虚假陈述给投资人造成的损失承担赔偿责任。但有证据证明无过错的，应予免责。

负有责任的董事、监事和经理等高级管理人员对证券承销商、证券上市推荐人承担的赔偿责任负连带责任。其免责事由同前款规定。

第二十四条：专业中介服务机构及其直接责任人违反证券法第一百六十一条和第二百零二条的规定虚假陈述，给投资人造成损失的，就其负有责任的部分承担赔偿责任。但有证据证明无过错的，应予免责。

第二十六条：发起人对发行人信息披露提供担保的，发起人与发行人对投资人的损失承担连带责任。

第二十七条：证券承销商、证券上市推荐人或者专业中介服务机构，知道或者应当知道发行人或者上市公司虚假陈述，而不予纠正或者不出具保留意见的，构成共同侵权，对投资人的损失承担连带责任。

第二十八条：发行人、上市公司、证券承销商、证券上市推荐人负有责任的董事、监事和经理等高级管理人员有下列情形之一的，应当认定为共同虚假陈述，分别与发行人、上市公司、证券承销商、证券上市推荐人对投资人的损失承担连带责任：

（一）参与虚假陈述的；

（二）知道或者应当知道虚假陈述而未明确表示反对的；

（三）其他应当负有责任的情形。

3. 相似判例

隐瞒重大关联交易构成虚假陈述判例。

某上市公司因披露的公司年报隐瞒重大关联交易，构成虚假陈述侵权行为，受到证监会行政处罚。根据《最高人民法院关于审理证券市场因虚假陈述引发的民事赔偿案件的若干规定》，投资者在某公司虚假陈述行为实施日至揭露日之间购买某公司证券，在虚假陈述行为揭露日或更正日及以后，因卖出该证券发生亏损，或者因持续持有该证券而产生亏损的，可以向某上市公司索赔。此后多名投资者以某上市公司构成证券虚假陈述侵权行为为由向上海市第一中级人民法院提起诉讼，要求某上市公司赔偿因股价下跌给投资者造成的损失。法院立案后将案件委托给中证中小投资者服务中心进行调解。

在上海证监局的指导协调下，调解员对案情进行了深入研究，与双方当事人进行了细致沟通。调解员认为，本案争议点集中在虚假陈述侵权行为造成损失的计算方法和系统性风险的扣除上。现行规定没有对损失具体计算方法进行明确，实践中在计算相关股票的买入均价时，有先进先出法、加权平均法、移动加权平均法等方式，调解员通过搜集整理司法判例与实务资料，对各种计算方法的优劣进行归纳比较，对双方当事人各自坚持采用的方法进行一一核算；同时，以“佛山照明案”“万福生科案”等案例中系统风险比例的计算方法为参考，对本案中系统性风险因素的扣除比例进行了测算。由于投资者对虚假陈述行为法律关系较为陌生，调解员耐心解释相关法规和判例情况，使投资者充分认识到股市投资行为本身的风险和股票市场的系统风险，提醒投资者充分权衡通过诉讼方式解决纠纷的较高时间和精力成本，并综合考虑某公司的偿债能力和发展需要，形成对所获赔偿的合理期望值。在上述工作的基础上，调解员提出了调解方案。最终投资者和某上市公司正式签署调解协议，双方对调解结果均表示满意。

图书在版编目（CIP）数据

公司诉讼解析与实战：公司法及司法解释规定的66种诉讼／张远堂著．—北京：中国法制出版社，2020.2

ISBN 978－7－5216－0886－1

Ⅰ.①公… Ⅱ.①张… Ⅲ.①公司－经济纠纷－民事诉讼－研究－中国 Ⅳ.①D925.104

中国版本图书馆CIP数据核字（2020）第029150号

策划编辑：陈兴（cx_ legal@163.com）

责任编辑：陈兴　孙静　　封面设计：周黎明

公司诉讼解析与实战：公司法及司法解释规定的66种诉讼

GONGSI SUSONG JIEXI YU SHIZHAN：GONGSIFA JI SIFA JIESHI GUIDING DE 66 ZHONG SUSONG

著者/张远堂

经销/新华书店

印刷/三河市紫恒印装有限公司

开本/710毫米×1000毫米　16开　　印张/20.5　字数/242千

版次/2020年2月第1版　　2020年2月第1次印刷

中国法制出版社出版

书号 ISBN 978－7－5216－0886－1　　定价：76.00元

北京西单横二条2号

邮政编码 100031　　传真：010－66031119

网址：http：//www.zgfzs.com　　编辑部电话：010－66070046

市场营销部电话：010－66033393　　邮购部电话：010－66033288

（如有印装质量问题，请与本社印务部联系调换。电话：010－66032926）